高等院校精品课程系列教材

中央银行学

The Economics of
Central Banking

汪洋 编著

机械工业出版社
China Machine Press

图书在版编目（CIP）数据

中央银行学 / 汪洋编著 . —北京：机械工业出版社，2019.9（2024.9 重印）
（高等院校精品课程系列教材）

ISBN 978-7-111-63489-8

I. 中… II. 汪… III. 中央银行 – 经济理论 – 高等学校 – 教材 IV. F830.31

中国版本图书馆 CIP 数据核字（2019）第 169504 号

本书是作者多年来教学的经验总结与长期研究成果的汇总。本书从资产负债表来认识央行，从量的角度围绕着货币概念展开讨论，从价格的角度对货币展开分析，让学生清楚了解中央银行的运行规律和决策制定。本书既可以作为金融学专业高年级本科生、金融专业硕士研究生和经济学类低年级研究生的教材，也可以作为经济管理部门以及金融从业人员的参考资料。

出版发行：机械工业出版社（北京市西城区百万庄大街22号 邮政编码：100037）
责任编辑：冯小妹 责任校对：殷 虹
印　　刷：北京建宏印刷有限公司
版　　次：2024年9月第1版第5次印刷
开　　本：185mm×260mm 1/16　印　张：14.5
书　　号：ISBN 978-7-111-63489-8　定　价：45.00元

客服电话：(010) 88361066　68326294

版权所有·侵权必究
封底无防伪标均为盗版

江西师范大学副校长，二级教授、博士生导师，上海财经大学金融学博士、中国社会科学院世界经济与政治研究所博士后。澳大利亚国立大学访问学者，江西省百千万人才工程人选，中国世界经济学会常务理事。目前主要从事货币理论与国际金融理论和政策方面的研究，主持并参与多项国家级社科课题。在《管理世界》《世界经济》《经济学季刊》等刊物上发表20多篇论文，出版专著2部、译著3部、教材2部。

汪洋

前言
PREFACE

　　美国作家维尔·罗杰斯（Will Rogers）有句名言，"自从开天辟地以来，曾经有三件伟大的发明——火、轮子以及中央银行。"为什么中央银行会被视为人类如此重要的发明？中央银行都实现了哪些制度创新？为什么各国一般都由中央银行垄断发行现钞？中央银行垄断发行钞票是不是就可以获得铸币税？为什么英格兰银行会有"老妇人"的绰号？仅仅有百余年历史的美联储，其政策为何对世界经济与金融运行有牵一发而动全身的影响？欧洲中央银行于1999年开始运作，作为国际上成立时间最晚，但同时又非常有影响力的中央银行，它的成立意义何在？日本银行的成立对于日本在甲午战争的获胜有何影响？中国人自己成立的最早的银行与甲午战争有何关系？

　　2013年6月，中国的银行体系出现了较严重的"钱荒"。什么是钱荒？钱荒是指中国百姓缺钱还是中国的金融机构缺钱？抑或是上述说法本身就不恰当？伴随着互联网技术的不断发展，比特币、莱特币等数字货币出现了，以至于有民众担心美元、欧元、日元等主权货币是否可能被比特币等数字货币取代？如果是这样，各国中央银行在未来还有存在的必要吗？中国人民银行每个月都公布各层次货币供应量，你知道这些指标是如何统计出来的吗？中国人民银行从2010年开始公布社会融资总量这个指标，这个指标与货币供应量有哪些差异？本书希望对上述问题给出回答。纵观世界各国，它们都有自己的中央银行或者货币当局。这些机构都具有哪些共同的特征呢？未来中央银行制度还会有哪些变化趋势？中央银行制度发展的逻辑体现为什么呢？本书将对此展开讨论。

　　本书的章节安排如下：第一部分，从资产负债表的角度来认识中央银行，认识中央银行的各项职能——发行的银行、政府的银行、金融机构的银行。第二部分，从量的角度围绕着货币概念展开讨论，不仅探讨中央银行发行的现钞，而且对具有现钞功能的其他类型货币一并讨论，比如对广义的货币供应量、基础货币、银根、流动性、准备金等概念，以及容易与此混淆的国债、国家纸币和最近出现的比特币，甚至社会融资规模等概念也将逐一分析。第三部分，从价格的角度对货币展开分析。货币都有哪些价格呢？一般来说，货币有三个价格，即通胀率、利率与汇率。这三个价格又彼此两两构成一个定理，对此我们将深入分析。第四部分，主要探讨货币政策目标、工具。货币政策的目标包括货币政策的最终目标、中间目标和操作目标，货币政策的工具主要涉及传统的三大政策工具以及全球金融危机出现之后的若干新型政策工具。本书对此进行了详细阐述，对若干容易产生混淆的概念和认识予以了澄清。

由于学识有限，加之时间仓促，不足之处，敬请读者批评指正。

汪洋

目 录
CONTENTS

作者简介
前言

第一部分 如何认识中央银行

第 1 章 从资产负债表来认识中央银行 ………………………… 2
1.1 资产方科目 ………………………… 4
1.2 负债方科目 ………………………… 6
1.3 资本金科目 ………………………… 8
1.4 中央银行的收益与风险特征 …… 10
1.5 货币局制度的资产负债特征 …… 11
1.6 本章小结 ………………………… 16

第 2 章 中央银行的职能之一：发行的银行 ………………… 18
2.1 中国历史上的铸币与纸币 ……… 19
2.2 根据官方发行机构对货币分类 … 28
2.3 人民币（现钞）是如何发行出来的 ……………………… 34
2.4 本章小结 ………………………… 36

第 3 章 中央银行的职能之二：政府的银行 ………………… 37
3.1 向政府提供融资 ………………… 37
3.2 管理政府存款（国库现金管理）… 46
3.3 管理政府债券 …………………… 50
3.4 实施金融监管 …………………… 51
3.5 管理外汇储备与汇率 …………… 54
3.6 代表政府参与国际金融事务 …… 58
3.7 本章小结 ………………………… 59

第 4 章 中央银行的职能之三：金融机构的银行 ……………… 60
4.1 中央银行的负债业务 …………… 60
4.2 中央银行的资产业务 …………… 63
4.3 中央银行主导清算业务 ………… 71
4.4 中央银行的其他特征 …………… 77
4.5 货币当局和中央银行的差异 …… 81
4.6 本章小结 ………………………… 83

第二部分 货币的性质与数量

第5章 从资产负债的性质认识货币 … 86
- 5.1 货币是资产还是负债 … 87
- 5.2 购物卡和国债是不是货币 … 91
- 5.3 比特币是货币吗 … 94
- 5.4 如何理解中央银行发行数字货币 … 98
- 5.5 特别提款权是货币吗 … 99
- 5.6 本章小结 … 101

第6章 银根与流动性 … 102
- 6.1 银根和流动性 … 102
- 6.2 超额准备金的供给与需求 … 104
- 6.3 流动性过剩与钱荒 … 106
- 6.4 原始存款和派生存款 … 109
- 6.5 本章小结 … 115

第7章 货币供应量的统计 … 116
- 7.1 货币统计的三大要素 … 116
- 7.2 如何统计货币供应量 … 121
- 7.3 社会融资规模 … 128
- 7.4 本章小结 … 131

第三部分 货币价格

第8章 货币的价格 … 134
- 8.1 通胀率 … 134
- 8.2 利率 … 137
- 8.3 汇率 … 145
- 8.4 本章小结 … 151

第9章 货币价格之间的关系 … 152
- 9.1 费雪效应 … 152
- 9.2 购买力平价 … 153
- 9.3 利率平价 … 155
- 9.4 各种平价的相互关系 … 162
- 9.5 本章小结 … 163

第四部分 货币政策的目标与工具

第10章 货币政策目标 … 166
- 10.1 货币政策框架 … 166
- 10.2 货币政策的最终目标 … 171
- 10.3 货币政策的中间目标 … 181
- 10.4 货币政策的操作目标 … 186
- 10.5 本章小结 … 190

第11章 货币政策工具 … 191
- 11.1 法定存款准备金制度 … 192
- 11.2 公开市场操作 … 199
- 11.3 外币公开市场操作 … 205
- 11.4 再贴现和再贷款 … 208
- 11.5 常备借贷便利、中期借贷便利和临时借贷便利 … 210
- 11.6 中央银行票据 … 213
- 11.7 短期流动性调节工具和抵押补充贷款 … 214
- 11.8 本章小结 … 216

参考文献 … 217

后记 … 223

第一部分

如何认识中央银行

第 1 章 从资产负债表来认识中央银行
第 2 章 中央银行的职能之一：发行的银行
第 3 章 中央银行的职能之二：政府的银行
第 4 章 中央银行的职能之三：金融机构的银行

第 1 章
CHAPTER1

从资产负债表来认识中央银行

中央银行是一国最重要的金融机构之一，它不仅制定和执行货币政策，而且管控着金融体系的各个重要方面，如发行现钞、管理国际储备、代表本国政府与国际金融机构进行沟通、向其他金融机构提供信贷等活动。在不同的国家，中央银行的名称不完全相同，除"中央银行"这一称呼之外，有的国家还将中央银行叫作"储备银行"（Reserve Bank）、"国民银行"（National Bank）或者"国家银行"（State Bank）。另外，完全以外汇储备作为发行准备发行本国现钞的货币局（Currency Board）或者金融管理局（Monetary Authority），也被视为广义上的中央银行。

从机构的性质来看，中央银行属于何种金融机构呢？根据 IMF《货币与金融统计手册》的定义和分类，中央银行在狭义上属于存款性公司，在广义上属于金融性公司。金融性公司分为存款性公司和其他金融性公司，存款性公司划分为中央银行和其他存款性公司。换言之，将除中央银行之外的金融机构分为两大类，一类是其他存款性公司，另一类是其他金融性公司。其他存款性公司，其特征是该类机构的负债主要是存款货币，并纳入广义货币供应量的统计范围。

各金融机构之间的相互关系如表 1-1 所示。

表 1-1 各金融机构之间的相互关系

金融性公司 (financial corporation)	存款性公司 (depository corporation)	中央银行 (central bank)
		其他存款性公司 (other depository corporation)
	其他金融性公司 (other financial corporation)	其他金融性公司 (other financial corporation)

其他存款性公司包括商业银行（commercial bank）、商人银行（merchant bank）、储蓄

银行（savings bank）、储贷协会（savings and loan association）、房屋互助协会（building society）和抵押贷款银行（mortgage bank）、信用社（credit union）和信用合作社（credit cooperative）、农村和农业银行（rural and agricultural bank）、主要从事金融性公司业务的旅行支票公司（travelers' check company that mainly engage in financial corporation activities）。有的教材也将其他存款性公司称为存款货币银行或者是商业银行，因为存款性公司的主要负债是各项存款。还有一个术语"thrift institution"，可以译作"储蓄机构"，在美国是指包括储蓄银行、储贷协会和信用社在内的机构类称。

其他金融性公司主要包括保险公司（insurance corporation）、养老基金（pension fund）、共同基金（mutual fund）和证券交易所等金融机构。其他金融性公司的负债主要通过在金融市场上筹集资金，如发行债券或者股份，或者是发行保单等方式筹集，其负债通常也不计入货币供应量。

要完整地认识中央银行，必须对中央银行资产负债表有深入的了解。表1-2给出了一个简化的中央银行资产负债表。与其他机构一样，中央银行的资产负债表也是由资产、负债和资本金三大项构成。其中每一项又由若干二级科目组成。

表1-2 简化的中央银行资产负债表

资　　产	负债及资本
国外净资产	储备货币
国内资产	货币发行
对政府的要求权	流通中现金
对其他存款性公司的要求权	库存现金
对其他金融性公司的要求权	对其他存款性公司的负债
对其他部门的要求权	法定准备金
	超额准备金
	政府存款
	中央银行发行的证券
	对其他金融性公司的负债
	其他部门的存款
	资本金

在不同国家，中央银行资产负债表的科目设置并不完全相同，有的科目甚至没有设置。例如，有的中央银行没有采取发行中央银行票据这种方式来调控银行体系的流动性，就没有"中央银行发行的证券"科目；有的国家中央银行不直接吸收普通客户的存款，就没有"其他部门的存款"科目；有的国家中央银行不对金融机构提供流动性支持，不履行"最后贷款人"（lender of last resort，LOLR）职能，也就没有"对其他存款性公司的要求权"科目。

从历史的发展变化来看，在中央银行诞生之初，以上各个科目也并非同时存在，随着中央银行职能的不断扩大，才陆续设置相应的科目。例如，在1978年改革开放之前，中国人民银行不仅发行货币，还向国有企业提供融资，这就表现为"对其他部门的要求权"科目余额较大，这体现了中国人民银行集中央银行职能和商业银行职能于一身。改革开放之后，中国人民银行专司宏观金融调控职能，对普通企业的贷款余额逐年下降，有的贷款全部划转给商业银行，2016 年年底这类贷款只有约 81 亿元人民币，与中国人民银行资产方余额 343 711 亿元相比，几乎可以忽略不计。

知识点：
financial intermediaries 与 financial intermediation 的差异

1.1　资产方科目

就中央银行而言，其持有的资产主要是金融类资产，如"对其他存款性公司的要求权"和"对其他金融性公司的要求权"。按金融资产性质来划分，金融类资产可以分为股权类资产和债权类资产两大类。对于中央银行而言，其持有的主要是债权类资产，个别中央银行还会持有少量的股权类资产。除金融类资产之外，中央银行还有固定资产，不过与其持有的金融资产相比，其规模几乎可以忽略不计。

如果以国别划界的话，那么中央银行的资产就可以分为"国外净资产"（主要是国际储备部分）和"国内资产"（中央银行向国内机构提供融资）两大类。所谓"国外净资产"，就是本国中央银行对外资产与对外负债的差额，即对非居民净债权。中央银行对外资产主要就是一国中央银行持有的国际储备，包括货币黄金和特别提款权、外汇储备和在 IMF 的头寸等内容。中央银行对外负债主要是本国中央银行对非居民的负债，如外国政府机构和金融机构在本国中央银行的存款。对于国际货币发行国的中央银行来说，不仅有对外负债的科目，而且该科目的余额较大。国外净资产余额就是对外资产与对外负债的差额。

中国的外汇储备在 2014 年 6 月末达到 3.99 万亿美元。在中国人民银行资产负债表的"国外资产"中的"外汇"科目下，以人民币计价的外汇储备余额最大值为 2014 年 5 月份的 272 998.64 亿元人民币。到 2016 年年末，该余额为 219 425.26 亿元人民币。如果以外汇资产占总资产的比例来看，最大值为 2014 年 3 月末的 83.32%。到 2016 年年末，该比例降至 63.84%。外汇储备的下降有各种原因，尤其是既涉及私人部门主动增持外汇资产，又涉及官方动用外汇储备干预人民币汇率（2015 年"8·11"汇改之后），还涉及中国政府动用外汇储备对政策性银行进行注资的因素。

中央银行往往还持有大量的黄金。中国人民银行持有的黄金在国外资产的子项目"货币黄金"中。这里重点以美联储为例介绍中央银行持有的黄金。美国 1934 年的《黄金储备法案》（Gold Reserve Act of 1934）规定，美联储将其全部黄金划拨给美国财政部（Department of the Treasury）。作为交换，美国财政部部长将这些划拨过来的黄金按当时的法定价格向美联储发行以美元计价的金证券（gold certificates），但这不意味着美联储有权将金证券兑现为黄金。黄金的美元价格由法律规定，该价格自 1973 年以来一直保持在每盎司⊖黄金 42.222 2 美元的水平。美国财政部拥有的黄金一直按照该价格水平计算其账面价值。尽管美联储并不直接拥有黄金，但是纽约联邦储备银行却是美国政府、外国政府、其他国家中央银行、国际组织持有黄金的保管人。任何个人和私人机构都不允许在纽约联邦储备银行或者其他联邦储备银行存有黄金。美国财政部持有黄金的 95%（按照账面价值计算约 104 亿美元）由美国铸币局（U.S. Mint）保管，其余约 5% 的黄金（按照账面价值计算约 6 亿美元）由纽约联邦储备银行保管，其他联邦储备银行只持有很小的部分。简言之，美联储资产方的金证券可以近似地代表美联储持有的黄金。

"国内资产"包括中央银行对各级政府、金融机构和其他部门拥有的资产。具体来说，"对政府要求权"就是指中央银行对各级政府提供的融资，包括透支、贷款以及购买的政府债券等。"对其他存款性公司的要求权"主要是中央银行对这类机构提供的债权。如中国人民银行对国内商业银行发放的再贷款、再贴现以及各类型的融资。自 1984 年中国人民银行承担中央银行职能以来，通过这一渠道向金融体系注入的流动性一度成为基础货币增加的主渠道。当外汇占款在新世纪初成为主渠道之后，该渠道的作用下降。2014 年下半年以来，该渠道逐渐恢复成为中央银行注入流动性的主渠道。"对其他金融性公司的要求权"就是中央银行对这部分机构的债权（或者股权）。中央银行对证券机构提供的流动性就属于这个科目。20 世纪 90 年代以来，日本银行曾经为稳定金融体系，买入过股权类资产。以中国为例，当股市发生较大规模的动荡时，中国人民银行提供的相关融资则是股市稳定的重要资金来源。资产方的最后一个科目就是中央银行"对其他部门的要求权"。所谓其他部门，就是除了非居民、金融机构和政府的其他所有机构。这主要表现为有的中央银行为本国的企业和居民提供少量的融资等，不过这个科目的余额往往很小，如 2016 年年末，中国人民银行该科目的余额为 81.03 亿元人民币，占总资产的比例仅为万分之三不到。除此之外，中国人民银行的货币当局资产负债表中还有一个科目"其他资产"，在 2015 年年末该科目余额为 15 338.87 亿元，占比 4.8%。到 2016 年，该科目余额降为 7 497.26 亿元，占比 2.2%。

专栏：QQE

QQE（quantitative and qualitative monetary easing）是指日本银行实施的量化与质化宽松的货币政策。日本银行于 2013 年 4 月引入 QQE，其问世基于日本银行承诺尽快实现 2% 的物价稳定目标。日本银行明确承诺将尽快实现 2% 的价格稳定目标，时间跨度约为两年。日本银行通过采用 QQE 政策从资产负债表中资产的规模大小和资产种类方面进行调节。具体来说，量化方面（quantitative）是指日本银行通过购买各种资产，特别是日本政府债券（JGB），向金融体系大量增发货币投放流动性，即基础货币增加。质化方面（qualitative）指的是日本银行增加购买风险较高的资产（如购买剩余期限较长的政府

⊖ 1 盎司 = 28.35 克。

债券）。为提高资产的风险溢价，日本银行还购买了大量的交易型开放式指数基金（ETF）和日本房地产投资信托基金（J-REIT）。

与美联储量化宽松政策（QE）相比，日本银行的量化与质化宽松政策（QQE）从扩大资产负债表方面入手，同时对资产负债表的结构进行调整，从而刺激日本经济。2016年1月29日，日本银行在负利率时代下对QQE进行了进一步的强化，即通过引入利率、量化和质化三个维度施行宽松货币政策，尽快达到2%的通胀目标。

2013年4月4日，日本银行提前开启开放式资产购买计划，实施质化和量化宽松政策，核心内容是将政策目标由无担保隔夜拆借利率改为基础货币（monetary base），大幅提高长期日本政府国债（JGB）、ETF指数基金和J-REIT的购买规模以及贷款支持计划（LSP），以保持市场充裕的流动性。其规定将每年基础货币的货币刺激目标定为80万亿日元，政府债券购买数量为每年80万亿日元，贷款支持计划（LSP）规模为120亿日元，ETF与J-REIT的购买数量分别为每年2.1万亿日元和900亿日元。

据统计，自2013年3月31日至2014年12月31日，日本银行通过QQE政策持有的未偿付日本政府债券（10年期）数量共增长110万亿日元，占日本政府债券总量的比例上升了19.3%。2016年1月29日，日本银行宣布采用负利率时代下的QQE政策，维持利率水平-0.1%不变，但表示如果有必要会进一步降息。其会按照每年80万亿日元的现行节奏购买日本政府债券，同时放弃基础货币目标。2016年7月29日，日本银行再次宣布进一步扩大QQE政策的规模。其宣布维持利率-0.1%不变，货币基础年增幅目标维持在80万亿日元不变，但将ETF购买规模扩大至6万亿日元。

1.2　负债方科目

中央银行最关键的负债科目是"储备货币"（reserve money），又称高能货币（high-powered money）或者基础货币（base money），是中央银行为广义货币和信贷扩张提供支持的负债，是经济中货币总量的基础。负债方的各科目既可以从部门来划分，也可以从是否属于储备货币的口径来划分。本节主要从后者的角度来讨论。

中央银行负债方的第一项也是最主要的科目，是"储备货币"。该科目又分为"货币发行"和"对其他存款性公司的负债"两项。所谓"货币发行"，就是中央银行发行的现钞，这些现钞最终流通到全社会各个部门甚至流通到海外市场。在封闭经济条件下，中央银行发行的现钞最终在两大类机构手中，一类是国内企业和居民以及其他金融性公司，他们持有的现钞称为"流通中现金"；另一类是其他存款性公司，其持有的现钞称为"库存现金"。不论是流通中现金，还是库存现金，其显著

知识点：
中央银行储备货币与商业银行存款货币的差异

特征是中央银行对此不需要支付利息。此外，"库存现金"科目下的这部分现钞在有的国家又被视为超额存款准备金的一部分。这两者的主要差异体现为"流通中现金"计入货币供应量，"库存现金"则不计入货币供应量。"对其他存款性公司的负债"包括法定存款准备金和超额存款准备金两项内容。换言之，"储备货币"既包括中央银行发行的纳入货币供应量的"流通中现钞"部分，也包括中央银行发行的不纳入货币供应量的部分，即"法定存款准备金""超额存款准备金"和"库存现金"部分。对于不少熟悉公司资产负债表的读者来说，"库存现金"在中央银行资产负债表的负债方，这的确难以理解。一般来说，经济主体持有的"库存现金"都反映在资产负债表的资产方，而不是负债方。中央银行负债方的"库存现金"科目的含义是中央银行发行的且由其他金融机构持有的现金，而不是中央银行持有的现金。中国人民银行公布的"货币当局资产负债表"，就没有列出这个子科目。

中央银行负债方的第二项是"政府存款"，即（各级）政府将其资金存放在中央银行形成的款项，其余额大小受政府财政管理体制和财政政策等因素的影响。以中国为例，2017年11月，该项存款的余额为41 410亿元，到12月末，该项目余额降至28 626亿元。该项目的变化如此剧烈，将严重影响金融体系的超额准备金规模。

中央银行负债方的第三项是"中央银行发行的证券"。中央银行除发行无利息的现钞之外，有的中央银行还会发行附利息的证券，有时候在其负债方的占比还较大。如2003年以来，中国人民银行发行的各种期限的中央银行票据就是如此。到2017年年末，该项目余额降为零。所以，不是所有国家的中央银行都存在该项目。此外，不同国家的中央银行提供服务的机构存在一定的差异，例如美联储就为其他国家的政府、中央银行和国际金融组织等机构开设账户，这些账户的变化会影响美联储的超额准备金等。一般来说，其他国家的中央银行会在储备货币国家的中央银行开立账户，其目的主要是干预本币汇率。除此之外，中央银行为了特定目的，还会要求特定机构在中央银行开立账户。例如，2017年6月开始，中国人民银行发布的"货币当局资产负债表"新增加了"非金融机构存款"（deposits of non-financial institution）科目，其经济含义是以"支付宝""财付通"等第三方支付机构交存中国人民银行的客户备付金存款。过去，中国的第三方支付机构的客户备付金存放在各家商业银行，为了加强这些机构的风险管理，中国人民银行要求上述机构直接在中央银行开立账户。

中央银行负债方的第四项是"对其他金融性公司的负债"，主要是证券公司、保险公司等机构在中央银行的存款。

综上所述，我们可以从中央银行负债的货币属性来对其进行分类：一类是货币性负债，另一类是非货币性负债。货币性负债主要包括流通中现金和各种准备金，它们均包括在基础货币（储备货币）的口径内，同时这部分负债具有货币属性，是货币供应量的一部分（当然，法定准备金和超额准备金就不属于货币供应量的范畴）；非货币性负债又可以分为存款性负债和债券型负债，与货币性负债的差异主要是中央银行的这部分负债不计入货币供应量。对于中央银行来说，典型的存款性负债就是政府存款，典型的债券型负债就是中央银行票据。存款性负债和债券型负债的差异主要体现在存款性负债没有二级交易市场，而债券型负债往往存在二级交易市场。

1.3 资本金科目

中央银行资产负债表右侧的最后一项是资本金科目，根据出资者的不同，可以分为中央政府出资、私人部门出资、政府和私人部门共同出资、成员国政府出资和无资本金五种情形。

第一种情形是中央政府出资，就是中央银行资本金由中央政府拨款形成，由财政部代表中央政府持有，这是中央银行资本构成的主流模式。中国人民银行、英格兰银行目前就是这种模式。目前英格兰银行是由英国财政部全资持有的，其资本金大致是1 460万英镑。英格兰银行在1694年成立之初，是一家私人性质的股份银行。在1946年，英格兰银行实施了国有化政策。当时英格兰银行大约有17 000名股东，三分之二是小股东，持有的股票不足1 000英镑。英国政府在当时向所有股东买进了他们持有的股票。目前，英格兰银行已经是一家完全由英国政府所有的中央银行。

第二种情形是私人部门出资认购中央银行的资本金，如美国联邦储备体系（Federal Reserve System）。美国联邦储备体系由联邦储备委员会（Federal Reserve Board of Governors）、12家联邦储备银行（Federal Reserve Bank）和联邦公开市场委员会（Federal Open Market Committee）构成。联邦储备委员会是美国联邦政府的机构之一。12家联邦储备银行不为任何私人拥有，也不是一个以盈利为目标的机构（profit-making institution）。《联邦储备法》（Federal Reserve Act）第五条对联邦储备银行的股本发行和注销予以了规定，并确定每家联邦储备银行的股本为每股100美元，其股本由辖内的成员银行（member bank）认购。受美联储监管的各家成员银行，其持有联邦储备银行的股权不同于持有私人公司的股权。《联邦储备法》规定，成员银行持有联邦储备银行的股权仅仅是作为成员银行资格的条件之一。成员银行拥有的联邦储备银行股本份额不可以出售、转让，也不能用作抵押品以获得融资。此外，还有的中央银行采取股份公司的形式筹集资本金，股票在证券交易所挂牌交易。例如，瑞士国民银行（Swiss National Bank）的资本金为2 500万瑞士法郎，分为10万股，每股250瑞士法郎。瑞士国民银行的股份在瑞士证券交易所（SIX Swiss Exchange）挂牌交易。根据法律规定，瑞士国民银行的每股最多分红比例是6%，因此其股价与年息6%的联邦债券（confederation bond）走势趋同。

知识点：
美国12家联邦储备银行的资本金

第三种情形是中央银行资本金由政府与私人部门共同出资。按照《日本银行法》

（Bank of Japan Act）的规定，日本银行的资本金为 1 亿日元，其中由政府认购的资本金不得少于 5 500 万日元。因此，政府认购大约 55% 日本银行的资本金，私人部门负责提供剩余 45% 的资本金。据最新统计，截至 2017 年 3 月底，日本政府认购的资本金数额约为 5 500.8 万日元，其余部分由私人部门出资认购（如表 1-3 所示）。虽然日本银行的资本金由政府与私人部门共同缴纳，但是与美联储相似，私人部门无权参与和干涉日本银行的管理以及货币政策的制定与执行。日本银行的私人部门股权持有者在收益分配时按照实收资本的占比，按照 5% 以内的年股息率参与盈余分配，其余盈余部分则纳入日本银行的特别储备（special reserve）当中。

表 1-3 日本银行资本金构成情况

出资部门	出资金额（千日元）	出资占比（%）	出资部门	出资金额（千日元）	出资占比（%）
日本政府	55 008	55.0	公共组织（public organization）	191	0.2
私人部门（private sector）	44 991	45.0	证券公司（securities company）	23	0.0
个人（individual）	40 039	40.0	其他公司（other firm）	2 526	2.5
金融机构（financial institution）	2 209	2.2	总计	100 000	100.0

注：1. 数据截止日期为 2017 年 3 月底。
2. 出资金额不足 1 000 日元的舍去。
3. 由于数据采取四舍五入，数据加总后与合计值有差异。
资料来源：日本银行官网。

第四种情形是成员国政府出资。对于由多个成员国组成的中央银行，如欧洲中央银行，其资本金就是由成员国中央银行共同缴纳的。目前，欧洲中央银行的资本金已经超过 100 亿欧元。其中，欧洲中央银行资本金的 70% 由欧元区成员国提供，而非欧元区的欧盟成员国资本金占 30%。各成员国的份额根据各成员国的 GDP 和人口规模（两者的权重相同）确定。欧洲中央银行每五年调整一次各成员国的权重，或者当有新成员国加盟欧洲中央银行时也会调整各成员国的权重。同时，根据欧洲中央银行的相关法律，欧洲中央银行的净损益应当按照以下顺序分配给欧元区各成员国中央银行：净利润的 20% 部分（最多）应当按照欧元区理事会规定转为一般准备金（general reserve fund），但其余额应当小于等于资本金总额；剩余净利润应按照各成员国实缴比例分配给欧洲中央银行各成员国股东。若欧洲中央银行发生亏损，该损失通过一般准备金予以抵消。在必要时根据欧元区理事会的决议按比例对相关财政年度的货币收入进行调整，即该部分损失按比例分配给各成员国中央银行。非欧元区的欧盟成员国则无权获得欧洲中央银行的净利润或者承担净损失。

第五种情形是中央银行不设资本金，如韩国银行（韩国的中央银行）。根据《韩国银行法》，韩国银行于 1950 年 6 月 12 日成立。最初，其资本金为 15 亿韩元，全部由政府出资。1962 年《韩国银行法》修正案将韩国银行设定为无需资本金的特殊法人团体（special juridical entity）。

知识点：
何谓中央银行"缩表"

纵观世界各国，不论中央银行采取何种出资形式，出资者对于中央银行货币政策的制定与执行都无权干预。这是中央银行与一般企业的一个显著不同点。中央银行的出资者主体以及金额的变化远不如货币政策的变化那样引人注目。

1.4 中央银行的收益与风险特征

通常来说，中央银行的资产一般都有利息收入，如中央银行在公开市场操作过程中买入的本国政府债券、持有的外汇储备以及对金融机构发放的融资，这些金融资产都可以获得利息收入。相应地，中央银行负债方的大部分余额不需要支付利息，如货币发行科目不需要支付利息。在过去，美联储对法定存款准备金余额也不支付利息。这种资产负债结构使得中央银行能够稳定地获得利差收入。此外，如果再考虑中央银行为金融机构提供的各种服务，如资金清算等业务，中央银行每年可以获得不菲的利润。从本质上来看，如果不考虑中央银行在提供金融服务方面赚取的利润，中央银行实际上稳定地获得利差收入。利差收入的大小具体取决于资产和负债各个科目的利息收付状况。

通常，中央银行同样会面临与其他金融性公司一样的金融风险，这些风险主要包括利率风险、汇率风险、通胀风险和违约风险。中央银行面临的利率风险主要源自其资产和负债的各个科目，由于利率的提高或者降低给中央银行带来的损失；汇率风险是指中央银行持有的对非居民的要求权（即国外净资产）由于汇率的变化而遭受的损失，如中国人民银行持有的巨额外汇储备由于人民币的升值而形成的潜在损失。此外，中央银行也面临通胀风险。例如，当外国出现较严重的通货膨胀，即使是本币与外币的汇率不发生变化，中央银行所持的外汇资产也会因外国发生通货膨胀而遭受购买力的损失。对于中央银行而言，违约风险相对来说较为罕见，但也绝不是不可能发生的事情。例如某些发展中国家和新兴市场国家让中央银行承担过多的财政职能，即通过中央银行向事实上已经破产的金融机构提供融资，而这部分融资没有任何归还的可能，由此造成中央银行在财务上资不抵债。

知识点：
中央银行会不会破产

简言之，与其他金融机构一样，中央银行同样面临各种风险，需要采取更为严格的措施来规避损失。如为避免汇率风险，中央银行控制其所持有的外汇资产总量和占比；为控制违约风险，中央银行要求向其借款的金融机构提供足够的抵押资产等。对于利率风险和通胀风险，中央银行不仅仅是针对其自身负责，而且有义务保持经济运行整体较低的通胀率。

【立德树人小故事】 中国人民银行成立的历史

新中国的中央银行是中国人民银行，其历史最早可以追溯到土地革命战争时期。1931年11月7日，在江西瑞金召开的全国苏维埃第一次代表大会决定成立中华苏维埃共和国国家银行（以下简称"苏维埃国家银行"）和中央造币厂。1932年2月1日，苏维埃国家银行在瑞金叶坪正式成立，第一任行长是毛泽民。成立之初，包括行长在内，只有5位工作人员。此外，该行的资本金仅为20万元，在成立之后的几天之内因为战争需要全部划出。苏维埃国家银行此时的任务就是为支援革命战争筹款。1932年7月7日，苏维埃国家银行正式发行纸币——中华苏维埃共和国国家银行银币券，又称"苏维埃国币"。纸币正面印有"中华苏维埃共和国国家银行"的字样以及列宁的头像，还有中华苏维埃共和国财政部长邓子恢和国家银行行长毛泽民的亲笔签名。按照中华苏维埃临时中央政府第14号命令的第五条，"壹元钞票一张，兑付光洋一元"，即纸币与银元按照1∶1的比价兑换。在长征之前，苏维埃国家银行已经建立了江西省分行和福建省分行。1934年10月10日傍晚，包括毛泽民在内的14名工作人员和数百名挑夫一起，用扁担挑起苏维埃国家银行金库里的全部家当，从瑞金的云石山出发，开始了漫漫长征，1935年11月长征结束到达陕北瓦窑堡，有6位同志牺牲在长征路上。随后，苏维埃国家银行改称为苏维埃国家银行西北分行，陕甘宁边区政府成立后，1937年又更名为陕甘宁边区银行。1945年国共内战爆发后，陕甘宁边区银行撤离延安，后与晋绥边区的西北农民银行合并。辽沈战役结束之后，中共中央加紧了在经济领域的工作。1948年11月25日，《华北银行总行关于发行中国人民银行钞票的指示》发布（1948年7月22日晋察冀边区银行与冀南银行合并为华北银行）。1948年12月1日，中国金融史上两件大事同时发生了。这一天以华北银行为基础，合并山东解放区的北海银行、西北解放区的西北农民银行，在河北省石家庄组建了中国人民银行。同一天上午9时由河北省平山县银行发行的第一套人民币问世。人民币上的行名、年号和面额均出自当时出任华北人民政府主席的董必武之手。在石家庄的大街上到处可以看到由董必武签署的金字第四号"华北人民政府布告"，布告称："从本年十二月一日起，发行中国人民银行钞票。"与世界发达国家的中央银行相比，中国人民银行的历史并不长。伴随着改革开放四十年的发展，中国已经成为世界第二大经济体，中国人民银行在国际上的地位与日俱增，人民币货币政策、信贷政策和汇率水平对世界经济的影响不断加大。

1.5 货币局制度的资产负债特征

以上介绍的是现代的中央银行资产负债表的主要科目和主要风险特征。追本溯源，在现代中央银行制度诞生之前,从世界范围来看,各国采取的货币制度主要是金本位(gold specie standard)及其变形,如金块本位(gold bullion standard)或者金汇兑本位(gold exchange standard)。典型的金本位制度的主要特征包括以下两点:第一,在金本位制度下,政府规定货币单位与黄金之间的数量关系。这既可以用单位重量(如1盎司或1磅)的黄金值多少英镑或者美元来表示,也可以用单位英镑或者美元的含金量是多少盎司来表示。第二,政府承诺无限制地按照前述的价格买进或者卖出黄金。此时,政府犹如黄金的做市商,承担黄金的双向买卖责任。政府承诺按某个价格买进黄金,意味着黄金的本币价格不可能低于政府的黄金定价;同样,政府承诺按照该价格卖出黄金,意味着黄金的本币价格不可能高于政府的黄金定价。在金本位制度的鼎盛阶段,中央银行制度远未成熟。当时发行现钞的机构主要是商业银行,此时商业银行面临的风险主要是居民集中兑换黄金所带来的流动性风险。在金本位制度下,各商业银行的主要资产之一是黄金,在黄金储备的支持下发行现钞,同时现钞按规定可以兑换为金币,所以发钞行(note-issuing bank)负债方的现钞账户与资产方的黄金存在一定的比例关系。在现钞流通较为稳定的条件下,居民一般很少持现钞去兑换黄金。一旦某发钞行的黄金出现流失,或者现钞发行过多(发钞行的黄金资产占现钞发行额比例下降过快),公众就会担心所持有的现钞没有足够的黄金作为保证,就有可能出现客户挤提黄金的情况,这会导致发钞行黄金的进一步流失,发钞行最终面临倒闭的风险。所谓金块本位制度,就是公众只有持有一定限额以上的现钞才可以去发钞行兑付黄金,其现钞兑换黄金的条件更为严格。无论是何种制度,其主要风险都来自于公众持有的现钞无法兑现黄金的可能性。

在现代社会,仍然保留金本位特征的货币制度就是在少数国家和地区实施的货币局制度(currency board system)。所谓货币局就是专门从事现钞发行的机构,最关键的特征是其发行的现钞均可以按要求以固定的汇率兑换成钉住的国际储备货币。如果要改变这一兑换比率,政府必须事先通过相应的法律程序。货币局资产负债表的主要特征是资产方科目主要是"外汇储备",负债方科目主要是"储备货币"。货币局持有的储备资产主要是高质量且有利息收入的外币资产,与本币无利息支出的负债相比,其资产负债比至少是100%甚至更高一点。资产方的利息收入是货币局的主要收入来源。因此,货币局被视为一种货币发行制度,但更多地被视为一种严格的汇率制度。从国际范围来看,中国香港在1983年10月实行的联系汇率制度(钉住美元)、阿根廷曾经实行的货币兑换制度(2002年已经取消)都属于货币局制度,只是在操作细节方面存在差异。典型的货币局资产负债表如表1-4所示。

表1-4 典型的货币局资产负债表

资　产	负　债
外汇储备	储备货币

1.5.1　香港的联系汇率制度

香港目前实行的仍然是货币局制度。1982年9月撒切尔夫人访问中国,中英两国就香港问题展开谈判。1983年9月16日，英国《金融时报》对香港问题发表了悲观看法的文章后，国际金融市场上出现了抛售港币的风潮。9月24日，香港出现黑色星期六，香港股市下跌，港元大幅贬值，一度跌至9.6港元兑1美元的历史低点，市面上随之出现民众抢购粮食、食用油、罐头食品和奶粉等情况，多家商业银行出现挤提现象。香港政府财政司司长彭励治在当年10月15日宣布实施联系汇率制度，以7.80港元兑1美元的汇率与美元挂钩，港元汇率得以稳定。香港流通的现钞在传统上由商业银行来发行，又称其为发钞银行（note-issuing bank）。目前香港的发钞银行有三家，分别是汇丰银行、渣打银行、中国银行（香港）。发钞银行发行港元现钞时，需按7.80港元兑1美元的汇率向金管局提交等值的美元，购买金管局发行的无利息的负债证明书（certificates of indebtedness，CI），作为发钞纸币的支持。相反，发钞银行回笼港元现钞时，发钞行会收回等值的美元，金管局则会赎回负债证明书。这一过程在各自资产负债表中的表现如表1-5所示。

表1-5 香港金融管理局、发钞行在港元发行与回笼过程中的作用

香港金融管理局资产负债表				发钞银行资产负债表			
资　产		负　债		资　产		负　债	
美元储备	+（1） -（2）	负债证明书	+（1） -（2）	美元资产 负债证明书	-（1） +（2） +（1） -（2）		

注：1. 香港金管局发行负债证明书
　　2. 香港金管局回收负债证明书。

1997年香港回归之前，全国人民代表大会在1990年通过了《中华人民共和国香港特别行政区基本法》。该法第111条规定：港元为香港特别行政区法定货币，继续流通。港币的发行权属于香港特别行政区政府。港币的发行须有百分之百的准备金。港币的发行制度和准备金制度，由法律规定。香港特别行政区政府，在确知港币的发行基础健全和发行安排符合保持港币稳定的目的的条件下，可授权指定银行根据法定权限发行或继续发行港币。香港现钞发行的法律依据是《法定货币纸币发行条例》（Legal Tender Notes Issue Ordinance）。因此香港回归之后，继续沿用了货币局制度。

根据香港金管局的规定，当港元汇率出现强势或弱势变化时，金管局都将提供兑换保证（convertibility undertaking），也就是对港元的双向干预承诺。所谓强方兑换保证，就是当港元走强，金管局承诺在7.75的水平向持牌银行（香港本地的商业银行）买入美元，投放港元。所谓弱方兑换保证，就是当港元走弱，金管局承诺在7.85的水平向持牌银行出售美元，回收港元。在7.75至7.85的兑换区间，金管局按照货币局制度的运作原则进行操作，确保港币和外汇市场平稳运行。这些操作原则包括：第一，所有在兑换范围内的市场操作应该严格依据货币局制度的规定来进行；换言之，货币基础的余额及其变化均需要以外汇提供百分百的支持。第二，任何市场操作的首要目标都应该是维持香港联系汇率制度下的汇率稳定以及市场对此制度的信心。第三，通过市场操作来配合

利率调整，从而实现港币汇率的稳定，避免利率变化带来的冲击。第四，通过操作消除市场上的反常现象。香港的联系汇率制度要求流通中的港币现钞有百分百的外汇资产作为支持。这些外汇资产被称为外汇基金。外汇基金是根据香港《货币条例》在 1935 年成立的基金，是作为支持香港发钞行发行纸币的准备。该条例后改名为《外汇基金条例》（Exchange Fund Ordinance）。外汇基金持有的外汇资产来源包括：①发钞行用以获得负债证明书交来的外汇资产；② 1976 年港英当局划转的一般收入账目的大部分外币资产和硬币发行基金的全部资产，外汇基金由香港财政司司长控制，主要用于"直接或间接影响港币汇率的目的。此外，外汇基金还可用于保持香港货币金融体系的稳定健全，以及保持香港的国际金融中心地位"。外汇基金的资产种类包括港币、外汇、黄金或白银以及其他外汇资产。香港财政司司长委任金融管理局（简称金管局）局长管理外汇基金并履行其他职责。历经 1992 年欧洲汇率机制危机、1994 年墨西哥货币危机以及 1997 年东南亚金融危机之后，香港联系汇率制在不断改进。目前，香港金管局管理的外汇基金大致上分成两个主要组合：支持组合和投资组合。支持组合持有流动性高的美元资产，按照货币发行局制度的规定为基础货币提供百分百支持。投资组合主要投资于经济合作与发展组织成员国的债市及股市，以保障资产的价值及长期购买力。这两个组合的长期目标分布比率为 71∶29。在设立货币发行局账目（Currency Board Account）之初，香港政府将足够的美元资产划拨进来，其规模是基础货币余额的 105%（该美元资产组合被称为支持组合）。支持资产与负债方的基础货币的比率称为支持比率（backing ratio）。支持比率会因为基础货币的变动、利率变化引致的重估收益或亏损，以及净利息收入的影响而变化。所谓的净利息收入就是指来自外汇基金美元资产的利息收入超过负债方（外汇基金票据和债券）利息支出的规模。香港货币发行局制度下的基础货币类似于中国人民银行资产负债表中的储备货币科目，具体包括以下子项：负债证明书（certificates of indebtedness）、政府发行的流通纸币和硬币（government notes/coins in circulation）、收市总余额（closing aggregate balance，类似于超额准备金余额）、未偿还外汇基金票据及债券（outstanding exchange fund bills and notes）四项。在联系汇率制度下，不仅仅是支持组合里的美元资产用于支持港元汇率，外汇基金的所有资产（支持组合和投资组合）均可以用作支持港元汇率。2000 年 1 月，香港财政司批准了新的安排。如果支持比率达到 112.5%（触发上限），便会把资产从支持组合转移至外汇基金资产的投资组合，从而将支持比率调整至 110%。相反，如果支持比率降至低于 105%（触发下限），便会把投资组合的资产注入支持组合，使支持比率回升至 107.5%。该措施不仅可以提高过剩资产的投资回报，而且可以确保支持组合有足够的流动资产。

到目前为止，香港有三家发钞银行，即汇丰银行、中国银行和渣打银行。在历史上，有利银行和汇丰银行、渣打银行曾经是香港的三家发钞行。1元以下的硬币由香港政府发行。1959 年有利银行被汇丰银行收购后，港币钞票（banknote）由汇丰银行和渣打银行发行，5 元以下硬币由香港政府发行。1994 年中国银行开始在香港发行钞票，由此形成了汇丰银行、中国银行和渣打银行三家发钞银行的格局。截至 2017 年 12 月 29 日，香港金管局的负债证明书余额达到 4 478.85 亿港元。除发钞行发行港币之外,香港政府还发行纸币和硬币(government-issued currency)。它是由金融管理局代表香港政府发行的,由 10 元面值的纸币(塑料币)和硬币构成,截至 2017 年年末,香港政府发行的纸币和硬币余额约有 124 亿港元,汇丰银行、中国银行和渣打银行的发钞比例大致为 6∶3∶1。代理发行的商业银行负责储存以及向公众分发纸币和硬币。金管局与代理银行之间的交易按照 7.80 港元兑 1 美元的汇率,按美元结算。换言之,香港政府发行的纸币和硬币也有百分百的外汇资产支持。

1.5.2 阿根廷货币局制度的破产

阿根廷在 1975 年到 1990 年的大部分时间内出现了恶性通货膨胀(年均 325%),经济陷入了持续的萧条,GDP 甚至出现了负增长。通胀率在 1989 年达到了 5 000%。为减少财政赤字、稳定阿根廷比索(Argentine Peso)的汇率,阿根廷政府采取了包括国有企业私有化、贸易与金融自由化、削减政府开支等一系列"新自由主义"举措。

实施货币局制度是阿根廷政府稳定汇率的主要措施。1991 年 4 月,由时任阿根廷经济部长多明戈·卡瓦诺(Domingo Cavallo)积极倡导该制度;阿根廷政府公布了《自由兑换计划》(Convertibility Plan),将阿根廷比索和美元的汇率固定为 1∶1,要求阿根廷中央银行用等量的外汇、黄金和其他外国证券担保比索的发行,保证阿根廷比索的自由兑换。经济学家们将该汇率制度视为货币局制度。《自由兑换计划》的实施抑制了恶性通胀,很快稳定了阿根廷经济。不过,阿根廷实施的《自由兑换计划》有两点值得关注:第一,该制度实施之初,阿根廷中央银行三分之二的资产为外汇储备,其余部分是阿根廷政府债券;第二,阿根廷中央银行可以采取相机抉择(discretionary)的货币政策,保留了某些金融监管的权力,同时还履行最后贷款人职能,如在 1995 年墨西哥比索危机期间,向流动性不足的商业银行提供紧急贷款。因此,有学者将阿根廷的货币局制度视为一种硬钉住美元(hard dollar peg)的固定汇率制度,而不是传统意义上的货币局制度。《自由兑换计划》的实施抑制了恶性通胀,1990 年阿根廷的通胀率接近 800%,到了 1994年,通胀率下降到 5% 以下。1991~1994 年的经济增长也表现良好,达到年均近 8% 的水平。

1997 年 7 月,亚洲金融危机爆发,其影响渐次波及拉丁美洲。1999 年巴西为了增加其出口产品的竞争力,将货币贬值 40%,对阿根廷出口形成明显的冲击。1999 年阿根廷出口额降到 233 亿美元,比上一年减少 31 亿美元。2001 年 12 月到 2002 年 1 月是阿根廷经济社会最为严峻的时刻,失业率接近 20%。面对巨额的资本外逃和外资大规模撤离,阿根廷政府不得不向 IMF 申请贷款援助,得到的答复是阿根廷必须实施惩罚性的紧缩政策以换取贷款支持。2001 年 12 月 1 日,阿根廷货币局制度的设计者卡瓦诺再次担任阿根廷经济部长,上任之后他立即宣布严格限制金融交易,以阻止资金外流。一方面,禁止出国人员携带超过 1 000 美元的外汇出境;另一方面,严格限制本国居民提现规模,每位储蓄者,不论有多少个账户,每周只能从银行取出250比索。12月5日,IMF官员宣布拒绝向负债累累的阿根廷提供12.64亿美元的贷款。于是,国际金融市场上出现了阿根廷国债的恐慌性抛售。12月23日,圣诞夜的前一天,阿根廷临时总统阿道弗·罗德里格斯·萨阿宣布就职,随即宣布暂停偿付一切外债本息。这意味着作为拉丁美洲第三大经济体的阿根廷将出现1 550亿美元外债的拖欠,也是全球经济史上规模最大的债务拖欠。《纽约时报》报道该新闻直接用了"阿根廷破产"的标题。在阿根廷1 550亿美元的外债中,短期外债占比不足20%,但是每次短期外债到期都会引起国际金融市场对阿根廷政府筹资能力的怀疑,其筹资的风险溢价迅速上升。恶化的经济形势还迫使阿根廷政府宣布推迟发放大约140万名退休人员的养老金。这段时间内,阿根廷各地出现了前所未有的骚乱,民众纷纷走上街头抗议示威,并在议会大楼纵火。阿根廷不仅经济上一塌糊涂,而且政府领导人也频繁调整。从1999年12月卡洛斯·萨乌尔·梅内姆总统下台,到2002年1月爱德华多·杜阿尔德上台,短短两年多的时间里有五位总统下台。在2001年12月危机最为严峻的时间里,有三位领导人任职时间不超过7天,有的仅仅上台2天就辞职。阿根廷政府领导人走马灯式的调整,显示出当时阿根廷债务危机、社会危机和政治危机全面爆发。2002年1月,阿根廷政府宣布放弃实施了11年的货币局制度,转向浮动汇率制度,随即比索贬值40%,双边汇率为1美元兑换1.4比索。2002年2月,阿根廷政府宣布采取一系列经济全面比索化的措施:以美元结算的全部银行债务、抵押贷款和其他美元债务,一律按1:1的汇率转换成比索债务;商业银行的美元存款则以1:1.4的汇率转换成比索存款,其中3万美元以下的美元存款,如果储户不愿意转换成比索存款,可以换成美元标价的政府长期债券。经济比索化的措施进一步动摇了国际社会对比索的信心。2002年3月,官方汇率已经贬值到1美元兑换4阿根廷比索。阿根廷经济此后一直在低谷徘徊,直到2003年才略有起色。阿根廷的例子表明:实施货币局制度并非解决经济问题的有效手段。

1.6 本章小结

本章从资产负债表的角度介绍了中央银行的资产、负债和资本金项目。从资产方来看,按照业务对象划分,可以分为国外净资产和国内资产两大类,后者又可以分为对政府部门、金融机构和其他部门的要求权。为了规避各种风险,中央银行的资产主要是高质量的本币资产。如果外汇储备占资产总额过高,中央银行将面临较大的汇率风险。中央银行的负债主要有货币发行、政府存款和中央银行票据等科目。中央银行的负债多是无息或者低息的。因此,典型的中央银行的主要收入来源除各种服务收费之外,就是利差收入。不论谁持有中央银行的股权,也不论股权回报率的高低,中央银行的股东都无权参与货币政策的决策。同时,由于中央银行在现代社会垄断了现钞的发行,可以借此获得垄断发钞的利润，因此资本金的多少对于中央银行而言并不重要。

与中央银行制度相比，还有货币局制度。该制度与中央银行制度相比，主要体现为资产方的项目更为简单，主要是外汇资产，没有本币资产。这一设计使得货币局制度不仅仅是一种货币发行制度，而且常常被视为一种严格的汇率制度。现代意义的货币局制度存在些许变化。不同的制度设计存在完全相反的结果，香港的改进措施增加了联系汇率制度的可信度，阿根廷的改革最终使其放弃了货币局制度。

中央银行的职能之一：发行的银行

如何认识中央银行的职能呢？美联储前任主席本·伯南克（2014）认为中央银行的职能包括两个方面：一是保持宏观经济稳定，即维持经济的平稳增长和低且稳定的通胀水平；二是维持金融稳定，即确保金融体系运转正常，尽一切可能防止出现金融危机或者金融恐慌（financial panic），即便无法阻止，也尽力减轻其带来的影响。前者通过货币政策工具来实现，后者通过"最后贷款人"手段来实现。这一表述没有提及中央银行的发钞职能。一般来说，中央银行发行的钞票占全社会广义货币供应量的比重很低，中国的这一比例不足5%。纵观世界各国中央银行控制通货膨胀的经验，即便控制了广义货币供应量，也未必就能够保持物价稳定，更遑论仅仅控制中央银行的现钞发行量。尽管如此，中央银行发行的现钞仍然是全社会各阶层民众和企业日常小额支付的主要工具，为什么各国都由中央银行来承担这一职能？为控制通货膨胀，人类社会对中央银行的发钞职能做出过哪些限制？本章将重点讨论这些问题。

当今世界，大多数国家将垄断发行现钞的权力赋予一个单独的机构——中央银行。当然，由中央银行垄断发钞职能不是从其诞生的第一天就存在的，而是各国政府在实践中逐渐认识到货币发行权必须统一之后，才将这一职能单独赋予中央银行的。如果从货币的发展历史来看，人类社会的货币发展历史要远远早于中央银行发行现钞的历史。中央银行介入货币发行也是最近几百年的事情。人类社会最初的货币多种多样，有牲畜、烟草、食盐、海贝等，但是最终过渡到以金银为代表的金属货币，主要是由金银的物理特性所决定的。在中国春秋战国之前，"货"与"币"是两个不同的概念。货是指珠贝，币是指皮币。珠贝是中国早期的钱币，贝币的单位是"朋"，相传五贝为一朋。"币"主要指皮币，是以兽皮制成的货币，典型的如汉武帝时期的白鹿皮币。汉武帝在位期间发动了汉匈战争，导致国库空虚，加之自然灾害频发，解决政府的财政困难迫在眉睫。汉武帝元狩四年（公元前119年），为了解决财政收支缺口，在当时御史张汤（历史上的酷吏）的建议下开始发行白鹿皮币。当时汉朝王室的宫苑之中多白鹿，朝廷就收集鹿皮作币材，在一尺见方的鹿皮上饰以彩画，其价值相当于彼时的40万枚半两钱，王侯宗室朝觐天子献上的礼物或祭祀时献上的祭品必须使用白鹿皮币。通过发行这种白鹿皮币，诸侯国的财富很快就转移到朝廷，后因其作价太高，旋即废止。白鹿皮币在中国货币史上被视为纸币的滥觞，但目前不见实物。在中国的古籍文献中，除了使用"货""币"之外，多用"钱币"一词，也有的称为"货泉""钱钞"等。直到清朝末年中国政府拟设立银行和改革币制的时候，"货币"一词才较为广泛地使用。我们现在一般将 banknote 译作银行券，简称钞票，在银行诞生之前，出现的纸币通常是 state note，这个术语应译作政府纸币。

通常，经济学家们将金、银为代表的货币定义为商品货币（commodity money），也就是其名义价值与实际价值基本相符的足值货币。马克思曾说过：货币是固定地充当一般等价物的特殊商品。马克思还说过：金银天然不是货币，但货币天然是金银。不论是金还是银，都不仅有价值，而且也都是有使用价值的商品。从货币发展的历史沿革来

知识点：
中国的早期货币与海贝相关

知识点：
钱币学和货币学的差异

看，货币从足值货币（商品货币）过渡到不足值货币（信用货币），从有形货币（纸质货币、塑料货币）过渡到无形货币（电子货币、数字货币）。当然，许多教科书还从货币职能的角度进行分析。此外，我们还可以从货币发行者的角度来认识货币以及中央银行。

2.1 中国历史上的铸币与纸币

人类社会自从进入物物交换阶段之后，货币的问题就逐渐浮出水面。在金属货币时代，社会上最典型的流通货币就是政府发行的铸币。在这个阶段，中央银行还远没有诞生。铸币主要由政府财政部门负责铸造。当然，也出现过私人部门铸造的货币。因为中国最早诞生了造纸术和印刷术，所以中国也最早出现了纸币。

2.1.1 中国历史上的铸币

从铸币的发行者来划分，既有官方部门发行的铸币，又有私人部门发行的铸币。从钱币形态上看，既有金属铸币，又有可以兑现金属铸币的纸质货币。对于金属铸币而言，有官方部门发行的铸币，如五铢钱、开元通宝钱、明清时期的制钱，还有官方许可的私

人部门发行的铸币，如汉文帝时期的邓通钱等。从铸币材质上看，中国历史上的铸币材料先后主要有黄金、白银、铜（个别时期出现过以铁为原料）。中国早在战国时期，就出现过使用黄金⊖的高潮，秦朝和西汉时期也是使用黄金的高潮时期。这一时期，黄金的作用表现为馈赠、赏赐、贿赂、罚款或者赎罪，除此之外，主要发挥价值尺度和价值储藏的货币职能。汉朝以后，中国的黄金存量迅速下降，之后币材主要是白银和铜。白银主要从明朝中后期开始成为主要的交易媒介。其间中国还出现绢帛这样的实物货币。从货币的名义价值和实际价值而言，则存在足值货币和非足值货币两大类。从外国货币历史来看，对于本位币来说，一般是足值货币；对于辅币来说，通常是非足值货币。正因为是非足值货币，所以通常由政府部门垄断铸造。否则，由于存在巨大的利差（铸币税），私人部门必然会偷铸、私铸，政府也就不可能独享铸币税。对于中国而言，长期以来，就一直没有主币和辅币之分，并且主币与辅币之间没有固定的比价关系。以明清两朝为例，大额交易一般使用白银，日常生活的小额交易使用制钱（也就是百姓口语中常说的"铜钱"）。到清朝末年，广东才开始利用西方机器制造银币和铜板。民国建立之后，北洋政府才开始发行俗称"袁大头"的国币（银币），长期以来中国混乱的钱币制度开始走向统一。不论是明清两朝的制钱，还是北洋政府时期的国币，其铸造都是政府垄断的。

1. 中国历史上全国范围流通的铜钱

从中国的历史来看，在春秋战国年间，诸侯国流通的钱币按照形制来分主要有四类：刀币、布币、蚁鼻钱和圜钱。刀币是战国时期流通在中国东部的齐国、燕国和赵国等地的青铜铸币，由当时的农具、手工工具——刀演变而来。刀币按刀首形制可以分为尖首、针首、圆首、截首和平首，按国别又分为齐刀、燕刀、赵刀和鲜虞刀。其中，燕国的刀币较小，称为小刀；齐国的刀币较大，称为大刀。布币的形状如铲，又称为铲币，从青铜农具镈演变而来，是春秋战国时期流通在中原地区的钱币。布币分为空首布和平首布两大类。空首布保留着铲的形状，有装柄的空首，流通于春秋时期。平首布的布首扁平，流通于战国时期。蚁鼻钱是战国早期江淮流域楚国流通的钱币，从仿制贝币转化而来。蚁鼻钱的形制为椭圆形，正面凸起，背面是磨平的，形状像贝壳，但体积较小，重量只有 2～5 克。蚁鼻钱又称为鬼脸钱，因为这种钱币的币面很像鬼脸。随着楚国疆土的扩大，蚁鼻钱的流通范围扩大，逐渐在长江中下游地区形成了较为独特的货币体系。圜钱主要流通在战国时期的秦国和魏国，其形制是圆形，中间有孔，钱上铸有文字。从钱孔来讲，有圆孔和方孔两种。圆孔钱多见于魏国铸行的钱币，方孔多见于秦国铸造。自秦统一六国之后，全国范围流通的半两钱就是以其方孔半两圜币为基准的。从时间顺序上来看，以秦半两钱为标志的圆形方孔钱先后经历了以下几个阶段。

第一阶段是秦半两钱。秦半两钱始铸于战国时的秦惠文王二年（公元前 336 年），秦

⊖ 秦朝的时候，黄金的重量单位是"镒"，一镒重二十两（一说二十四两）。西汉的时候又将黄金的重量单位改为周制，把"镒"改为"斤"。

王政二十六年（公元前 221 年），秦统一六国后遂开始统一币制，秦半两钱成为全国统一流通的钱币。其形制为圆形方孔，重 12 铢（中国古代 1 两为 24 铢，16 两为 1 斤，12 铢为半两），上面铸有文字"半两"。这两个字分列于方孔的两侧，通常是右"半"左"两"。一直到汉武帝颁行五铢钱，半两钱一共流通了 108 年。

第二阶段是汉代开始流通的五铢钱。秦半两的重量为 12 铢，在当时的经济条件下，秦半两的币值较高，不利于商品交易。于是，汉朝初年多次降低铜钱的重量。在历经多次改制之后，汉武帝元狩五年（公元前 118 年），武帝废三铢钱，改铸五铢钱。最初允许郡国共同铸造。元鼎四年（公元前 113 年），汉武帝下令禁止郡国铸钱，将铸钱权收归中央，中央政府成立专门的铸币机构——上林三官署，负责铸造标准五铢，又称为"上林五铢"或"上林三官钱"，并"令天下非三官钱不得行"。上林五铢就是指汉武帝时代开始铸造的五铢钱，也是汉代唯一合法流通的钱币。从汉武帝元鼎四年到唐高祖武德四年（公元 621 年），五铢钱流通了 734 年，是中国历史上流通时间最为长久的一种钱币形态。五铢钱采用青铜制造，在钱币上铭铸"五铢"字样，是典型的纪重铜钱，也是依靠其钱币本身的金属价值流通的钱币。简言之，半两钱和五铢钱都是中国古代全国范围内流通的纪重货币。

第三阶段开始于唐朝开国皇帝李渊在武德四年七月，"废五铢钱，行开元通宝钱"。开元通宝简称开元钱或通宝钱，这四个字出自大书法家欧阳询（557—641）的手笔。标准的开元钱重二铢四丝，每十枚重一两。"开元"意指开辟新纪元，其典故出自班固《东都赋》的"夫大汉之开元也，奋布衣以登皇位。"这也暗含李渊以布衣身份登基的背景。开元通宝的问世，标志着中国铢两货币的终结，通宝币制的开端，并且该币制成为以后历朝的铸币标准。"开元"同时是唐玄宗李隆基的年号（713～741 年），所以开元通宝让不少人误以为是李隆基执政期间铸造的钱币，但是李隆基继位的时间比开元通宝的问世晚了近百年。一般来说，通宝钱不再铸铭重量，而是铸铭年号或者吉语，强调其法定流通的地位，原则上是依靠政府的法令流通的钱币。例如，唐朝的"开元通宝"、宋朝的"太平通宝""宣和元宝"、元朝的"至元通宝"、明朝的"洪武通宝""永乐通宝"等。纪重钱向通宝钱的过渡，是金属货币向名目货币转化的过程。

在中国，铜钱的形制变化发端于 20 世纪初。从光绪二十三年（1897 年）起，多位清廷大员奏请依照铸造银元之法，用机器铸造铜元。光绪二十六年（1900 年），李鸿章出任两广总督，开始用机器铸造铜元——广东一仙。清

知识点：
明清两朝的"制钱"制度

政府的第一批机制铜元面世。中国流行了两千多年的圆形方孔的铜钱开始向现代社会的圆饼形钱币转变。清初银两和制钱并行的货币体制逐渐转变成为银元和铜元并行的货币体制。

2. 中国历史上铸币的自由铸造和垄断铸造

根据西方铸币的管理经验，一国铸币必须垄断铸造，才不至于出现货币流通的混乱。然而，用这一标准来衡量历史上中国铸币的铸造和发行，则可以发现许多很有意思的货币现象。在中国历史上，汉文帝时期的放铸政策（自由铸造）并没有造成通货膨胀，反倒货币流通稳定。相反，清末各地方政府的垄断铸造却导致通货膨胀的产生，加速了清王朝的覆灭。政府采取自由铸造政策，自然无法获利。那么政府采取垄断铸造政策，是否就可以获得利润呢？中国历史上就曾经出现过相反的事实。例如，康乾时期的清政府，铜的开采成本非常高，以至于制钱的生产成本要高于制钱的面额。此时铸造的制钱越多，政府亏损就越厉害。然而，为了满足铸币流通的需要，清政府不得不亏本铸造。所以，这一阶段的清政府，尽管实行的是垄断铸造，但是并没有获得铸币税。

（1）汉文帝放铸政策的成功实践。

在中国古代，私人部门铸造货币是否合法呢？一般来说，中国历史上的大部分时间内私人铸造货币会影响货币流通秩序，属于违法行为，政府对此采取严刑峻法。但由于私铸货币利润高，民间的私铸现象一直禁而不绝，清朝的咸丰、同治年之后愈演愈烈。中国历史上也曾短时间出现过合法的私人铸币。例如，汉文帝就曾经采取放铸政策，即允许民间自由铸造货币。汉文帝在登基后的第5年（公元前175年）宣布了两项新政策：一是铸造新币，铭文"半两"，法定重量为四铢（1铢＝0.651克），后世称为"文帝四铢"；二是颁布"除盗铸钱令"，即开放铸币权（放铸），民间可以自由铸造，私人铸币无罪。汉文帝的放铸政策并不意味着民间可以铸造任何重量、任何成色（含铜量）的钱币。相反，政府会在三方面做出规定（汪锡鹏，2009；石俊志，2011）。

第一，政府提供"法钱"（官府专门铸造的标准形制与重量的铸币，它不仅是私人铸币时的样本，而且是普通民众在日常交易中区分良币和劣币的样本），民间按照这一标准铸造，由民间赚取铸币成本与钱币面值之间的利润。

第二，政府提供"称钱衡"（专门用来称量钱币的衡器。天平以特制的竹木横杆为梁，以环形砝码或者四铢半两钱为砝码），民众交易时用称钱衡来测量钱的重量，评断出哪种钱币成色更高。不仅如此，对于交易中使用轻钱的要依法补加，对于使用重钱的予以找退。1975年，湖北省江陵市凤凰山168号汉墓就出土了这种"法钱"和"称钱衡"，类似现代社会的砝码和天平。

第三，政府对于违反规定的民众，给予相应的处罚。如私自选用轻衡或者重衡，或者不按规定使用称钱衡，政府都要给予处罚。

汉文帝的放铸政策结果是出现了"邓氏钱"（也称为"邓通钱"）。这是中国货币史上唯一的放铸时代，其效果非常好，为文景之治的出现奠定了良好的基础。为什么汉文帝的放铸政策可以成功呢？在放铸政策下，百姓在交易过程中使用称钱衡，如果持劣币来买卖，对方会要求加钱才肯成交，"或用轻钱，百加若干"。如果持良币来买卖，就会要求对方添给商品，"或用重钱，平称不受"。这就使得民间铸币出现良性竞争，良币更易为民众接受，劣币逐渐失去市场。根据出土的汉代各种钱币的含铜量分析，汉文帝时期四铢钱的做工质量最好,含铜量最高。赖建诚(2016)认为出现这一现象,需要满足几个条件:第一,政府不强制规定劣币与良币的交换比例(以法钱为标准);第二,通过使用"称钱衡",民间对钱币的质量信息对称透明。"称钱衡"类似于今天的点钞机,点钞机可以鉴别纸币的真假,"法钱"和"称钱衡"可以衡量钱币的优劣。

【立德树人小故事】 邓通钱与汉文帝的放铸政策

《史记·佞幸列传第六十五》记载过汉文帝时期"邓氏钱"的故事。邓通是当时蜀郡南安(今四川乐山)人,是汉文帝的弄臣(古代帝王宠幸狎玩的臣子)。汉文帝是个笃信鬼神的皇帝。当初周勃、灌婴铲除吕后及其同党,恢复了汉室江山,经过大臣们的一再商议,认为在刘邦遗留的子嗣当中,代王刘恒宽厚仁慈,是继承帝位的最佳人选,这就是历史上著名的汉文帝。代王刘恒当时不知是福是祸,担心不已,于是进行卜筮,结果是大吉,这才安心赴京继位。汉文帝迷信占卜和鬼神,唐朝的李商隐在《贾生》中写道:"宣室求贤访逐臣,贾生才调更无伦。可怜夜半虚前席,不问苍生问鬼神。"贾生就是汉文帝时期非常著名的政论家、文学家贾谊,是个英年早逝的贤臣。他曾经向汉文帝提出了一系列改革建议,但是汉文帝并没有重视贾谊的建议。例如在汉文帝五年(公元前175年),贾谊在长沙向文帝上《谏铸钱疏》,指出私人铸钱导致币制混乱,对国家、对百姓都很不利,建议文帝下令禁止。《贾生》这首诗里描述的是汉文帝曾经向他询问鬼神的原本,贾谊详细讲述其中的道理,一直谈到深夜。可见,汉文帝非常迷信。邓通年少时便进入皇宫伺候,是一名没有俸禄的侍从。当时人们称这类人为"郎",因他被分配到船上做事,头戴黄帽,所以被称为黄头郎。一天,汉文帝梦见自己正要飞升上天,无奈身重乏力。正当此时,一个头戴黄帽、衣带反穿的船夫从后猛推自己一下,于是自己便到了九天之上。梦醒之后,文帝前往渐台,他根据对梦中情景的记忆,暗中寻找那位黄头郎,结果一眼就发现邓通与梦中的那位船夫特征相符,便问其姓名。得知其姓"邓"名"通"后,文帝大喜道:"邓尤登也。"文帝认定邓通就是梦中帮自己上天的人,邓通顿时成了最受汉文帝宠爱的人。邓通不但得到汉文帝的大量赏赐,而且破格被提升为上大夫。有一次,汉文帝让国师许负给邓通看相,许负端详良久之后,预言邓通将来"当贫饿死"。文帝曰:"能富通者在我也。何谓贫乎?"也就是说,汉文帝认为邓通是自己的宠臣,自己岂能让宠臣贫饿而死!于是,汉文帝下令把当时产铜最多的严道山(四川荥经县)赐给邓通,特许他自行铸造钱币。邓通铸造的"半两钱"光泽亮、分量足、厚薄匀、质地纯,号曰"邓通半两",后世称之为"邓通钱"。上至公卿,下至走卒,都以邓通钱为上品。一时间,"邓氏钱,布天下"。邓通也成了全国最富有的人之一。

文帝晚年,身上长了许多病痛。据《史记》记载,"文帝尝病痈,邓通常为帝唶吮之。"后世成语"吮痈舐痔"指的就是邓通。文帝问邓通说:"天下谁最爱我呢?"邓通说:"应该没有谁比得上太子更爱你了。"太子也就是后来的汉景帝。有一次,太子前来看望文帝病情,文帝让他给自己吮吸脓血。太子虽然吮吸了脓血,却面露难色。过后,太子听说邓通常为文帝吮吸脓血,心里感到惭愧,同时也因此而怨恨邓通。汉文帝去世后,汉景帝即位,邓通先是被罢官,随后又被指控曾违法到国境以外采矿铸钱,被判巨额罚款,邓通的全部家产都被充公之后,还欠了官府一大笔钱。汉景帝的姐姐(馆陶长公主)派人送钱给邓通,全被讨债的官员要去抵债。虽然邓通最后贫饿而死,但是"邓通钱"不仅得到了朝廷的铸造许可,而且因为质量好而流通天下。当时不仅邓通钱质量上乘,而且吴王刘濞铸造的钱币也因为质量好通行天下。《史记》中记载"吴邓钱布天下"。"吴"就是指吴王刘濞铸造的钱。刘濞是汉高祖刘邦的侄子,汉高祖晚年亲征英布,刘濞在战场上身先士卒,屡立战功。平定叛乱后,刘邦将吴地(今江苏一带)封给刘濞。史载:"吴有豫章郡铜山,濞则招致天下亡命者盗铸钱,煮海水为盐,以故无赋,国用富饶。"(《史记·吴王濞传》)吴王刘濞上任之后,开采封地内的铜矿以铸造货币。这里用"盗"字,说明吴王与邓通不同,后者是经过特许的,而吴王铸钱是非法的。由于吴国非法铸造货币以及煮盐,其经济日益强大,并独霸东南,以至于当时以吴王刘濞为首的刘姓诸侯王势力尾大不掉,汉景帝不得不采取削藩政策。汉文帝的放铸政策只维持30年(公元前175年~公元前144年)。汉武帝(公元前156—公元前87)在执政之初,延续了任由郡国放铸的政策,但是到元鼎四年中央政府才取消了放铸政策,货币的铸造权收归中央政府统一管理。

(2)清朝混乱的铜元铸造与发行制度。

清政府对制钱和银两(银币)的铸造采取完全不同的政策。制钱是政府垄断制造,银两则采取自由铸造的政策。清咸丰朝以来,太平天国运动导致清政府国力日渐空虚,同时也使得以曾国藩、李鸿章、左宗棠为代表的汉族地方督抚势力大大增强。清中央政府对地方督抚的控制力日益下降的结果就是地方政府开始介入铜元的铸造与发行过程。因为清中央政府没有明确铸币权统一由中央政府垄断,所以自20世纪初开始,各省督抚纷纷在本省发行各式铜元,造成了各地铸造的铜元成色和形制并不统一。这导致了两方面的问题:一是各地方政府有意铸造不同成色和形制的铜元,并且后发行的省份不断降低相同面额铜元的铜含量,由此可以获得巨大利润以补贴本地政府财力的不足;二是各地滥铸铜元在客观上造成通货膨胀日益严重,百姓怨声载道,这进一步加速了清政府的覆灭。清政府认识到铸币权分散带来的问题之后,于宣统二年(1910年)颁布了《币制则例》。但是,即便是到清政府覆灭,铜元的铸造也没有在全国实现统一。

2.1.2 中国历史上的纸币

中国被认为是最早发行纸币的国家。北宋年间,中国出现了"交子",这被认为是世界上最早的纸币。欧洲最早的纸币出现在1661年,由斯德哥尔摩银行发行。为什么在中国北宋年间会出现世界上最早的纸币呢?这是否具有某种必然性呢?

1. 中国最早出现纸币的基础条件

纸币最早出现在中国，这和当时中国的经济金融发展水平以及当时特殊的时代需求关系密切。其条件主要包括以下几个方面。

第一，中国当时经济发展领先于其他国家，商贸活动频繁。有学者认为宋朝时的中国 GDP 占全球 GDP 的比重达到 60%，也有学者估计达到 80%，但是这种说法并没有确切的根据。英国的经济史学家安格斯·麦迪森（2008）认为：「960～1280 年，尽管中国人口增加了 80%，但人均国内生产总值却由 450 美元增加到 600 美元，增加了 1/3，以后一直到 1820 年都保持着此水平。欧洲在 960～1280 年，人口增加了 70%，人均国内总值则从 400 美元增至 500 美元，只增加了 1/4。」因此，横向对比来看，宋代的经济水平要领先于同时代的欧洲。北宋画家张择端的《清明上河图》描绘了北宋汴京的城市风貌，充分反映了宋代城市的经济繁荣。北宋的经济发达和商贸繁荣使得中国对货币的需求增加。由于金属货币比较沉重，不适合长距离携带和运输，随着贸易范围的扩大，适合携带、安全的纸币在中国应运而生。

第二，造纸和印刷技术的出现。纸质货币的出现显然离不开造纸技术和印刷技术。为了适应货币需求规模不断增加，必须要求纸质货币的制作工艺较高，否则会出现假币的泛滥。中国在东汉年间发明了造纸术，到了北宋年间才出现活字印刷术，这些都为纸币在中国的出现提供了技术上的可能。

第三，传统的铁钱不适合四川异地贸易和结算的需要。北宋初年的四川，主要流通的是铁钱，这种货币体积大、重量重、面值小。每一千铁钱（一贯）重的有 25 斤，轻的也有 13 斤。当时买一匹布，需要两万铁钱，按重的计算约 500 斤，轻的也有 260 斤，得要车载肩扛。此外铁钱价值低，当时铁钱仅值铜钱的十分之一到五分之一的水平，按照当时的价格，如果到集市上买两斗米，要携带 30 斤以上的铁钱，这与物物交换已经差别不大了。宋代的四川是盐、茶叶和丝绸的重要产地。铁钱非常不适合远距离携带，不便于异地的大额贸易。随着商品经济的发展，铁钱的弊端日益显现，铁钱退出历史舞台是历史大趋势。于是，"交子"这种中国最早也是世界上最早的纸币登上了历史舞台。当时的商人把铁钱交给交子铺户，交子铺户在楮纸制作的纸卷上填写好金额，再交给商人，同时收取一定保管费，这种楮纸卷就是交子。可以说，对便于携带的货币需求刺激了"交子"这种纸质货币的问世。

2. 宋朝的纸币

交子最初由蜀地民间富商主持发行。《宋史·食货志》记载，"富民十六户主之"。十六家富户合伙主持，集三十六万缗⊖（一千文为一缗）为本钱，以一交为一缗，以三年为一界（期限），界满换发新券。之所以立"界"，是因为当时的纸质不好，印刷不够精良，容易污损，且担心日久会出现伪造。界未满持券人请求兑现时，准以现钱易之。虽然交子还不是现代意义上的纸币，但这非常类似于英国历史上的金匠开出的黄金保管收

⊖ 缗，指成串的铜钱，每串一千文。

据。商人交给交子铺户的铁钱就相当于交子铺户的准备金。交子铺户在经营中发现动用一部分保管的铁钱，并不会危及交子的兑付，于是便开始印刷有统一面额和格式的交子，这与现代意义上的现钞发行几乎没有差异。当异地商人将交子交还给交子铺户，这就相当于现代意义上的现金回笼。如果交子的流通量超过了社会需要的合理规模，那么也必然形成通货膨胀。宋仁宗天圣元年（1023年），四川转运使薛田、张若谷请准设益州交子务，发行"官交子"。换言之，交子的经营改为官营。"官交子"的流通初期是稳定的，也是可以兑现的。"官交子"一界的发行额为126万贯，这是发行的最高额；以本钱36万贯为现金准备，这相当于"官交子"的发行准备率为28%。这里所谓的"界"是指期限，每三年为一界，界满换发新交子。"官交子"的券面额一般是一贯、五贯、十贯等，还可以应当事人的请求临时填写数额。从"交子"到"官交子"的变化，意味着当时这种纸币的发行权从私人部门转移到了政府部门。宋徽宗大观元年（1107年），政府将"交子"钱改为"钱引"，改"交子务"为"钱引务"，发行新纸券"钱引"。钱引的纸张、印刷、图画和印鉴都很精良。但是，因为不设置本钱（相当于没有现金的发行准备），所以随着发行额的增加，钱引的价值不断下跌。

3. 明朝的纸币

到了明朝，大明宝钞的发行就完全由政府垄断。洪武七年（1374年），明朝设立宝钞提举司。次年三月，朱元璋诏中书省印造大明宝钞，开始发行"大明通行宝钞"，其大小有现在的A4纸那么大。当时的钞法规定：钞1贯折合钱1 000文或银1两，钞4贯折合金1两。除钞法之外，明政府起初是钱、钞并用，禁用金银。民间可以用金银向政府兑换宝钞，但是不准用宝钞兑现金银。用现代货币观点来分析，大明宝钞属于没有发行准备、发行数量上限限制，以及兑现金、银保证机制的纸币。这基本上决定了大明宝钞最终被废弃的命运。

大明宝钞采用了当时最先进的印刷技术。大明宝钞呈青色，横题印有"大明通行宝钞"，其两侧有八个篆字："大明宝钞 天下通行"。宝钞的下部写有："中书省奏准印造大明宝钞，与铜钱通行使用，伪造者斩，告捕者赏钱二百五十两，仍给犯人财产。"洪武十三年，中书省撤销，大明宝钞的印制和发行工作改属户部。宝钞上面的文字"中书省"也因此改为"户部"。明朝政府一方面采用最先进的印刷技术提高宝钞防伪的效果，另一方面对伪造宝钞者实施严刑峻法。宝钞分六等：壹贯、五百文、四百文、三百文、二百文、一百文。每钞一贯，准钱千文，银一两；四贯准黄金一两。洪武二十二年（1389年），明朝政府又发行小钞五种，即拾文、贰拾文、叁拾文、肆拾文、伍拾文，票面幅面较小。在洪武十三年，明政府设立了"倒钞法"，在各地设行用库收兑残损的大明宝钞，实际上就是将破旧的宝钞更换成新的宝钞。永乐皇帝以后印行的大明宝钞仍用洪武年号，并且禁止民间用黄金、白银买卖交易。由于大明宝钞发行没有限制，市场上的宝钞越来越多，其价值持续下降，到明洪武二十三年（1390年），1贯钞只值钱250文；到明洪武二十八年（1395年），1贯钞值钱100文而已；到明永乐五年（1407年），1贯钞只值钱

12文——这还仅仅是官方规定的价格,实际价格还要低很多!永乐皇帝于是再次下令,禁用金银,交易若不使用宝钞,将判交易者死罪,并全家罚款后充军;有知情不报的,罚钞百倍;有偷偷降低钞票价值进行交易的,要罚钞万贯。

关于旧钞的回收,明朝承袭元朝的做法,每贯收工墨费30文,500文以下递减。大明宝钞不分界(也就是不分期限),凡票面金额、文字可以辨认的宝钞都可继续使用,不许商家对使用旧钞购买商品的买家提高商品的价格,但实际上,政府收税只收新钞,所以旧钞和破钞越来越多。民间百姓在实际交易时,旧钞的价值不及新钞的价值,最多时旧钞只值新钞的三分之一或者二分之一(石毓符,1984)。用现代经济学的语言来表述,这大致相当于现钞发行机构不回收残损券。由于大明宝钞的发行不分界,发行数量没有上限约束,同时收回旧钞要收工本费,市面上的宝钞越来越多,贬值速度非常快,导致民怨沸腾,到了明朝正德年间大明宝钞不得不予以废止。

4. 清朝的纸币

清朝的纸币发行主要集中在咸丰朝。1851年太平天国运动爆发之后,清政府的军费开支迅速增加,财政收支缺口日益扩大,一开始咸丰帝从户部银库中支拨,从各地封贮银中调解,从内务府"私房钱"中拨付。到1853年7月,清政府花费了总共近3 000万两的白银,非但没有将太平天国镇压下去,反倒太平天国势力日益壮大,并定都南京。此时,清政府仅剩下户部库银29万两。清政府的财政危机一触即发。如何解决这一问题成为咸丰皇帝最为挠头的问题之一。在这种情况下,清政府不得不开启了捐例(卖官鬻爵)、铸大钱、发行"官票"和"宝钞"、征收厘金等制度。这里重点介绍"官票"和"宝钞"。咸丰三年(1853年)发行了"户部官票",同年底发行了"大清宝钞"。户部官票又称"银票"或者"银钞",以银两为单位,上端印有满汉两种文字"户部官票"四个字,还印有"户部奏行官票,凡愿将官票兑换银钱者与银一律,并准按部定章程搭交官项,伪造者依律治罪不贷",四周印有龙纹,按面额分为一两、三两、五两、十两和五十两等许多种。同年12月,咸丰帝又批准户部印制大清宝钞,大清宝钞又称"钱钞"或者"钱票",以制钱为单位,面额有一千文、二千文、五千文、十千文、五十千文、一百千文,上面印有"大清宝钞"四个汉字。中间是准足制钱若干文,右侧写有"天下通行",左侧写有"均平出入",下面写有"此钞即代制钱行用,并准按成交纳地丁钱粮,一切税课捐项,京外各库一概收解,每钱钞贰仟文抵换官票银一两。"用现代经济学的语言来表述,就是清政府的户部发行了两种不兑现的纸币,明文规定允许百姓用这种不兑现的纸币纳税(事实上是否如此又是另外一回事了)。

在官票、宝钞发行之初,清政府规定五成搭收、五成搭放。所谓五成搭收、五成搭放,就是在财政收入和财政支出环节,官票宝钞的使用占50%。例如,百姓缴纳地丁银、关税、盐税的过程中,可以一半采用官票与宝钞,一半支付白银(官票宝钞的回笼环节)。在政府支出过程中,也是一半支付官票与宝钞,一半支付白银,如兵饷。有的财政支出项目达到了20%支付白银,80%支付官票宝钞,如黄河的工程支出(官票宝钞的投放环节)。当然,这仅仅是法律的明文规定,在现实生活中,并没有得到有效执行。事实上,各级政府官员在政府收入过程中少收或者拒收官票宝钞,在政府支出过程中多搭放或者全部用官票宝钞,然后按五成搭收、五成搭放的原则计入官方的账簿,从中渔利。各级官员这种损公肥私的做法极大地破坏了官票、宝钞的信用。尽管清政府财政的收不抵支是发行官票、宝钞的根本原因,但政府官员在技术环节的违规操作,加速了官票、宝钞的投放额远大于其回笼额,官票、宝钞的实际价值不断低于其面值,结果是通货膨胀严重。到咸丰十年,在京城一两的银票市价仅值两百余文,而一两实银价值六千多文。钱票的贬值幅度更大,在后来每千文仅值十余文。在官票、宝钞迅速贬值的同时,欧美等国的商人贱价收购这些官票、宝钞,不过仍然按五成的比例缴纳海关税,从中趁机大捞了一笔。这使得清政府不得不急令户部及各省收回和撤销所发行的官票、宝钞。随着咸丰皇帝的驾崩,历时不及十年的官票宝钞制度结束了。

简言之,以中国为例,在现代意义的银行诞生之前,从发行者来看,历史上既出现过私人部门发行的纸币,最为典型的是明清两朝以山西票号为代表的金融机构发行的各种形制和面额的银票和钱票,又有中央政府垄断发行的纸币,如清朝咸丰年间的官票宝钞。从纸币的可兑换性来看,有的纸币可以兑现金属货币,有的纸币不可以兑现金属货币,如明朝的大明宝钞,还有的纸币在发行之初可以兑现金属货币,后来却不可以兑现金属货币。

中央银行诞生之前货币的划分(以中国为例)如表 2-1 所示。

表 2-1　中央银行诞生之前货币的划分(以中国为例)

		货币形态	
		铸币	纸币
货币发行者	官方部门	五铢钱、开元通宝钱、明清时期的制钱等	明朝的大明宝钞(不可兑现) 清咸丰朝的官票宝钞(可兑现)
	私人部门	邓通钱	交子(可兑现) 山西票号的银票(可兑现)

2.2　根据官方发行机构对货币分类

知识点:
自由银行制度、中央银行制度与货币局制度

从世界范围来看,货币的发行机构分为官方部门和私人部门。官方部门发行的货币分为两大类,分别是中央银行发行的货币和财政部发行的货币。从材质来看,这些货币又分为两类,一类是纸币(paper money),另一类是硬币(coin)。因此,日常流通的货币可以分为四种类型(如表 2-2 所示)。从价值量来看,硬币的价值规模要远小于纸币的价值规模。从时间顺序来看，由中央银行发行的货币整体上要晚于财政部发行的货币。财政部直接发行纸币，比较典型的是美国的"绿背钞票"（greenback）。所谓绿背钞票，就是美国在南北战争时期美国财政部直接发行的纸币，其目的是应付战争开支。这种纸币既不可以兑换金币或者银币，又没有金币或者银币作为发行准备。出于防伪需要，美国财政部在印制这种货币时使用了难以通过照相复制的绿色油墨（卤化银感光剂对绿光最不敏感，因此采用绿色油墨具有很好的防伪功能），因此这种钞票被称为"绿背钞票"。在现代社会，财政部虽然退出了纸币的发行，但是在部分国家，如美国、日本等国，财政部还在发行小额硬币，只是硬币的价值规模占其全部货币供应量的比重很小。在现代社会，各国政府将发行纸币的职能赋予中央银行，财政部不再直接发行纸币了。在当今中国，不论是硬币还是纸币，全部由中国人民银行发行。

表 2-2 货币分类

		货币材质	
		硬币	纸币（塑料币）
官方发行机构	财政部	美国、日本财政部发行的硬币	美国财政部发行的绿背钞票、咸丰朝的官票宝钞，现在各国财政部基本退出纸币发行领域
	中央银行	人民币硬币	联邦储备券（federal reserve note）、人民币现钞

私人部门发行的货币，从材质上也分为硬币和纸币。硬币如前文提到的邓通钱，纸币如山西票号发行的各种银票、现代社会各家商业银行的存款货币等。到现代社会，由于缺少政府的信用背书，私人部门发行的货币的信誉较政府发行的货币稍逊一筹。本节存而不论，重点探讨官方发行的货币。

2.2.1 财政部发行纸质货币的机制

从历史发展的顺序来看，财政部发行的货币⊖要早于中央银行发行的货币。这两类机构都发行过以黄金或白银为主要材质的本位币（铸币）或贱金属为主要材质的硬辅币，也发行过材质为纸质的信用货币。官方部门（财政部）发行的纸币流通机制是怎样的呢？

政府发行的纸币是通过财政支出渠道进入流通领域的。政府（财政部）发行纸币，往往是在政府财政收支出现赤字的背景下，在这一阶段现代意义上的中央银行还没有诞生。与此同时，现代意义的政府发债机制尚未形成⊖，因此政府的收支预算恒等式如下：

$$G = T + \Delta CU$$

⊖ 在中国人民大学出版社 1980 年第 2 版的《资本主义国家的货币流通与信用》教材中，将纸币定义为"国家为了弥补财政赤字而发行的、强制行使并不能兑现的货币符号"。按照马克思的观点，纸币是金的符号或者货币符号，但可以执行货币的部分职能：流通手段和支付手段。马克思所指的货币是指商品货币。此时的纸币是由财政部发行的。

⊖ 最早的国债可以追溯到 12 世纪的意大利。当时的威尼斯城市国家以对盐的垄断权做担保首次发行了国债。这种制度在西欧逐步推广。以后，政府债务演变成各种期限的公债乃至永久公债（张宇燕、高程，2004）。

其中：G 表示本期政府支出（包括政府的购买支出和转移支出），T 表示本期政府的税收收入，ΔCU 表示政府在本期直接新发行的纸币。在财政收不抵支的情况下，政府通过发行纸币来弥补收支缺口。在财政收支出现盈余的情况下，从余额来看，政府发行的纸币会下降；从流量来看，当年应该出现纸币回笼。

那么，财政部纸币投放和回笼渠道有哪些呢？简单地说，纸币通过财政支出渠道进行投放，通过财政收入渠道回笼。千家驹和郭彦岗（2005）认为政府发行纸币的回笼渠道包括租赋关税、盐铁酒茶专卖、进奉纳贡等。以大明宝钞的流通为例，其投放是通过户部的财政支出流入社会，由于大明政府对大明宝钞只有发行渠道，而没有回笼渠道，所以伴随着财政支出的扩大，必然造成大明宝钞的贬值和整个社会出现通货膨胀。用现代货币发行的观点来分析，大明宝钞的发行特点有两个：一是大明宝钞没有任何准备金，也就是大明宝钞的发行没有任何约束；二是大明宝钞没有回笼机制。在现代社会，中央银行发行的现钞，可以通过中央银行缩表的方式实现现钞的回笼，而大明宝钞却不存在这样的机制。当然，历史上也有政府发行的纸币可以通过财政收入的渠道进行回笼的例子。如咸丰三年开始发行的官票与宝钞，清政府就规定完纳地丁、钱粮、关税、盐课及一切交官等款项均可以使用（当然，事实上是否如此是另外一回事）。

在理想状态下，政府（财政部）发行货币可否实现物价稳定呢？当然可以，这需要当年财政收支缺口额小于或等于社会合理的货币流通量增加额。然而，从历史经验来看，古今中外的政府都有扩大财政开支的倾向，在财政收入一定的情况下，财政收支缺口不断扩大，政府只有通过发行纸币来弥补收支缺口。往往是发行规模超过社会经济发展所需要的现钞规模，发行的现钞不断贬值，通货膨胀率不断高涨。

表 2-3 财政部发行纸币时的资产负债表

资 产		负 债	
财政支出	+	税收收入	+
		大明宝钞	+

财政部发行纸币时的资产负债表如表 2-3 所示。

2.2.2 中央银行发行纸币的机制及约束制度

从金融机构发行货币（现钞）的历史进程来看，最早是商业银行的自由发行模式，之后过渡到了集中发行模式，也就是中央银行制度模式。不论是在何种发行制度下，纸质的银行券进入流通领域都是经过信贷机制实现的。所谓信贷机制，就是有借有还的机制。以私人银行发行银行券为例（体现为私人银行负债规模的增加），本质上是源于其对客户大规模的信贷投放（体现为私人银行资产规模的增加），此即为银行券进入流通领域的过程。其业务流程体现为发钞行资产负债表资产方的信贷资产增加，负债方的客户存款同时增加［如表 2-4 中的业务（1）］；当客户向私人银行提取存款时，私人银行给付的是本行承诺兑付的银行券，银行券便流通到社会上［如表 2-4 中的业务（2）］。如果信贷超额投放，整个经济就会出现通货膨胀，银行券贬值，银行券的持有者为避免通胀风险，将手中的银行券向发钞行兑现黄金或者白银[如表 2-4 中的业务（3）]。此即为银行券的回笼过程，也是银行券退出流通领域的过程。如果私人银行的库存黄金/白银实物不足以支持其客户来兑付的银行券规模，这种挤兑将导致私人银行的破产，形成银行危机。持有这种银行券的经济主体将由于发钞行的破产而变得一贫如洗。整个社会恰恰是通过银行破产这种破坏性的方式强制减少流通中的银行券规模，使得其价值重新趋于稳定，直到下一次危机到来。即使该发钞行最终可以抵御住这种集中兑付，也会因为资产下降导致流通中的银行券大幅下降，即发钞行资产负债表资产与负债的同时收缩。

表 2-4 私人银行信贷膨胀及货币发行

资　产		负　债	
黄金/白银	−20（3）	银行券发行	+30（2）
对客户的信贷	+100（1）		−20（3）
		客户存款	+100（1）
			−30（2）

注：（1）表示私人银行向客户提供融资 100 元；（2）表示客户支取银行券 30 元；（3）表示银行券持有者兑现 20 元。如果私人银行的黄金/白银不足 20 元，将面临破产的风险。

为了避免经济运行出现通货膨胀，各国政府先后对中央银行的现钞发行采取了以下制度措施。

第一，现钞的发行保证问题。所谓现钞的发行准备制度，就是发行银行有义务保证将银行券按事先的约定价格兑现为黄金或者白银等贵金属。从资产负债表的角度来理解发行准备制度，就是发钞行负债方的银行券发行科目的余额与资产方的黄金/白银实物价值余额的比例关系必须维持在一定水平，不可能无限制地扩大。当然，也可以从新增银行券发行的角度来理解，即发行银行负债方新增的银行券发行规模必须与资产方新增的黄金/白银实物价值规模保持一定的比例。如果该比例超出一定范围，有可能出现公众挤兑的风险。

以典型的金本位为例。现实的货币流通以美元现钞为例，令 P_g 表示每盎司黄金的美元价格。金本位下，中央银行有义务保证美元现钞与黄金的兑现价格 P_g（如每盎司 35 美元），令 M 为流通中美元现钞的数量，美元现钞的发行以黄金为发行准备，中央银行持有的黄金数量为 G_m，因此中央银行持有的货币性黄金价值为 $P_g G_m$，即每盎司黄金的美元价格 P_g 乘以中央银行持有的黄金储备量 G_m。在部分发行准备制度下，中央银行持有黄金储备（即货币性黄金）的美元价值与流通中的美元现钞价值 M 的比值为 λ，λ 即为发行准备金率。在现代社会，这种发行准备制度的遗迹就是货币局制度，正规的货币局制度规定了现钞与资产方的外汇必须要有固定的比价关系。简言之，不同形式的发行准备就是确定资产方的商品货币（黄金或者白银）、外汇等资产与负债方银行券的比例关系。

为什么要做这些规定呢？货币发行的权力从政府的财政部转移到中央银行，避免了政府财政收支赤字对货币发行的直接影响，但是仍然可能出现失控的局面。具体途径是中央银行被强制要求对政府提供融资（不论是透支还是购买政府债券方式），这完全可能诱发通货膨胀。因此，规定银行券与商品货币的比例关系，可以约束银行券的发行规模。这种方式，实际上就是约束资产方的规模，进而对中央银行向政府的融资进行约束。一般来说，发钞行的准备金包括两大类：一类是商品货币准备，另一类是证券准备。前者包括黄金、白银等商品货币，后者主要包括政府债券等信用等级较高的债券。从发行准备的变化历史来看，各国最初是以金银等商品货币作为发行准备，后来逐渐过渡到以政府债券等作为发行准备，现在各国中央银行已经基本放弃了该制度。以美联储为例，1913年《联邦储备法》规定：对于联邦储备银行的存款类负债，需要保持不低于35%的黄金或法定货币（lawful money）作为准备金，对于流通中的联邦储备券，需要保持不少于40%的黄金作为准备金。1945年，联邦储备券和联邦储备银行的存款类负债的黄金准备率降至25%。1968年3月，约翰逊总统签署法令，取消联邦储备券以及美国钞票和1890年财政部钞票40%的黄金准备。现在各家联邦储备银行发行联邦储备券已经不受黄金储备要求的约束。

第二，实施银行券的可兑现制度，即规定银行券与商品货币可按固定比率进行兑换。一旦发行机构现钞发行过多，经济主体意识到手持的银行券币值下降，则直接到货币发行机构进行兑现，其结果是发行机构负债方的银行券和资产方的黄金或白银同时下降。这会导致上面提到的现金准备比率下降。一旦由于某种原因，爆发民众集中挤提兑现事件，导致发行银行的倒闭，政府当局的这种货币制度就会崩塌。为了约束发行银行的资产膨胀，政府的措施之一就是采取现钞的可兑现制度。

第三，规定政府可以征收发行税。对于银行券的发行机构来说，银行券是一种无息负债，其资产均为有息资产，因此资产规模越大，发行机构的净收入就越大。这样，发行机构就存在扩大发行现钞的冲动。负债额越高，资产额也就越高，实际上信用膨胀导致的通货膨胀就越严重。为了抑制这种现象，政府按发行机构负债方的银行券余额或者新增额进行征税，无形中增加了发行机构的负债成本，减少了净收入。中外历史上都曾经采取过这种做法。例如，1865年美国政府规定各州立银行在1866年7月1日后发行的银行券都要被征收10%的寓禁税（prohibitive tax），即高额税率。这个做法实际上剥夺了各州立银行在发行银行券上的特权。这使得发行钞票无利可图，许多州立银行立即申请改为国民银行。也有许多州立银行因为税率过高而关门歇业。在中国现钞发行的历史上，也有过征收发行税的做法。

中华民国南京国民政府财政部在民国廿年（1931年）八月一日就曾经颁布《银行兑换券发行税法》（廿一年十月二十九日修正公布），该法共十一条。㊀第一条规定，国民政府特许发行兑换券之银行，应依本法，完纳兑换券发行税。第二条规定，兑换券发行税不分银圆券、辅币券，一律完纳。第三条规定，银行发行兑换券应具十足保证金，至少以六成为现金准备，余为保证准备。其现金准备部分免征发行税。第四条规定，发行

㊀ 中国人民银行总行参事室. 中华民国货币史资料（第二辑）[M]. 上海：上海人民出版社，1991.

兑换券之银行必须按财政部规定的表格按旬填报发行数额及现金保证准备数额，以十二个月平均额计算。第五条规定了兑换券发行税税率，依据实际保证准备数额，定为百分之一点二五⊖。第十条规定凡发行兑换券之银行，对于其他银行领用兑换券部分应纳之税金，一并缴纳，但得向领用银行收回之。当时南京国民政府规定省银行或地方银行领用中央银行兑换券，应照领用数额缴存六成现金准备、四成保证准备于中央银行。其中现金准备以现币及生金银充之。保证准备以财政部发行或保证之有价证券照市价折实充之。南京国民政府之所以征收发行税，就是希望使得除中、中、交、农（中央银行、中国银行、交通银行、中国农民银行）四行以外的其他发行行发行兑换券无利可图。

第四，银行券垄断发行制度。在银行券分散发行状态下（自由发行时代），私人性质的商业银行纷纷实施信贷膨胀政策，以期获得利差收入。由此造成各家商业银行银行券的超额发行，引起流通中银行券的贬值。为了解决信贷膨胀的问题，政府将银行券的垄断发行权授予中央银行，各家商业银行的存款货币实现与中央银行发行的现钞兑现。

一国的现钞发行采取了上述制度，政府是否就能够控制通货膨胀呢？未必！进入现代社会之后，中央银行发行的现钞仅仅是整个社会广义货币供应量中很小的一部分。控制了现钞发行规模，未必一定能够控制整个社会的广义货币供应量规模。因此，控制通货膨胀一直是中央银行的首要任务。

2.2.3　不同官方机构发行纸币的差异

一般认为，纸币是不足值的货币，也是信用货币。不论是财政部还是中央银行发行的纸质货币，都属于信用货币。也不论是金属货币时代的大明宝钞还是交子，抑或是美国南北战争时期发行的绿背钞票或者当下中国人民银行发行的人民币，都属于信用货币，也有学者称之为债务货币。这种信用货币的特点包括以下两点。

第一，信用货币是发行机构的负债，是持有者的资产。信用货币只要进入流通，那么它就将在发行者和持有者双方的资产负债表上进行反映。

第二，不论是财政部还是中央银行发行的信用货币，都是官方机构发行的，都是根据本国政府相关法律发行的，因此这类货币又被称为法令货币（fiat money）。不论其材质是纸质的还是塑料的，抑或是电子的，官方发行的货币都具有这个性质。

除上述共同点之外，财政部发行的信用货币与中央银行（私人银行）发行的银行券有何差异呢？在性质上又有什么不同呢？什么特征可以作为划分两者差异的主要标志？

第一，无法从币材的角度进行区分。

从币材角度来看，我们无法区分私人部门与官方部门（财政部）发行的纸质货币，如交子是纸质的，大明宝钞也是纸质的。在现实经济生活中，它们都可以发挥流通手段、支

⊖ 该税率最初定为 2.5%，后来不少有发钞资格的商业银行（如四明银行、中国实业银行、中国通商银行、浙江兴业银行、中国垦业银行、中国农工银行）向政府提出将税率降为 1.25%。

付手段的职能。这同时也从性质上决定了,不论哪个部门发行的纸币都是不足值的货币。

第二,无法从可兑现黄金(白银)的角度进行区分。在历史上,私人部门发行的纸币不乏信用记录非常好的,如山西票号鼎盛时期发行的银票。也有私人银行发行的信用记录非常糟糕的现钞,如美国历史上众多野猫银行发行的银行券。官方部门(财政部)发行的纸币,在历史上有完全可兑现的,如美国政府发行的银证券(silver certificate),也有官方部门(财政部)为弥补财政赤字发行的不可兑现的纸币,如美国的绿背钞票。

那么这两者的差异是什么呢?其差异主要体现在银行(中央银行或者私人银行)发行的纸币与政府(财政部)发行的纸币在发行和回笼机制方面的不同。私人银行发行的纸币,是通过信用渠道进入流通领域的,这种流通机制与现代社会商业银行的存款货币进入流通领域基本上没有差异。这种纸币还存在回流机制,即当借款人归还贷款,私人银行发行机构资产负债表的资产与负债同时会出现下降。官方部门(财政部)纸币的发行和回笼机制是财政支出和收入渠道(或者没有财政收入渠道)。在中央银行垄断现钞发行之前,甚至在私人性质的商业银行发行银行券之前,政府财政部门为了弥补财政赤字,选择成本最低的发行方式——发行不可兑现的纸币。伴随着赤字规模的不断扩大,这种纸币的币值必然不断下跌。由于官方发行的纸币具有法偿性质,因此纸币币值的下跌就意味着全社会的通货膨胀。正是由于政府财政发行纸币造成通货膨胀的可能性非常大,且无法对发行的纸币形成自我的制度约束机制,所以需要将现钞的垄断发行权赋予独立性较强的另一个机构,这就是后来的中央银行。

知识点:
财政发行和经济发行

2.3 人民币(现钞)是如何发行出来的

中国人民银行在货币(现钞)发行过程中,通常会涉及发行库和发行基金的概念。所谓发行库,就是中国人民银行为国家保管的待发行货币的金库。发行基金则是中国人民银行代国家保管的待发行的货币,是调节市场货币流通的准备基金。与发行库相对应的是业务库。业务库是商业银行基层网点为办理日常现金收付业务而建立的金库。发行库和业务库同样都存有人民币现钞,这两者存在何种差异呢?

以中央银行资产负债表来说明,发行库中的人民币现钞没有反映在中央银行资产负债表当中,即使发行库中的人民币现钞再多,也与货币供应量无关,既不是中央银行的负债,也不是中央银行的资产。业务库中的人民币现钞反映在中央银行资产负债表中的库存现金科目下,但不属于流通中的现金。业务库中的人民币现钞是中央银行的负债,同时是商业银行等持有者的资产。

当商业银行向中央银行缴存现金，也就是人民币现钞从业务库向发行库转移，这就是现金回笼（常常也称为"货币回笼"），在中央银行资产负债表的负债方表现为库存现金下降，超额准备金上升。对于中央银行的现金发行来说，这意味着现金发行额（存量）的下降。当商业银行向中央银行提取现金，也就是人民币现钞从发行库向业务库转移，这就是现金发行（常常也称为"货币发行"），在中央银行资产负债表的负债方表现为库存现金上升，超额准备金下降。对中央银行的现金发行而言，这意味着现金发行额（货币发行额）的上升。

人民币现钞为不同的机构所持有，如图 2-1 所示。

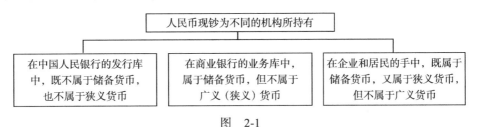

图 2-1

中央银行是如何发行货币的呢？从业务程序来看，中央银行一般不直接和企业、居民发生业务往来，中央银行的现钞是通过商业银行间接地发行到其手中的。从中央银行的角度来看，货币发行科目余额的增加（假定其他科目不变）有两种情况。第一种情况是资产的增加。这对应的资产既可以是国外资产业务（如收购外汇储备），也可以是国内资产业务（如向金融机构提供紧急融资）。第二种情况是负债方其他科目的等额下降，如超额准备金科目的下降。

第一种情况发生时，比如中央银行收购外汇储备（资产方增加），其他存款性公司（如商业银行）在央行的存款增加（负债增加），不可能出现货币发行科目的增加。第二种情况出现的结果是中央银行负债方的一增一减，即超额准备金下降，货币发行增加。如此，现钞进入流通领域。因此，中央银行的货币发行是以上两个环节的统一。从业务的先后程序上看，资产业务在前，货币发行业务在后。因为不论中央银行采取何种业务，都将直接增加其他存款性公司在中央银行的存款（超额准备金）。当国内企业与居民向其开户行提取现金时，其他存款性公司必须先向中央银行提取现金（超额准备金下降，库存现金增加），然后向客户支付现金（库存现金下降，储蓄存款下降），如此现金就进入流通领域了。如果商业银行的超额准备金余额低于民众向商业银行的提现额，商业银行如何处理呢？在这种情况下，中央银行就必须事先向商业银行提供贷款，使得商业银行的超额准备金能够满足客户的提现额，或者是中央银行通过买入外汇储备的方式使得商业银行的超额准备金增加，之后商业银行才能实现提现的过程。简言之，中央银行资产业务的发生才会最终导致货币（现钞）的发行。居民之所以能够手持现钞，一定是中央银行资产业务发生在前，只是这一业务没有被民众关注到而已。

中央银行现钞进入流通领域的程序如表 2-5 所示。

表 2-5 中央银行现钞进入流通领域的程序

(单位：万元)

中央银行资产负债表				商业银行资产负债表			
资　　产		负　　债		资　　产		负　　债	
外汇储备	100（1）	库存现金	20（2）	外汇资产	-100（1）	储蓄存款	-20（3）
			-20（3）	超额准备金	100（1）		
		流通中的现金	20（3）		-20（2）		
		超额准备金	100（1）	库存现金	20（2）		
			-20（2）		-20（3）		

注：（1）表示中央银行向商业银行买进 100 万元外汇资产；（2）表示商业银行向中央银行提现 20 万元；（3）表示客户以现金方式支取储蓄存款 20 万元。

简言之，中央银行的现钞发行必然源于中央银行资产业务。只有资产规模的扩大，才会导致现钞发行规模的增加。

有的中央银行并不印制钞票，如美联储，但为什么在现实生活中还有中央银行"印钞票"（printing money）这种说法？在美国，美元纸币和硬币由财政部下属的造币和印钞局负责生产和制造，美联储对此并不负责。"印钞票"这一说法是指中央银行通过大量发行现钞为联邦政府的财政赤字提供永久性的融资。尽管美联储购买政府债券并不涉及印钞票，但是美联储持有的政府债券增加会伴随着商业银行体系准备金的增加。商业银行通过提现，美元现钞就会进入流通领域。

2.4 本章小结

在现代社会，中央银行履行发行货币的职能。中央银行发行的货币，通常又被称为现钞，是社会公众进行小额交易的最为主要的流通手段和支付媒介。从历史沿革来看，货币从足值货币过渡到不足值的信用货币，从商品货币过渡到纸质货币、塑料货币甚至是电子货币。货币的材质既有纸质的，也有塑料的，还有电子式的。以纸质货币为例，仅仅从材质上我们无法区分财政部发行的纸币和中央银行发行的纸币的差异。从时间顺序来看，财政部发行的纸币要早于中央银行发行的纸币。这两者的差异体现为纸币的发行和回笼机制。财政部发行货币是基于财政收支机制，商业银行（中央银行）发行货币是基于信用机制。由于政府扩大财政支出的倾向，财政部发行纸币天然存在通货膨胀的倾向。为了避免信用货币的贬值和通货膨胀的出现，货币发行从自由银行制度逐渐过渡到了中央银行制度，各国政府先后将货币的垄断发行权赋予了中央银行。然而，中央银行也不是天然地就能够规避通货膨胀的出现，而是需要建立一整套的制度。纵观世界各国中央银行，其货币发行本质上源于中央银行资产规模的扩大。通货膨胀的出现，从本质上来看，与中央银行资产规模有关，与中央银行资产规模扩大的渠道无关。

中央银行的职能之二：政府的银行

如前所述，中央银行制度是各国经济发展到一定阶段才出现的。从发展顺序来看，政府财政部的诞生要早于中央银行。自从中央银行制度出现之后，各国政府不仅逐步将财政收支管理职能转移给中央银行，而且将债务收支管理、国债收益率管理等职能也转移给中央银行。从目前来看，中央银行发挥了"政府的银行"这一职能，这可以从中央银行资产负债表的主要科目中体现出来。例如，从资产方来看，中央银行会向政府提供各种形式的融资；从负债方来看，政府存款是中央银行负债方的主要科目，中央银行发挥着代理财政收付的重要工作；从权益方来看，在不少国家，中央银行由政府（财政部）出资，政府是中央银行最主要的股东（或者股东之一）。此外，实施金融监管、保持金融稳定不仅仅是中央银行的职责，不少国家的财政部也履行这一职能，尤其是2008年金融危机爆发之后，各国多头监管、分散监管的模式在不断整合之中。中央银行还代表政府管理外汇储备，干预外汇市场，参与国际金融事务。

3.1 向政府提供融资

从资产业务来看，中央银行向政府提供各种形式的融资，如透支、借款和购买债券等，即中央银行拥有对政府的求偿权。从资产的安全性来看，由于政府拥有较普通公司更高的信用等级，因此中央银行购买政府债券可以最大程度地规避违约风险。中央银行购买政府债券是否会导致通货膨胀风险呢？在现代社会，各国中央银行法通常规定：中央银行不得为政府直接提供融资，同时规定中央银行的首要目标是保持物价稳定。这是从目标和手段两个方面实现中央银行避免通胀风险的举措。中央银行不得为政府直接提供融资主要是指中央银行不得在一级市场购买政府债券，但是允许在二级市场自主决定买卖政府债券。因此，在中央银行的资产负债表上，我们仍然可以发现中央银行持有的国债资产规模不断扩大。中央银行在一级市场上买进政府债券是否就必然会导致通货膨胀呢？中央银行在二级市场上买进政府债券是否就必然不会导致通货膨胀呢？如果中央银行在一级市场上买入政府债券的数量没有超出合理规模，未必会引发通货膨胀。中央银行在二级市场买入政府债券的数量如果超出了合理规模，同样可能引发通货膨胀。但是，为何各国政府均强调中央银行在二级市场的自主性操作呢？其原因是保证中央银行的独立性和自主权。

中央银行在不同的金融市场买入政府债券对流动性的影响如表 3-1 所示。

表 3-1　中央银行在不同的金融市场买入政府债券对流动性的影响

中央银行资产负债表（一级市场）		中央银行资产负债表（二级市场）	
资　产	负　债	资　产	负　债
政府债券　　　　+（1）	超额准备金　　　　+（2） 政府存款　　　　　+（1） 　　　　　　　　　-（2）	政府债券　　　　+（3）	超额准备金　　　　+（3）

注：（1）表示中央银行在一级市场买入政府债券，（2）表示政府动用存款导致超额准备金增加，（3）表示中央银行在二级市场向商业银行买入政府债券。

【立德树人小故事】 美国金本位制度的创立与童话故事《绿野仙踪》

意大利作家伊塔洛·卡尔维诺曾说：童话即现实。很多时候，童话和现实其实并不遥远。《绿野仙踪》（The Wonderful Wizard of OZ）是一个家喻户晓的美国童话故事，该故事反映了 19 世纪末期美国国内民众对金本位制度和金银复本位制度（bimetallic standard）不同的态度。《绿野仙踪》的作者弗兰克·鲍姆是金银复本位制度的支持者，他借这个童话故事表达了反对金本位、支持银本位的态度。在故事里，生活在堪萨斯州的小姑娘多萝西（Dorothy）一直梦想寻找仙境。谁知后来美梦成真，多萝西被一阵飓风带入了叫奥兹（OZ）国的奇幻王国。多萝西从天而降的时候压死了统治奥兹王国矮人们的东方女巫，在无意间解救了受苦受难的小矮人。为了感谢多萝西，大家把东方女巫的一双银鞋（silver shoe）送给了她。在奥兹王国中，她结识了三个新伙伴——没有脑子的稻草人（scarecrow）、没有心脏的铁皮人和懦弱的狮子。他们相约同行，沿着黄砖路（yellow brick road）去翡翠城（Emerald City）寻找传说中的奥兹国的巫师，希望巫师能够帮助他们实现自己的梦想。他们到达了翡翠城后，却发现巫师是盛名之下，其实难副。最后他们用秘密武器——水，打败了邪恶的西方女巫。后来，他们一行人都实现了各自的梦想——稻草人变得有智慧了，铁皮人找到了自己的心，懦弱的狮子再振雄风，多萝西也回到了自己的家乡。

事实上，这个故事里的人物在现实中都能找到原型。现实中多萝西的本名是 Mary Elizabeth Lease，她是美国平民党（Populist Party）的著名演说家，绰号是"堪萨斯龙卷风"（Kansas Tornado），她是金银复本位的支持者，代表反抗金融权贵的小人物。奥兹王国其实是"盎司"（ounce）的代称。"飓风"（cyclone）则代表自由白银运动（free silver movement）。"翡翠城"代表首都华盛顿，也代表美国政府发行的"绿背美元钞票"。"银鞋"代指银本位制度。"黄砖路"象征着金本位制度。故弄玄虚的奥兹国的"巫师"代表美国总统。"东方女巫"指的是律师出身的美国内战之后第一位民主党总统格罗弗·克利夫兰（Stephen Grover Cleveland），1892年再度获选总统。他是金本位制度的坚定支持者。在1893年他撤销了国会1890年通过的《谢尔曼白银采购法案》（Sherman Silver Purchase Act）。在故事中被多萝西战胜的"西方女巫"代表支持金本位的共和党总统候选人威廉·麦金莱（William McKinley），也代表美国西部的金本位支持者。因为美国西部缺水，所以打败西方女巫的秘密武器就是"水"。在故事中，多萝西在翡翠城没有找到回到家乡的答案，这意味着作者认为金本位不是解决美国当时经济问题的办法。多萝西和她的朋友经历千难万险，用水消灭了邪恶的西方女巫才回到了家乡。《绿野仙踪》的真正寓意在于作者认为只有实行银本位才是解决美国当时经济困难的不二法门。在童话故事里，多萝西最后将银鞋子靠在一起敲三下，银鞋子就把她带回了堪萨斯的家乡。

"没有脑子的稻草人"代表了支持银本位的西部农民，实际上这些农民非常聪明。他们大都有银行借款，他们希望银本位的实施能够提高通胀率，使其债务负担减轻。"没有心脏的铁皮人"代表美国北方的工厂工人，他们有血有肉，但终日辛劳，仅仅获得微薄的收入，他们被可恶的东方女巫所诅咒，以至于失去了自己的心。在故事中，铁皮人在砍树的时候，斧头会把自己的身体砍掉一块，他会用铁皮补上，结果他变得没有感情、没有血肉。这暗指北方的工厂工人被异化了，从有血有肉变成了产品生产线上的一个个螺丝钉。"懦弱的狮子"代表的是民主党总统候选人威廉·詹宁斯·布赖恩（William Jennings Bryan，1860—1925），他著名的竞选口号是"我们不能把人类钉死在黄金的十字架上"，但最终在竞选中败下阵来。布赖恩是美国政治家，民主党和平民党领袖，同时他还是天才的演说家。他出生于美国中西部的伊利诺伊州，律师出身。1890年，他作为中西部内布拉斯加州的代表当选国会众议员。因为他来自中西部，所以他更加关注本地广大农民的利益，以反对高关税和倡导自由铸造银币而闻名。在竞选中，他以平民利益代言人的形象出现，在竞选过程中他与选民面对面对话，行程三万公里，到了27个州，做了500多场演讲。他精力旺盛，有时候一天发表演讲一二十次，因此也被称为"伟大的平民"（the great commoner），他的这种竞选方式令其竞争对手都感到心惊胆战。不过，这种方式在当时还不为选民们所接受，部分选民认为总统应该举止得体，布赖恩的这种做法有失身份。1896年、1900年、1908年，他先后三次竞选总统均未成功。1913年，布赖恩被威尔逊总统任命为国务卿。第一次世界大战爆发之后，他坚持和平主义，主张以仲裁的方式来解决世界争端。"卢西塔尼亚"事件爆发之后，布赖恩公开反对威尔逊总统对德国政府的政策，为表示抗议，他于1915年提交了辞呈。1896年的总统竞选是他政治生涯的顶峰，从那之后便开始走下坡路了。布赖恩闻名世界的另一个插曲是1925年7月发生在美国田纳西州代顿（Dayton）镇的世纪大审判，即斯科普斯案（Scopes Trail），又称"猴子审判"（Monkey Trial）。斯科普斯是美国田纳西州中学教师，在课堂上讲授达尔文进化论。布赖恩作为宗教的保守派人士和公诉律师，反对进化论的观点，认为在课堂上讲授进化论违反了当时的州法律。他认为如果相信进化论——人是从猿猴进化来的，人就失去了尊严。斯科普斯的辩护律师克拉伦斯·达罗则控告田纳西州违反了言论自由的宪法规定。"猴子审判"是进化论和神创论首次在法庭上的交锋，是中世纪以来科学与宗教、启蒙与愚昧大冲突的延续，其象征意义和实际影响深远。布赖恩虽然赢得了这场官司，但是输掉了整个战争（后来这一判决被宣布无效）。在这次审判后不久布赖恩便病逝。布赖恩虽然没有当选美国总统，但却是有着巨大影响力的政治家。他毕生在政治、经济、外交、宗教等方面都力图坚持己见，不过观点往往过于偏激。不过，他的观点对此后美国诸多政策，如普选参议员、禁酒令的出台都起到了一定的推动作用。

在现实中，美国金本位制度的最终确立的确也曾经历过一段奇幻旅程。金本位制度指的是以黄金作为本位币的货币制度，在这种制度下单位货币可以用一定重量和纯度的黄金来代表。美国金本位的演变过程经历了以下几个时期。

1. 复本位时期（1791～1861年）

美国宪法中规定国会权利的第一条第八款将货币的铸造、定价以及货币成色和重量管理的权利赋予美国国会。根据宪法赋予的权利，美国国会于1792年4月2日通过了《铸币法案》（Coinage Act of 1792)，规定：美元为基本货币单位，1美元的银币含纯银371.25格令，允许自由铸造；同时还规定10美元的金币含纯金247.5格令，允许自由铸造。⊖《铸币法案》实质上确定了金银1：15（=371.25/24.75=15）的兑换比例（即1盎司重的黄金的价值是同样重量的白银的15倍），所以美国最初施行的是金银复本位制度。该制度源自1791年美国财政部部长亚历山大·汉密尔顿（Alexander Hamilton）的建议方案。除此之外，他还确立了美元的十进位制传统，相对当时英镑的1英镑折合240便士的进位制来说，显然是一次革命。复本位制度泛指任何使用两种金属材料作为本位货币的货币制度，不仅仅限于金银，瑞典就曾经实行过白银、铜本位制度。中国秦朝就实行过金、铜本位制度。赞成复本位的观点认为，复本位的优点是该制度下货币的价值比金本位或银本位更加稳定。由于复本位下货币的价值以两种金属价值为基础，金银价值波动会使之平均化。换言之，如果金价上涨，复本位下的货币价值变化小于金本位；如果银价上涨，复本位下的货币价值变化同样更稳定。当时的国际背景是法国也实行金银复本位制度。1803年拿破仑将金银比价从1：14.625提高到1：15.5，此时美国的金银比价为1：15，黄金则开始流入法国，白银流出法国；在美国正好相反，黄金流出美国，白银流入美国。美国变成了事实上的银本位，法国变成了事实上的金本位。1792～1834年，来自巴西的黄金供给减少，英格兰银行在1821年恢复银行券兑现黄金，这一系列因素导致美国的黄金供给减少，需求增加，黄金的价格上涨，相对于1792年的《铸币法案》规定的金银比价，黄金被低估了，白银被高估了，白银成了"劣币"，于是人们停止了金

⊖ 1792年的《铸币法案》规定，1盎司纯金等于19.39美元，1盎司纯银等于1.29美元（1金衡盎司=480格令）。1834年通过的《铸币法案》规定，1盎司纯金等于20.67美元。这个价格一直维持到1934年美国政府调整黄金的美元价格为止。

币的铸造，所以在这个时期虽然美国名义上维持复本位制度，但实际上实施的是银本位制。1834年，美国国会出台的《铸币法案》（Coinage Act of 1834）保持美元银币的含银量不变，但是降低了美元金币的纯金含量，10美元的金币含纯金232格令，金银的兑换比价因此变为1∶16（=371.25/23.2=16）。相对于法国的金银比价，美国开始吸纳黄金、抛售白银。美国又转变为事实上的金本位。因此，复本位制度在19世纪存在了半个多世纪之久。此时由于美国阿拉巴契亚地区金矿的发现，黄金供给大幅增加，金价相对下跌，市场上金银比价变成为1∶15.625，相对于1834年《铸币法案》规定的固定比价，此时金币成为"劣币"。所以，1834年后人们逐渐停止了银币的铸造，美国市场上流通的主要是金币。不但1元的银币不见了，而且半美元、四分之一美元和一角的银币也退出了流通。随着1848年加利福尼亚金矿和1851年澳大利亚金矿的大发现，世界黄金产量大幅增加。所以，1834～1861年，金币成了实际上的本位货币，金币成为美国市场上的主要流通货币，直到南北战争爆发。汉密尔顿认为采用复本位制度是因为："废除金银当中的任何一种金属作为货币的用途，将会削减流通中的货币数量，这将导致货币流通产生重大缺陷。"事实上，复本位制度存在内生性的不足之处——由于黄金和白银开采量的差异，金属的价格会经常发生波动，从而出现"劣币驱逐良币"的现象，复本位制度往往会变成单一本位制度。

2. 绿背纸币时期（1861～1879年）

在美国南北战争（1861～1865年）期间，由于作为准备的黄金严重不足，美国政府于1861年年末停止了黄金的兑付（redemption），美国国会1862年授权林肯政府发行没有黄金准备的绿背钞票。绿背钞票逐渐取代了金币成为当时主要的交换媒介。直至美国内战结束，林肯政府共发行了4.31亿美元的绿背钞票，以及5 000万美元的小面额辅币——Shinplaster。由于绿背纸币发行量过大，美国出现了严重的通货膨胀。南北战争结束后，美国的物价比四年前的水平高出一倍多，黄金的美元价格也急剧上涨。与此同时，美国民众陷入了狂热的铁路投资当中。大量资本投入到铁路的建设中，1868～1873年新铺设的铁路长度达到53 000公里。1873年，杰伊·库克（Jay Cooke）因为投资铁路公司的债权而破产，造成了一系列银行破产的连锁反应，此时国内货币需求增加，美国若干家金融机构出现了准备金不足的情况，准备金规模从1873年9月的3 400万美元下降至10月的500万美元，引发了一场史称"1873年金融恐慌"（Panic of 1873）的危机，这场危机一直延续到1879年，造成了美国、欧洲许多金融机构的破产。这场危机也同时引发了一场论战，论战双方分别是支持回收绿背钞票的强势货币派（hard money class）、反对回收绿背钞票的弱势货币派（soft money class）。因为政府回收绿背钞票可以使其升值，并降低通胀率，这有利于以绿背美元标价的债权方，但会增加债务方的负担，所以债权方赞成回收绿背钞票，他们认为回收绿背钞票可以消除1873年金融恐慌的影响，并指出战时由美国政府发行的没有足够黄金作为准备的纸币，只是权宜之计。美国财政部需要从发钞银行的角色逐渐隐退，并逐步收回发行的绿背钞票，通过美国的国民银行体系发行国民银行券（national bank note）来取代绿背钞票。相反，债务方认为1873年金融恐慌是因为货币不足以满足美国南部和西部的经济增长，而美国西部和南部的经济增长依赖于较低的实际利率，回笼绿背钞票会进一步增加其债务负担。此外，当时不少欧洲国家实行金本位制度，弱势货币派的政策会使得美国的出口商品更加便宜，有可能扭转美国当时的贸易逆差。

更为重要的是，1873 年美国国会通过的《铸币法案》（Coinage Act of 1873）对于金本位的确立起到了关键作用。此前，美国 1792 年《铸币法案》和 1834 年《铸币法案》规定美国的货币制度为金银复本位制度。1873 年《铸币法案》明确了需要铸造的硬币，包括金币和银辅币，但却删除了原有的 1 美元银币（标准银圆）含银量的相关条款。这相当于剥夺了银币作为法定货币的地位，也意味着在法律上终止了美国复本位制度。之所以出现这一情况是因为法案通过之时，白银属于良币，其价值被低估了，汉密尔顿制定的 1 美元银币（标准银圆）当时没有在市面上流通。议员们将其从 1873 年《铸币法案》中删除也就可以理解了。1873 年《铸币法案》并不是什么罪恶，或许连阴谋都谈不上。在国会辩论中，这个法案在众议院以 110 票对 13 票，在参议院以 36 票对 14 票的压倒性胜利获得通过，并且参议院对 1873 年《铸币法案》的讨论已经有 3 年之久。1874 年美国西部发现储量丰富的银矿，白银供给大幅增加，白银的市价急剧跌落。西部银矿主们发现，假定 1873 年《铸币法案》保留了标准银圆的话，他们就可以用白银向造币厂按每盎司 1.29 的美元价格铸成标准银圆。西部银矿主们后来把 1873 年的《铸币法案》称为"1873 年的罪行"（the Crime of 1873），因为他们认为该法案是在大多数人都不知情的情况下出台的，人们并未察觉条款的细微变动，以至于直至法案出台的几年后人们才得知白银被抛弃的现实，所以该法案完全是蓄意预谋的结果。换言之，如果 1873 年《铸币法案》中没有删除 1 美元银币含纯银 371.25 格令的条款，1879 年恢复采用商品货币支付后美国很可能实行的是银本位，而非金本位。

围绕是否回收绿背钞票的博弈结果是，美国国会采取了支持使用强势通货一方建议的方案，开始了美元金币重新进入流通的"恢复金币支付运动"。1875 年 1 月 14 日，美国国会通过了《恢复金币支付法案》（Specie Payment Resumption Act），要求财政部在 1879 年 1 月 1 日后开始绿背钞票的回收，允许财政部通过财政盈余或发债的方式获取黄金进行绿背钞票回收（也就是对绿背钞票进行兑付），这就正式宣告了绿背钞票时代的终结。此外，《恢复金币支付法案》对于国民银行发行的国民银行券的发行量没有设限，但是规定新发行 100 美元国民银行券就必须回收 80 美元的绿背钞票，从某种程度上而言，该条款有通货膨胀的效果，所以弱势货币派一方也容易接受。简言之，该法案是一个折中的解决方案。此后，财政部成立了规模为 1.33 亿美元的"回收基金"用以回收绿背钞票，以 1 盎司黄金 20 美元的价格进行回收。回收绿背钞票、恢复使用美元金币支付的政策遭到了农民等债务人的强烈反对，他们开始了反对回收的"绿背钞票运动"，但是在 1879 年法案正式实施后绿背钞票运动开始衰弱。取而代之的是"自由白银运动"（free silver movement），白银生产者和农民认为自由铸造白银与发行绿背钞票会扩张货币供给，并降低其债务负担，所以支持自由铸造银币。"恢复金币支付运动"拉开了"自由白银运动"的序幕,这也是小说《绿野仙踪》的写作背景。

3. 金本位的最终确立(1879～1933年)

在此后的27年中,"白银问题"一直困扰着美国,成为各政治派别在金融领域争论的热门话题。在银币是否能够自由铸造的问题上,"黄金阵营"和"白银阵营"不断交锋。黄金阵营的支持者是黄金生产者、银行家和工商业者。白银阵营的支持者是白银生产者(美国西部地区)和农民(美国中西部小麦产区和南部棉花产区)——白银生产者需要扩大其市场,农民认为铸银币能够减轻其债务负担。为什么农民们赞成使用白银呢?中西部的开发、农业技术水平与机械化的提高、城市人口的扩张形成了对农产品的旺盛需求,这使得美国的农业生产规模快速扩大。但是,过高的运费、昂贵的化肥农机开支、中间商的盘剥等因素使得农产品的利润下跌。最让他们不满的是运输费用,运费有时候占到货物价值的一半。加之通货紧缩导致的货币短缺使得丰收之年的农产品价格下跌尤其厉害。许多拥有大片良田的农民,终年辛勤劳作,农产品丰收,但是生活却愈发贫困。代表农民与代表普通劳动者利益的平民党成立,其反对高昂的铁路运费、银行的高额利润,主张实行累进个人所得税,限制移民等。平民党运动虽然昙花一现,并且很快解散了,但是对美国政治与社会产生了深刻的影响。在政治上,"白银阵营"由民主党代表,"黄金阵营"由共和党代表。金本位的支持者认为,在1870年后欧洲各国逐渐由银本位或复本位转为单一金本位,且认为白银是市场上价格剧烈波动的罪魁祸首。然而,银本位的支持者认为,金本位会导致通货紧缩,且剥夺了他们使用白银进行支付的权利。尽管如此,1880～1896年,美国的物价水平下降了23%。通货紧缩使得美国西部和南部的农民以及其他债务者经济压力日益增加。迫于不同阵营的压力,美国政府先后颁布了有益于不同阵营的政策。

美国国会在1878年通过的《布兰德—阿利森法案》(Bland–Allison Act),是白银集团的首次胜利。该条例规定,财政部每月购买价值200万～400万美元的白银,用以按1∶16的金银比价铸造银币。财政部总是按最低额度购买,这不能满足白银矿主的胃口,因为在这个时间段白银生产进入了兴盛期,财政部最低额度的购买量不足以提高人均银币的数量,也不足以遏止世界市场上银价的下跌。在白银集团看来,该法案即便不是完全如银本位的支持者所愿,但是若能实行金银复本位制度,则也有利于推高物价水平,减轻负债,赢得债务人的支持。于是,在1890年美国国会通过了《谢尔曼白银采购法案》,根据这个法案,财政部应当每月购进450万盎司白银。一方面,美国生产能力提高导致价格下跌(即通货紧缩),有大量贷款的农民陷入债务困境,他们希望通过这个法律,使得货币供应量增加后形成通货膨胀,这样能够减轻农民的债务负担。另一方面,由于大量银矿的发现和采掘,白银出现超额供给,白银价格下跌,这使得白银矿主们无利可图。如果政府购买白银,必然增加白银的需求,白银矿主们可以借机大发横财。《谢尔曼白银采购法案》要求美国财政部用其法定货币——财政部钞票(treasury note)去购买白银,这种财政部钞票又被称为硬币券(coin note),同时财政部钞票既可以兑现黄金铸币,又可以兑现白银铸币。然而,贵金属市场上黄金和白银的比价与美国政府的金银官方比价出现不一致，这会使得格雷欣法则（Gresham's Law）自动发挥作用。伴随着财政部钞票流通规模的增加，特别是当白银兑现黄金的价格高涨，民众会窖藏黄金，用银币和财政部钞票来作为支付手段，如向政府缴纳税款。这样，黄金就会退出流通领域，并且会耗光财政部持有的黄金。

1893年美国财政部的黄金储备降低到被认为是安全的最低限额以下，一场大规模的金融危机爆发了。在强大的压力下，1893年11月1日，支持黄金作为本位币的美国民主党总统格罗弗·克利夫兰废除了《谢尔曼白银采购法案》。该政策事实上有利于黄金阵营，他认为大量白银铸币的存在耗尽了黄金储备，他认为应该坚决反对银本位，采用金本位才有利于恢复美国民众对于经济的信心。民主党内部因为本位币选择的问题出现了分裂，一派人士赞成金本位，如当时的总统克利夫兰，一派人士赞成金银复本位，如1896年选举中的总统候选人布赖恩。赞成银本位的还有平民党人。1893～1894年，在美国西部各州，人们已经无法区分白银派民主党人与平民党人。民主党的分裂也使得共和党人认为，不管谁当选共和党候选人，都可以赢得1896年的大选。没想到这个预言竟然一语成真。中西部的广大农民和白银矿主们则认为克利夫兰总统是黄金阵营和华尔街的傀儡，这也是童话将其比喻成东方女巫的原因。

白银阵营和黄金阵营的终极较量发生在1896年的美国总统大选中。在美国的选举历史上，这是仅有的以国际货币体系为话题作为选战焦点问题的选举。这样的问题通常会让选民昏昏欲睡。起初，这次的选举谁将获胜并不明朗。1896年7月9日美国民主党全国代表大会在芝加哥召开，布赖恩在民主党大会上的演讲被历史学家誉为"美国政党政治历史上给人印象最深的演讲"。这场被誉为"黄金十字架"的演说（Cross of Gold speech）措辞雄辩，并且非常具有煽动性，其实质就是废除金本位制度，捍卫金银复本位制度。这是他演讲的高潮部分。"这是我们战斗的底线。如果他们说复本位制度甚好，但是我们不能在没有其他国家的帮助下贸然实行，我们的回答是，我们要颠覆因为英国采用的是金本位，所以美国必须如此效法的逻辑。我们要恢复复本位，并且让英国也来效法，因为美国采取的是复本位制度。如果他们胆敢来这里为金本位张目，我们将迎头痛击，让他们从哪里来回哪里去。站在我们身后的，是这个国家和这个世界的劳动者，无论在哪里都会受到商业利益者、劳工利益者和辛苦劳作者的支持。"最后他以《圣经》故事中耶稣头戴荆棘做的王冠，被钉在十字架上殉难的情节作为暗示说道："我们对主张金本位的人的答复是，'你们不应当把荆棘做的王冠按低压在劳动者的眼眉上，你们不应当把人类钉死在黄金的十字架上。'"成功的演讲使得36岁的布赖恩（仅比美国宪法规定的总统候选人年满35岁的年龄要求大一岁）获得了民主党总统候选人的提名。后来他还获得了平民党的提名。支持金本位的共和党推举威廉·麦金莱（William McKinley）参加总统竞选。53岁的麦金莱本来是银本位的鼓吹者，1890年投票赞成《谢尔曼白银采购法案》。麦金莱最初确信，将选战的议题集中在提高关税的优越性上就能够赢得选举，但是不久他就发现如此将无法赢得选举。因为民主党此时内部出现了分化，部分民主党人对布赖恩坚持复本位制度的态度左右摇摆，并且东部地区的民主党人多赞成金本位。麦金莱决定在金本位优于复本位制度这个话题上大加渲染。7月30日,麦金莱向选民承诺保持单一的金本位。从那时起,货币本位的选择这一议题就成为两位总统候选人争论的焦点问题,而其他的议题无关紧要。这次选举实际上是白银集团和黄金集团斗争的公开化。两位总统候选人都出版了大量的竞选印刷品,都以货币本位这个内容为中心。布赖恩的竞选经费由银矿业集团捐献,共和党的竞选经费来自银行、保险公司和铁路公司,数额也更为巨大。因此,1896年的总统选举在美国历史上确实与众不同、独树一帜。当代经济学家米尔顿·弗里德曼认为布赖恩那番演讲虽然充满了民粹主义色彩,却也不无道理。因为在黄金短缺的世界里推行金本位,实在算不得是高明的做法。虽然这两位总统候选人都反对金本位,但出发点却不尽相同——布赖恩希望抬高价格水平,减轻债务负担,麦金莱则希望价格保持稳定。麦金莱没有布赖恩的演说天才,但是经验老到,他在演讲中简练地阐明他的哲学思想,"我们不能拿货币这种神圣的东西来赌博"。与当时许多共和党人士一样,麦金莱以对金融政策负责和健全货币政策的辩护者的身份参加竞选。1896年年底农业丰收,"懦弱的狮子"布赖恩的农民支持者减少。这是因为伴随着中西部各州人口的增加,当地农民便于出售其农产品,而越来越少地受到外部势力的影响。同时布赖恩的政策也未获得城市工人的支持,因为他们担心银币的自由铸造会引起通货膨胀,影响其实际工资收入。布赖恩只获得了176张选举人团选票,麦金莱获得了271张选举人团选票,胜出95张,在民众的普选中,麦金莱也领先了60.2万张选票,麦金莱以较大的优势最终当选第29届美国总统,比上一届克利夫兰的选举获胜优势更为明显。麦金莱的当选和1900年美国《金本位法》(Gold Standard Act)的颁布标志着复本位在美国的最终没落。自此,金本位制度在美国被完全确立了下来,并运行至1934年。1934年1月15日,罗斯福总统在新政(New Deal)期间签署《黄金储备法》(Gold Reserve Act),宣布将黄金由每盎司20.67美元提升到每盎司35美元,同时,美国政府宣布民间禁止储藏黄金,实施黄金国有化政策。这意味着到1934年美国取消了金本位。

美国共和党对布赖恩"金十字架演讲"的讽刺画

1873年《铸币法案》和世界各国相继走向金本位的现实状况决定了复本位制度在美国的没落。"自由白银运动"已然无力回天,布赖恩纵然有演讲天赋,但是无论如何也无法阻挡时代前进的脚步，童话中梦幻般的结局实际并未发生。自由白银运动的支持者在这一阶段也获得了他们希望出现的通货膨胀。在19世纪90年代晚期，在美国阿拉斯加、澳大利亚和南非都发现了储量巨大的金矿。同时，1887年由三位苏格兰化学家（约翰·S.麦克阿瑟、罗伯特·W.福雷斯特和威廉·福雷斯特）发明的氰化法也使得从低品位的矿石中提炼黄金的水平大大提高，该方法尤其适合南非的金矿。黄金的大量发现使得美国货币供给快速增加，美国国内的价格也大大提高。1896～1910年，美国的价格水平提高了35%。相反，1873～1896年，世界上没有发现大金矿，这一期间美国物价下跌了53%，英国物价下跌了45%。1879～1933年，美国的金本位持续了54年。其间，美国建立了中央银行制度。美联储的建立使得货币的审慎管理成为可能，并将这种可能变成了现实。货币黄金的增减无法像过去那样显著地影响美国的货币供给和信用状况。1933年罗斯福总统上台之后，美国放弃了金本位制度。美国政府停止了美元可以兑现黄金，停止铸造金铸币和发行金证券，同时，减少美元的含金量（也就是提高黄金的美元价格）。这对于美国来说，就相当于美元贬值。

4. 受限制的金块本位制度（1934～1971年）

从1934年1月开始，美国开始实施受限制的金块本位制度。黄金的美元价格从1盎司黄金20.67美元调整到1盎司黄金35美元，上涨了近70%。财政部随时按照35美元的价格买入黄金，但是对于卖出黄金，美国政府有了更多的限制，只限于向外国中央银行或者官方机构出售黄金，以及供给美国国内合法的工业、艺术等方面使用黄金的需要。美国政府不再铸造金币，除了对美联储之外，美国财政部不再发行金证券。金证券变成了美元现钞的发行保证。20世纪60年代初期，美国出现了持续性的国际收支逆差，国内通货膨胀严重，美国已无力维持1盎司黄金35美元的官价。1961年12月，国际金融市场连续爆发抛售美元、抢购黄金的风潮，黄金的美元价格大幅度上涨，美元地位受到猛烈冲击。为此，美国与其他7个西方国家（英国、法国、荷兰、比利时、联邦德国、意大利、瑞士）建立了"黄金总库"，以期在伦敦金融市场上维持黄金的美元官定价格。1968年3月，国际金融市场再次爆发抛售美元、抢购黄金的风潮，战后的布雷顿森林体系摇摇欲坠。3月17日，美国政府开始实施黄金双价制度。所谓黄金双价制度，就是在官方黄金市场上，仍然维持1盎司黄金35美元的官价；在私人黄金市场上，听凭市场供求，美国不再维持其官方价格。黄金双价制度只是暂时地维持了布雷顿森林体系，到1971年8月15日，美国肯尼迪政府单方面地终止了1盎司黄金35美元的官方价格，即使是外国中央银行，美国政府也不予以兑现了。美国有限的金块本位终结了。这不仅意味着金本位在美国的终结，也意味着金本位在全球范围内的终结。

3.2 管理政府存款（国库现金管理）

从负债业务来看，中央银行制度发展到现在，各国中央银行通常作为政府的代理银行（fiscal agent），实现政府财政收付的功能。从财政收入的角度看，政府将其税收收入、非税收入以及国债收入等各项收入划入其在中央银行的存款户内；从财政支出的角度看，政府将其购买支出、转移支付等各项支出通过中央银行的存款户划出。因此，中央银行的负债方都有一个科目——政府存款。居民和企业通常在各家商业银行开户，其向政府缴纳的各种税金和各级政府对其实施的各类转移支付都通过商业银行代理进行，因此财政收支将直接影响超额准备金账户的余额。越来越多的国家采取国库单一账户制度（treasury single account system，TSAS），实质就是财政部门的资金管理制度和账户管理制度。具体来说，所有的财政资金全部进入到财政部在中央银行开立的账户中，所有的财政资金全部从该账户支出（避免分头开户），从而提高财政资金的使用效率，加强对财政资金的有效监管。对于滞留在中央银行账户里的国库资金，在保证资金安全性和流动性的基础上，财政部门要实现国库现金收益的最大化，其管理类似于企业的现金管理。换言之，政府既要保证国库足以应付紧急支出的需要，又要最大限度地减少闲置的国库资金余额，同时还要注重与政府债务管理政策相协调。例如，美国最早从 20 世纪 70 年代开始实施国库现金管理，随后澳大利亚、瑞典等国也先后开展国库现金管理。美国财政部在美联储开立"国库总账户"（treasury general account，TGA），在该账户下为所有预算单位开立单位分账户，并根据各预算单位的各项拨款法案建立项目子账户。除此之外，美国财政部还在符合条件的商业银行开立了"税收和贷款账户"，民众和企业缴纳税款时，资金首先从商业银行的个人账户或公司账户转入"税收和贷款账户"（资金仍然在商业银行系统中），然后再存入"国库总账户"（资金已经从商业银行转移到中央银行系统中）。对每项拨款法案的支出，财政部按时间或项目进度将资金从国库总账户中拨付到预算单位的分账户及其子账户（财政资金仍然在中央银行系统内）。当支付行为发生时，再从子账户中直接支付给供应商的账户（资金已经从中央银行转移到商业银行系统中）。

3.2.1 政府国库制度的发展

众所周知，人类社会有了政府就有财政收支，有财政收支就有国库。从物质形态看，最初国库既有以粮食等为代表的实物库，也有以金银为代表的现金库。从管理的部门看，既有负责政府收支的国库，又有负责皇室收支的国库。伴随着货币经济的日益发达，国库最终转向了以现金库为主。伴随着民主制度的推进，皇室收支的占比日益下降，最终以政府国库为代表。中央银行制度诞生之前，政府国库以独立国库制度为代表；中央银行制度诞生之后，政府国库逐渐转向以中央银行代理、以账户管理为基础的国库制度，简称国库代理制度。以中国为例，1905 年清政府成立户部银行，1908 年将其更名为大清银行，并确定该行为国家银行，准许经理国库事务及公家一切款项，代理公债和各种证券发行和兑付，这标志着中国进入了以银行代理为主的国库制度。

纵观世界，各国政府的财政收入和支出以及国库现金的管理为何都采用中央银行的代理国库制度呢？为什么财政部不独立设立国库、管理国库呢？以美国为例，1846年8月美国国会通过了《独立国库法》（Independent Treasury Act of 1846），独立的国库制度（independent treasury）开始运行，该制度一直实行到美联储成立之前。在这段时间，美国财政部承担了中央银行的大部分职能，并且在美国的货币市场上发挥主导力量。南北战争时期，该制度暴露出严重的问题。由于军费开支大幅增加，美国政府不得不增加债券发行。1863年国会通过的《国民银行法》，目的之一就是帮助扩大政府债券的发行。例如，该法律规定：各家国民银行的银行券发行要以其持有的政府债券作为发行准备。政府资金不允许存入私人银行，民众和企业向政府纳税可以使用国民银行的银行券。在独立国库制度下，凡是政府的收付款，一律使用财政部铸造的现金（由财政部在全国各地的分支机构负责保管）。但是，这种制度导致了金融市场的剧烈波动，严重影响了金融市场的稳定。例如，当国库税收大于支出时，现金就从银行系统流向政府国库系统，货币市场上现金短缺。国库税收小于支出时，现金从政府国库系统流向银行系统，货币市场上现金泛滥。财政收支会对金融市场造成剧烈的冲击。1907年美国的金融恐慌再次表明独立国库制度无法稳定货币市场，却会严重影响银行体系的流动性，并有可能加重危机期间的流动性紧张。因此美国国会设立了全国货币委员会（the National Monetary Commission）对此展开专门调查，如何消除财政收支对金融体系的影响就是新制度重点考虑的问题之一。所有的建议体现在1913年的《联邦储备法》当中。这意味着独立国库制度的终结，以及现代社会代理国库制的出台。所谓代理国库制，就是由中央银行代理财政部来完成国库款项的收付。一方面，现代社会财政收支的规模越来越大，政府通过现金收付来完成财政的收与支，不仅效率低下，而且不安全。另一方面，财政部通过委托中央银行，利用中央银行的清算系统来实现资金收付，不仅可以提高效率，增强安全性，而且可以节约大量的人力、物力和财力。因此，世界各国基本上都采用中央银行代理国库制度（也称为国库代理制度），即财政部在中央银行设立账户，向中央银行下达收付指令，完成各项收支工作。

财政收付对银行体系超额准备金的影响如表3-2所示。

表3-2 财政收付对银行体系超额准备金的影响

中央银行资产负债表		中央银行资产负债表	
资　产	负　债	资　产	负　债
	超额准备金　－（1） 政府存款　　＋（1）		超额准备金　＋（2） 政府存款　　－（2）

注：（1）表示政府存款增加（财政收入），（2）表示政府存款减少（财政支出）。

3.2.2 中国的国库经理制及争论

在中国的业务实践中，中国人民银行采取的是国库经理制。什么是国库经理制？按照中国人民银行的说法（刘贵生，2014），国库经理制就是"办理"+"拒绝办理"。所谓

"办理"就是按照财政部门的要求,中国人民银行办理财政资金的出入库;所谓"拒绝办理"就是对违背财政部门规定的有关收支业务,中国人民银行可以拒绝办理出入库。在中国人民银行看来,财政部门是财政资金出入库的决策者,中国人民银行是国库收支决策的执行者。财政部类似于政府的会计,中国人民银行的国库局是政府的出纳。中国人民银行国库经理制是履行政府对财政部的制衡。

中国的国库经理制仍然属于前述的国库代理制范畴之内,不过是国库代理制度的变种。中国人民银行和财政部对财政存款的管理一直存在不同的见解。2012年中国《预算法》修订过程中,双方就国库管理主体问题争论不休。一派观点认为财政是政府的总会计,国库是政府的总出纳,会计和出纳分别由财政部和中国人民银行承担,有利于相互制衡、避免相互勾结。另一派观点则认为这混淆了业务主体与业务程序的关系。一个单位的会计与出纳分设,是财务部门内业务程序上相互制衡的要求,而不是说会计、出纳应该分设在不同部门。一个单位内可以通过审计部门对财务部门实现制衡,而不是说为了实现对会计的制衡,就应该将审计的职能由出纳来取代。预算管理和国库管理的责任主体都只能是财政部,是财政部内部机构之间的相互制衡,而不应该由中国人民银行对财政部实现制衡。尽管这样,2015年1月1日实施的《预算法》第五十九条保留了经理国库制度,继续维持国库资金运行中财政部和中央银行的分工协作、相互制衡的关系。对于不符合国家预算管理的各种支出,中国人民银行的各级国库有权拒绝办理。

3.2.3 国库现金管理

近年来,各国政府对财政收支的库底资金(即国库现金)提出了更高的管理要求——要么将国库现金投资于回报率更高的短期金融资产,在不影响政府支出的情况下提高国库现金的回报率;要么将国库现金用于归还政府到期债务,降低政府债务成本。因此,发达国家的财政管理加大了国库现金管理的力度,并且与政府债务管理相互协调。例如,1998年英国政府成立了债务管理办公室(UK Debt Management Office),专司政府债务和国库现金管理中的操作性决策和日常管理,2000年开始完全承担国库现金管理职能。

中国政府从2000年开始启动国库现金管理。2001年3月,财政部和中国人民银行联合实施改革,按照建立公共财政的要求,结合中国实际,提出了建立以国库单一账户体系为基础、资金缴拨以国库集中收付为主要形式的国库管理制度。从2003年开始,中国人民银行开始对国库存款(中央财政存款和地方财政存款)计付利息。2004年8月开始,财政部以混合式招标方式提前兑付三期记账式国债。2006年12月开始,中国人民银行采取了向商业银行招标定期存款的方式来提高国库现金收益率,规模为200亿元人民币,期限为3个月。此后,该模式成为我国财政部提高国库现金收益率的主流模式。

上述招标具有以下几个特征:第一,招标标的为利率,采用单一价格方式招标(又称荷兰式招标)。按照投标人所报利率(由高而低)的顺序中标,直至满足预定招标额为止,中标的商业银行以相同的价格来认购中标的存款数额。中标利率是所有投标的最高利率,也是当期中央国库现金的定期存款利率。第二,招投标利率下限为招标当日中国人民银行公布的城乡居民和单位活期存款基准利率。第三,当全场投标总额小于或等于当期招标额时,全额募入;当全场投标总额大于当期招标额时,按照高利率优先的原则逐笔募入,直到募满招标额为止。第四,当边际中标标位上的投标额大于剩余招标额时,以每家参与银行在该标位投标额为权重进行分配,取整至 0.1 亿元,尾数按投标时间优先原则分配。

知识点:
政府存款的货币属性

3.3 管理政府债券

　　什么是政府债券?简言之,政府债券就是各级政府(既包括中央政府,又包括地方政府)发行的各类债券。从期限来看,可以分为短期债券、中期债券和长期债券。相较于公司债券,政府债券的安全性更高,流动性更强。中央银行管理政府债券,深刻地影响了政府债券的属性。一般来说,政府债券具有以下三个属性。

　　第一,政府部门的融资工具(融资属性)。政府债券的发行最初是为了弥补政府财政收支的缺口。因此,政府财政赤字规模的大小很大程度上决定了其政府债券的发行规模。与私人部门的债券相比,政府债券以政府信用为担保,其安全性和流动性更高,收益率相对更低。可以说,发行政府债券最初主要是因为其具有公共部门的融资属性。在现代社会,政府如果实现了预算平衡,是否就不需要发行政府债券了呢?例如,政府实现预算的年度平衡,但是由于政府预算收入与预算支出在时间上的不匹配,为了解决这种临时性的头寸不足,美国政府就会发行一种比短期国债期限更短的政府债券(通常在 1 个月以内),也就是现金管理券(cash management bill)。现金管理券的发行方式和发行条件更为灵活,也不需要提前公布发行计划。这仍然表现为时间差使得政府部门产生了融资需求。如果政府预算出现盈余,是否需要发行政府债券呢?这就涉及政府债券的第二个属性。

　　第二,宏观调控的工具(调控属性)。中央银行通过买卖政府债券的方式(即公开市场操作)进行银行体系的流动性调控,这是当前中央银行的三大货币政策工具之一。中央银行通过买卖政府债券,调控银行同业拆借市场利率或者是银行体系的超额准备金规模,实现宏观金融调控的目标。从中央银行选择买卖的债券来看,中央银行通常选择政府债券,而不是私人部门发行的债券。为什么中央银行不选择私人部门的债券呢?如果中央银行选择私人部门的债券,就存在中央银行为特定的私人部门债券背书的嫌疑,不利于私人部门的公平竞争。在出现政府预算盈余的情况下,政府是否就不需要发行政府债券呢?并非如此,在这种情况下,政府通过有意识地发行政府债券,可以满足中央银行宏观调控的需要。相反,如果政府不发行国债,中央银行无法通过买卖政府债券来实施公开市场操作。

第三,基础性的金融工具(价格发现属性)。众所周知,政府债券由于其安全性和流动性高,成为私人部门债券和金融衍生品定价的基准。例如,美国政府 3 个月期的短期国债是全球金融市场短期资金的风向标,而美国政府 10 年期

知识点:
美国国债的种类

国债的利率水平就是全球金融市场上长期债券利率定价的基础性指标,具有很强的价格发现功能。中央银行通过买卖不同期限的政府债券,进而改变政府债券的收益率曲线水平。例如,在 2007 年的全球金融危机当中,美联储还采取了扭动操作(twist operation),即提高短期利率水平,降低长期利率水平,从而改变了收益率曲线的趋势性水平。

综上所述,中央银行管理政府债券,不仅包括代理财政发行政府债券,而且包括代理财政兑付政府债券,还包括政府债券的买卖。从更广义的层面来看,国库现金管理与政府债务管理都会影响整个银行体系的流动性,货币政策操作不仅要平抑财政收支对流动性的影响,而且需要通过有意识地执行扩张性或者紧缩性的货币政策,实现其宏观金融的调控目标。

3.4 实施金融监管

对金融机构的监管是中央银行的一项重要职能。金融监管分为金融机构监管、功能监管和行为监管等几种。金融机构监管就是金融监管部门对金融机构的市场准入、持续的稳健经营、风险管控和风险处置、市场退出进行监管。功能监管就是对相同功能、相同法律关系的金融产品,按照同一规则,由同一监管部门监管。比如,银行销售基金产品要到证监会获得基金销售牌照。行为监管是针对从事金融活动的机构和人,从事金融业务就必须要有金融牌照,从事何种金融业务就要领取何种牌照。对有牌照的金融机构要监管,对没有牌照但实际上从事金融业务的机构更要监管,不允许任何机构无照经营。纵观世界各国的经验,在不同国家和不同时期,金融监管的模式各有不同。在 2008 年全球金融危机爆发之前,部分国家金融监管的主要职能仍然保留在中央银行,而一些国家成立了专门的监管机构,有的国家金融监管有几个部门同

知识点:
金融规制和金融监管的关系

时履职,有"叠床架屋"之嫌。例如在美国,对金融机构进行监管的不仅有美联储,还有美国财政部下属的货币监理署(Office of Comptroller of Currency)、各州政府的银行监管机构、银行存款保险机构以及美国证券交易所等机构。

2008年全球金融危机爆发之后,各国政府普遍认识到,经济的顺周期运行效应和资产价格波动是危机爆发的重要原因,传统的微观审慎监管(microprudent supervision)难以确保金融系统的稳定。中央银行需要从宏观的、逆周期的视角运用宏观审慎政策工具来防范和化解系统性金融风险,以实现金融体系的稳定运行。因此,宏观审慎监管政策已经成为全球范围内金融监管和宏观调控框架改革的重心,旨在确保金融体系整体的健康发展,防范系统性的风险,避免金融体系受到损害导致金融功能丧失,从而保障经济整体的稳定运行。

3.4.1 微观审慎监管及其不足

长期以来,中央银行主要关注微观审慎监管,即对每一家金融机构进行审慎监管,其目的是保证每一家金融机构的安全和稳健经营,即监管当局对每一家金融机构的组织结构、操作流程及合规性进行严格审查。在中国银监会、保监会和证监会成立之后到银保监会成立之前,传统的微观审慎监管由银监会、证监会和保监会三家负责,是典型的机构监管模式。机构监管是与分业监管相一致的监管模式,其优势在于监管部门实施的市场准入、业务审批(事前)和监管可以实现监管当局的政策意图和要求,行政处置比较便捷。在金融市场日渐活跃的情况下,传统的机构监管很容易出现画地为牢的情况,引发一系列问题:

第一,在互联网金融条件下,许多传统企业不属于金融监管部门的监督对象,但是却在从事准金融业务,传统的机构监管模式会出现监管盲区。例如,支付宝在2013年推出"余额宝"这一新的金融创新产品时,以及BAT等公司介入网络信贷等活动时,传统的机构监管就无法做到及时跟进。

第二,同一市场出现多头监管。例如,中国的公司债券市场就形成了多头管理的格局。发改委负责企业债发行的审批,央行负责企业短期融资券、中期票据的审批,银监会负责商业银行等金融机构的各类债券审批,证监会负责证券公司、上市公司等债券的审批,保监会负责保险公司债券的审批。债券交易市场也分割为央行管理的银行间债券市场和证监会管理的交易所债券市场。"群龙不治水"的格局严重影响了这一市场的发展。

知识点:
功能监管的提出

第三,当出现新的业务和业态时,很容易出现政出多门,监管标准不统一。例如,近年来财富管理(或者称为"资产管理")成为各监管部门创新监管的重要领域。银监会方面对银行理财、资产管理公司的资产管理、信托公司的资产管理、财务公司的资产管理以及相关投资基金的财富管理等业务有权进行监管；证监会对证券公司的集合理财、直投资产管理，基金管理公司的专项资产管理，私募基金的资产管理等业务进行监管；保监会方面对保险公司的资产管理、财富管理等业务进行监管；此外，发改委对产业投资基金和尚无明确监管部门的各类私募基金进行监管等（王国刚，2016）。正因为机构监管模式存在上述不足，监管当局认为：今后的金融监管将从机构监管转向功能监管（functional regulation）。对现实中的监管操作而言，尤其是 2008 年全球国际金融危机爆发后，主要发达经济体都对其金融监管体制进行了重大改革，突出体现为建立以防范和化解系统性风险为目标的宏观审慎监管（macroprudential supervision，也译作 macroprudential assessment，MPA）制度。

3.4.2 宏观审慎监管与货币政策的关系

2008 年国际金融危机的教训对当前的货币政策有两点冲击：第一，各国政策当局意识到以实体经济运行中物价稳定为目标的货币政策，无法应对资产价格波动带来的金融危机，因此关注资产价格波动的宏观审慎政策成为货币政策未来应该涵盖的内容之一。传统观点认为，货币稳定与金融稳定是一致的，只要物价稳定就可以实现经济和金融稳定，中央银行通过调整利率，以物价稳定为目标，实现了物价稳定就可以自动实现金融稳定，因为较低的通胀率可以帮助经济主体实现稳定的预期，从而为持续的经济增长创造良好的外部环境。这种观点以美联储前主席格林斯潘为代表，其货币政策框架的特征表现为"单一利率工具、单一物价稳定目标"的模式。20 世纪 90 年代日本泡沫经济的破灭和 2008 年的国际金融危机说明货币政策仅仅关注物价稳定是不够的。第二，各国政策当局还意识到单个金融机构稳健并不意味着金融体系的稳健，保持金融体系的稳健是货币政策面临的新挑战。传统观点一般认为，只要微观的单个金融机构是稳健的，加总起来整个金融体系也就必然是健康的。但是 2008 年的国际金融危机则表明，金融风险的外部性使得个体理性可能导致集体非理性。监管者必须从总体上关注银行业、证券业和保险业以及金融市场与宏观经济运行的密切联系，从跨机构和跨时间两个维度防范系统性风险，建立逆周期的宏观审慎管理制度。

监管的范畴不限于单一机构或部门，而是将目标着眼于实现整个金融体系的稳定，防止系统性金融风险的爆发。如果说传统的以单一金融机构为目标的微观审慎监管是宏观审慎监管不可或缺的基础，那么当前宏观审慎政策的主要功能就是缓解金融中介活动产生的金融顺周期性，这种顺周期性会影响金融中介机构的资产、负债以及由此形成的资产负债率（也就是杠杆率）。宏观审慎监管通过保持整个金融体系的稳健和弹性，防止某个（些）金融机构的经营失误对整个金融体系乃至宏观经济环境造成冲击。因此，新的货币政策内涵要向货币政策和宏观审慎政策双支柱转变。宏观审慎政策与货币政策的相似之处在于两者都可以通过影响经济主体支出的跨期性来影响信贷需求，通过影响金融中介机构的杠杆率以及资金成本来影响信贷供给。这两者的差异在于：宏观审慎政策通常作用于某些金融机构，如系统重要性金融机构，属于结构性政策；货币政策属于总量性政策，侧重于整个经济运行。

3.5 管理外汇储备与汇率

作为政府的银行，中央银行还代表政府参加各种国际会议，以及各国中央银行之间的政策协调。例如，发达国家的中央银行行长通常会参加 G20 财长与央行行长会议（Meetings of Finance Ministers and Central Bank Governors of the Group of 20），共同商议国际经济形势，协调各国经济政策。不少国家的中央银行并不制定和执行汇率政策，这个职能往往由财政部来完成，中央银行作为财政部的代理机构，代替财政部在外汇市场执行汇率干预操作。即便如此，几乎所有的中央银行都介入本国国际储备的管理。这种管理具体包括两个方面的内容：一是国际储备的规模管理，二是国际储备的结构管理。其目标是一方面实现国际储备的保值增值，另一方面实现本国国际收支平衡和汇率的基本稳定。

根据各国汇率制度的不同选择，中央银行资产负债表中的国外净资产对货币发行乃至货币政策的制定与执行都具有非常重要的意义。例如，在货币发行局制度下，外汇储备的规模必须要超过基础货币的规模，如此才能满足基础货币全额兑付的要求。在钉住汇率制度下，当本国货币出现升值压力，中央银行在外汇市场上大量购入外汇储备，将导致本国通货膨胀的出现。凡此种种，国外净资产的增减将显著地影响本国货币政策效果。

伴随着国际资本的频繁流动和布雷顿森林体系的垮台，国际资本对汇率的影响越来越大。在某些情况下，汇率的变化及走势与本国政府的期望相违背。政府为了实现其政策目标，会在一定程度上干预外汇市场。这些目标有可能是避免因汇率远离其均衡水平所形成的汇率投机和汇率的过度波动，也可能是政府为了扩大出口主动实施的将市场汇率控制在均衡汇率水平之下，以形成本国货币的竞争性优势，对意外的政治和经济冲击进行干预，对贸易差额季节性和周期性波动进行干预等。由于不少国家的外汇干预将影响本国银行体系的流动性，所以外汇市场干预成为各国中央银行宏观调控关注的焦点问题之一。根据汇率干预的性质不同，我们可以对外汇干预做如下分类：根据参与干预的政府合作与否可以分为单边干预和多边干预；根据政府进行汇率干预的市场可以分为即期外汇市场干预和远期外汇市场干预；根据汇率干预对货币供应量（或者市场流动性）的影响可以分为冲销性干预和非冲销性干预；根据本国政府汇率干预过程中执行的机构可以分为中央银行干预和财政部（外汇平准基金）干预，如美国财政部（U.S. Department of The Treasury）下属的外汇稳定基金（exchange stabilization fund），英国财政部（HM Treasury）下属的外汇平准账户（exchange equalisation account）。为什么会有不同的机构来干预外汇市场呢？设立外汇平准基金的目的何在呢？

3.5.1 中央银行干预方式

在本币存在升值或者贬值压力的情况下,由中央银行出面干预,将影响本国中央银行资产方的外汇储备规模和负债方的基础货币规模。在固定汇率制度下,如果本币存在贬值压力,中央银行卖出外汇储备,这必然导致本国银行体系的流动性下降,加大本国通货紧缩的压力。反之,如果本币存在升值压力,中央银行买进外汇储备,必然导致本国银行体系的流动性增加,这势必加大本国通货膨胀的压力。也就是说,中央银行干预外汇市场的操作必将带来本国银行体系流动性的变化。如果中央银行不希望银行体系的流动性发生变化,则有必要采取冲销操作(sterilization intervention),要么卖出本国国债,要么发行中央银行票据来进行冲销。因此,外汇干预可以分为冲销性干预和非冲销性干预,前者不会对本国银行体系的流动性或者说货币供应量产生影响,后者则会产生影响。下面以中央银行卖出国债对其自身和商业银行的影响来揭示冲销性外汇干预,具体如表3-3所示。

表3-3 中央银行通过卖出国债进行冲销操作产生的影响

中央银行资产负债表		商业银行资产负债表	
资　　产	负　　债	资　　产	负　　债
外汇储备　　+(1) 政府债券　　-(2)	超额准备金　+(1) 　　　　　　-(2)	超额准备金　+(1) 　　　　　　-(2) 外汇资产　　-(1) 政府债券　　+(2)	

注:(1)表示中央银行购买外汇储备以保证本币汇率稳定,(2)表示中央银行卖出国债以保证本国银行体系流动性稳定。

上面揭示了银行体系内部在货币当局冲销性操作过程中资产负债表的变化,但是没有涉及公众资产(外汇资产和本币资产)变化情况。下面给出冲销性操作过程中银行体系和公众的资产负债表的变化情况。所谓银行体系资产负债表就是中央银行和商业银行资产负债表的合并报表,又称为货币概览(money survey)。

在冲销性干预之前,银行体系买入公众的外币资产,导致其持有的外汇资产增加,同时货币供应量增加。为了使货币供应量回到初始状态,中央银行实施冲销性操作,即中央银行卖出本币资产(如国债),同时导致银行体系负债方的货币供应量下降。最终银行体系和公众的资产负债表都是资产方发生了结构性变化。前者是外币资产增加,本币资产下降;后者是本币资产增加,外币资产下降。具体如表3-4所示。

表3-4 冲销性操作时本国银行体系和公众资产负债表的变化

银行体系资产负债表		公众资产负债表	
资　　产	负　　债	资　　产	负　　债
外汇资产　　+(1) 国内资产　　-(2)	货币性负债　+(1) 　　　　　　-(2)	银行存款　　+(1) 　　　　　　-(2) 政府债券　　+(2) 外币资产　　-(1)	

注:(1)表示公众出售外币资产,(2)表示银行体系卖出国内资产。

中央银行发行中央银行票据也是一种冲销方式，不过发债的主体是中央银行，而不是财政部，此时发债成本完全由中央银行负担，具体变化如表 3-5 所示。以收购外汇储备不造成商业银行体系超额准备金的增加为判断依据，上述两种方式对商业银行而言，其差异仅仅是资产方科目中国债和央行票据的不同。

表 3-5　中央银行通过发行中央银行票据进行冲销操作产生的影响

中央银行资产负债表				商业银行资产负债表			
资　产		负　债		资　产		负　债	
外汇储备	＋（1）	超额准备金	＋（1） －（2）	超额准备金	＋（1） －（2）		
		央行票据	＋（2）	外汇资产 央行票据	－（1） ＋（2）		

注：（1）表示中央银行购买外汇储备，（2）表示中央银行发行央行票据。

3.5.2　财政部（外汇平准基金）干预方式

政府除了通过中央银行进行干预之外，还可以通过财政部进行干预。当然，财政部不是直接出面干预，而是通过其下属的外汇平准基金来操作。通常，政府进行汇市干预主要有两种情况，一种是本币处于升值压力下，另一种是本币处于贬值压力下。当本币处于升值压力下，财政部通过发行国债筹集本币资金，然后在外汇市场上购买外汇，投放本币；当本币处于贬值压力下，财政部通过抛售其所持的外汇储备资产（或者是借入外币资产），购入本币。财政部进行外汇干预，其最明显的优势就是使得外汇干预不影响本国银行体系的流动性。因此，在有的经济学家看来，财政部出面进行干预的操作，又被称为融资干预，即政府通过借入本外币资产来进行干预。下面以在本币升值压力下财政部发行国债筹集资金用以买入外汇为例进行分析，其具体环节包括：财政部向商业银行发行国债和财政部向商业银行购买外汇资产。其结果是在财政部的资产负债表中外汇（资产）和国债（负债）同时增加，成本（包括外汇资产的回报率低于国债发行利率造成的损失、外汇资产面临的利率风险和汇率风险）均由财政部来承担。对于商业银行来说，资产结构发生变化，即国债资产上升，外汇资产下降。更主要的是商业银行的超额准备金不发生变化。财政部发债和购买外汇资产的操作对中央银行也不产生影响。这是在本币升值压力下通过财政部出面干预本币汇率的特征，正因为在这种情况下整个银行体系的超额准备金没有任何变化，所以不少政府在财政部下设外汇平准基金进行汇率干预。

财政部通过向商业银行发行债券来干预本币汇率如表 3-6 所示。

表 3-6　财政部通过向商业银行发行债券来干预本币汇率

财政部（外汇平准基金）资产负债表				中央银行资产负债表				商业银行资产负债表			
资　产		负　债		资　产		负　债		资　产		负　债	
央行存款　＋（1） 　　　　　－（2）		国债　　＋（1）				超额准备金－（1） 　　　　　＋（2）		超额准备金－（1） 　　　　　＋（2）			

(续)

财政部（外汇平准基金）资产负债表		中央银行资产负债表		商业银行资产负债表	
资 产	负 债	资 产	负 债	资 产	负 债
外汇资产 +（2）			政府存款 +（1） －（2）	政府债券 +（1） 外汇资产 －（2）	

注：（1）表示财政部向商业银行发行国债，（2）表示财政部向商业银行购买外汇资产干预本币汇率。

如果将中央银行和商业银行资产负债表合并，即银行体系资产负债表，同时再给出公众的资产负债表，财政部（外汇平准基金）向公众发行国债来干预本币升值，各方资产负债表会出现哪些变化呢？具体如表3-7所示。

表3-7　财政部通过向公众发行债券来干预本币汇率

财政部（外汇平准基金）资产负债表		银行体系资产负债表		公众资产负债表	
资 产	负 债	资 产	负 债	资 产	负 债
央行存款 +（1） －（2） 外汇资产 +（2）	国债 +（1）		货币性负债－（1） +（2） 政府存款 +（1） －（2）	银行存款 －（1） +（2） 政府债券 +（1） 外汇资产 －（2）	

注：（1）表示财政部（外汇平准基金）向公众发行国债，（2）表示财政部向公众购买外汇资产。

通过分析以上资产负债表的变化，可以发现：政府通过直接向公众发行国债的方式购买公众手中的外汇资产，对银行体系的流动性或者说货币供应量同样不产生影响。

历史上第一个外汇稳定基金是英国于1932年建立的外汇平稳基金（exchange equalization account，EEA），其背景是1931年9月英国政府放弃了金本位，为了稳定英镑汇率而建立。该基金拥有英国政府发行的金边债券，所以在面临资本流入和英镑升值的情况时可以干预外汇市场。然而在建立之初，该基金缺乏外汇资产，所以当英镑面临贬值压力时，缺乏可以干预的外汇资产。美国的外汇稳定基金（US stabilization fund）最初是因为估值效应（黄金在1934年从每盎司20.67美元升值到每盎司35美元）所形成的。由于有20亿美元的黄金，因此该基金在面临资本流出时可以通过卖出黄金来干预汇率。同样，在成立之初缺少美元资产，在美元升值情况下，政府干预不力。正因为如此，各国政府认识到，外汇干预基金必须既拥有本币资产，又拥有外币资产，不论是在本币升值还是本币贬值的情况下，政府都能够应付自如。

综上所述，在货币当局不采取冲销干预的情况下，汇率干预必定影响本国银行体系的流动性；在财政部出面干预的情况下，汇率干预不涉及本国银行体系的流动性变化。不论是哪种干预，公众手中的本外币资产结构都将发生变化。具体如表3-8所示。

表3-8　不同干预方式下银行体系/公众的资产结构与总量变化情况

	银行体系/公众
冲销性干预	资产结构变化，资产总量不变
非冲销性干预	资产结构变化，资产总量变化

3.6 代表政府参与国际金融事务

在一国政府的对外金融活动中，中央银行往往是本国政府参与国际经济事务的主要代表。在国际会议上，相互协调货币政策，实施货币互换，建立全球性或区域性的外汇储备库，代表本国政府加入国际金融机构和组织，签订有关国际金融协定等，中央银行都具有不可替代的重要作用。例如，西方七国举行的财政部长和中央银行行长会议，各成员国中央银行行长在会议上就本国货币政策予以说明，并相互协调各自的货币政策。为防范国际游资对本国和本地区货币的冲击，有关国家会相互签订货币互换合约，这都是由中央银行来完成的。2009 年以来，中国人民银行开始实施人民币国际化战略。截至 2015 年年末，中国人民银行先后与 33 个境外央行或货币当局签署双边本币互换协议，协议规模超过 3.31 万亿元人民币；在港澳台地区、新加坡、伦敦、法兰克福、首尔、巴黎、卢森堡等 20 个国家和地区建立了人民币清算安排。根据环球同业银行金融电讯协会（SWIFT）的统计数据，2015 年 12 月，人民币成为全球第三大贸易融资货币、第五大支付货币（global payment currency）、第五大外汇交易货币。2015 年 11 月 30 日，人民币被国际货币基金组织纳入 SDR 的篮子货币之一，这标志着人民币国际化进程到了一个新的高度。此外，中国人民银行还与瑞士等国的中央银行签署了双边本币互换协议。中央银行货币互换的参与者包括协议发起方和承接方，货币互换发起方向承接方提出货币互换请求。中央银行货币互换的主要过程包括如下三个环节。

第一，期初本金的交换：交易双方央行在各自的账户体系中为对方央行开设专门账户。互换发起方向互换承接方提出货币互换申请，双方以发起日市场汇率进行货币互换，互换后双方央行将相应额度的本金划入本国央行为对方央行开立的账户中，在此过程中并无实际的资金流动，只是各自账户中金额的增加。

第二，期末本金的互换：在货币互换协议到期时，双方以互换发起日的汇率再换回本金。应该注意的是，在央行货币互换的过程中，承接方央行一般不会动用发起方向其支付的本金，发起方的本金起到了一定的质押品的作用，发起方质押的本金是承接方的使用受限的资产；发起方央行时常会动用承接方的货币，以便为本国金融机构提供融资便利。在互换期初和期末时采用的汇率都是互换发起日的市场汇率。

第三，期末利息的支付：在中央银行货币互换的实践中，在期末支付利息时，通常只是货币互换的发起方向承接方支付利息，而承接方无须向发起方支付利息，互换的利息是按互换承接方本位币市场利率计算的。

由中央银行货币互换的流程和相关特征可知，货币互换只是双方央行在期初交换一笔账户上的金额，并在期末换回本金，互换的利息支付通常是固定的。

从央行货币互换的实践来看，其目的大体可以归纳为以下两点：

第一，获取外币资金进行外汇市场干预，维持本国汇率稳定。当本国经济发生大规模波动，本币汇率存在贬值压力时，本国中央银行往往会主动发起货币互换，获得短期性的类似外汇储备的资金，在外汇市场上进行干预保持货币稳定。

第二，货币互换为央行间相互提供流动性支持创造了便利。流动性的增加有助于稳固国际金融市场，所以强势货币的中央银行通过实施货币互换，可以向其他国家中央银行提供短期资金，以应对货币危机或者金融危机。例如，2008年全球金融危机过程中，美联储就通过货币互换向欧洲提供流动性支持。此外，在东南亚金融危机过程中，东盟各国通过签订《清迈协议》相互提供流动性支持。

3.7 本章小结

从历史发展的沿革来看，财政部的出现比中央银行要早。自从中央银行制度诞生以来，各国财政部选择中央银行作为开户银行，财政收支、政府债券发行和兑付均通过中央银行代理收付完成。在现代社会，作为政府的银行，中央银行不仅仅体现为向各级政府提供形式多样的融资便利，而且通过管理政府存款在央行的存款余额、买卖政府债券，调控整个银行体系的流动性，执行其合意的货币政策。此外，中央银行还代表政府管理本国的国际储备以及干预本币汇率，并代表本国政府参加国际金融组织和参与国际金融事务，较为典型的例子是各国中央银行之间的货币互换。不论具体到哪一项业务，现代的中央银行制度设计主要体现为两个方面：一是旨在降低政府经济活动对银行体系流动性的影响；二是通过政府的监管，确保金融体系的稳定及功能的发挥。

第 4 章

中央银行的职能之三：金融机构的银行

中央银行的职能之三是金融机构的银行。许多教材把中央银行的这一职能简称为银行的银行，最为知名的就是履行"最后贷款人"（lender of last resort）职能，即对商业银行提供流动性，保持银行体系的稳定。伴随着中央银行在经济生活中重要性不断提升，中央银行"最后贷款人"职能不仅对商业银行意义重大，而且对其他类型的金融机构，如保险公司、投资银行等金融机构也发挥着日益重要的作用。从历史的发展来看，最后贷款人职能出现较晚，除了垄断发行钞票之外，中央银行通过法定存款准备金制度、建立整个银行体系的清算系统等方式调控整个银行体系的流动性。本章通过介绍中央银行的负债业务、资产业务和中间业务，解释中央银行的最后一个职能。

4.1 中央银行的负债业务

在中央银行的发展历史上，为确保商业银行有充足的流动性，中央银行往往采取法定存款准备金制度。这意味着商业银行必须在中央银行开立存款账户，用于商业银行缴存法定存款准备金。除此之外，商业银行为了实现银行间的资金同城和异地清算、现金的缴存和提现等目标，也必须开立存款账户。商业银行开立的账户都处在中央银行资产负债表的负债方。

4.1.1 存款准备金制度

1984 年中国人民银行开始履行中央银行职能。同年，中国人民银行开始实施法定存款准备金制度。该制度按存款种类核定存款准备金比率，企业存款为 20%，储蓄存款为

40%，农村存款为25%。为什么中国人民银行会设定如此之高的存款准备金率呢？这就要涉及与法定存款准备金制度同时出台的信贷资金管理办法，该办法可以概括为"统一计划、划分资金、实贷实存、相互融通"。为什么以上两个制度会同时出台？这主要源于两方面：

一是1979～1983年实行的差额信贷管理体制允许专业银行（目前国内商业银行的前身）多存可以多贷，这导致20世纪80年代初的信用膨胀和通货膨胀。因此，控制物价飞涨必须在制度上有所突破，中国人民银行出台这两个制度就是顺应这一形势的。

二是中国人民银行中央银行地位确立后，法定存款准备金制度的推行就意味着中国人民银行必须考虑如何在二级银行制度下实现基础货币供给的问题。与西方国家中央银行主要通过购买国债的公开市场业务方式注入流动性的方法完全不同，在当时国债市场刚刚起步、外汇占款规模较小的现实约束情况下，再贷款成为当时中国人民银行向整个银行体系注入流动性唯一的可行途径。也正因为如此，才有"上贷下存"的做法，即中央银行贷款给专业银行，专业银行立即将资金存入中央银行。对于专业银行而言，这一操作的结果就是其资产负债表的资产方"备付金"增加，负债方"向央行借款"增加；对中央银行而言，其资产负债表的变化就是资产方"再贷款"增加，负债方"备付金"增加。具体如表4-1所示。

表4-1 "上贷下存"信贷管理模式在专业银行和中央银行资产负债表上的反映

中央银行		专业银行	
资产	负债	资产	负债
再贷款+	备付金+	备付金+	向央行借款+

在法定存款准备金制度与实贷实存制度下，中国人民银行对金融机构流动性的控制机理如下：法定存款准备金制度的目标是中央银行从负债方扩大或者收缩金融机构的流动性，实贷实存制度的目标是中央银行从资产方注入金融机构的流动性，这两者相辅相成，缺一不可。在以上两种制度的配合下，不仅当时的专业银行出现了贷差现象，而且整个银行体系（中央银行+专业银行）也有贷差现象。所谓"贷差"，就是金融机构的贷款余额大于

知识点：
什么是二级银行制度

存款余额；相反，"存差"就是金融机构的存款余额大于贷款余额。这构成了我国金融体系20世纪90年代中期以前最重要的特质。为什么会出现这种情况呢？其具体过程如下：在"实贷实存"体制实施的初期，我国中央银行资产方的"外汇占款"数额比较小（基本可以忽略)，因此中央银行资产负债表大致可以简化为以下公式：

$$再贷款 = 货币发行 + 存款准备金 \qquad (4-1)$$

通常，"货币发行"科目是不断增长的，因此必然有"再贷款"大于"存款准备金"

（包括法定和超额两部分），这意味着专业银行全部的流动性都通过中央银行再贷款途径解决，形成商业银行的"超贷"现象，即中央银行对商业银行的贷款余额要大于商业银行在中央银行的存款余额。商业银行资产负债表可以简化为以下公式：

$$库存现金 + 存款准备金 + 各项贷款 = 各项存款 + 再贷款 \tag{4-2}$$

这里的分析忽略了中央银行和商业银行负债方的资本金科目。如果将中央银行资产负债表和商业银行资产负债表合并，形成整个银行体系的资产负债表，将会有以下公式：

$$各项贷款 = 流通中现金 + 各项存款 \tag{4-3}$$

其中，"货币发行"减去"库存现金"后得到"流通中现金"。公式（4-3）就意味着整个银行体系必然出现贷差。这和我国在改革开放之前的中国人民银行"大一统"制度下的年度信贷计划和现金投放计划的公式完全一致，也就是说，即使中国实行了法定存款准备金制度，但是整个银行体系仍然处于贷差状态，其本质是我国中央银行注入流动性渠道单一和商业银行资产负债结构单一的表现。1994年人民币汇率并轨改革之后，中国人民银行的外汇占款大幅上升，中央银行注入银行体系的流动性渠道增加了，与之相伴的是中国人民银行的超贷现象消失了，中国银行体系的贷差现象也消失了。

在21世纪，中国的法定存款准备金率与外汇占款的变化高度相关。外汇占款出现周期性的涨跌，中国的法定存款准备金率随即出现周期性的上升与下降。2005年7月21日，中国人民银行实施人民币汇改。与此同时，外汇储备快速上升。2005～2011年，按国际收支口径，中国的外汇储备年均上涨近3 900亿美元，为对冲这一巨大的流动性，中国人民银行不得不提高法定存款准备金率，以控制整个银行体系的流动性。仅在2007年，法定存款准备金率上调了10次，2008年调整了9次（在全球金融危机爆发之前上调7次，危机爆发之后下调2次）。2009年存款准备金率保持不变。从2010年开始，法定存款准备金率又重新延续了上升势头。2010年和2011年法定存款准备金率分别上调了6次，并且在2011年6月法定存款准备率达到最高点，其中，大型金融机构的法定存款准备金率为21.5%，中小型金融机构的法定存款准备金率为18%。

此后，法定存款准备金率进入了下降通道：2011年11月开始下调，2012年下调2次，2015年下调5次，2016年下调1次。2015年8月11日人民币汇率报价机制改革引发了人民币贬值预期，外汇储备快速下降。中国人民银行下调法定存款准备金率的频率与此相呼应。不过，从全球来看，中国的法定存款准备金率仍然处于高位。

4.1.2 中央银行票据制度

在某些情况下，中央银行为了收缩金融体系的流动性，可以要求金融机构缴存特种存款或者对金融机构发行中央银行票据。此时，中央银行的负债方就增加了一个新的科目"金融机构特种存款"或者"中央银行票据"。中央银行发行的钞票是中央银行的负债，特种存款和中央银行票据也是中央银行的负债，这两者有何差异呢？差异主要体现在以下几个方面：第一，前者是经济主体日常交易的流通工具，后者是中央银行宏观调控的工具；第二，前者是无利息支出，后者往往是有利息支出；第三，前者成为社会公众和企业等经济主体的资产，后者往往是金融机构的资产；第四，前者是无期限的负债，后者往往存在一定的期限。2014年6月末，中国的外汇储备达到历史高点3.99万亿美元。在此之后，中国的外汇储备就处于缓慢下降的过程中。此时，中国人民银行已经没有继续发行中央银行票据的可能性了。在外汇储备重新持续上涨之前，中国人民银行已经没有可能再次发行中央银行票据了。

4.2 中央银行的资产业务

所谓中央银行的资产业务，就是中央银行通过再贴现（再贷款）、买入政府债券以及各种借贷（或融资）便利等方式向金融机构提供融资。从中央银行的资产性质来看，大体分为两类：一类是在经济正常运行期间，中央银行通过资产业务向经济体系中注入流动性，满足经济发展对货币的需求；另一类是在经济危机期间，中央银行通过向金融机构提供紧急融资，保持金融体系的稳定。从中央银行的资产业务对象来看，不仅包括传统的商业银行，还包括保险公司、投资银行等传统意义上不属于中央银行监管和服务的对象。例如，美联储在2008年3月就向美国的第五大投资银行贝尔斯登公司（Bear Stearns）提供金额不超过300亿美元的紧急融资，在9月向国际保险集团（AIG）提供850亿美元的紧急融资。2008年12月，在全球金融危机的影响下，美国经济陷入严重的衰退，美联储将联邦基金利率降至零利率的水平以刺激经济。与此同时，从2008年最后一个季度开始一直到2014年10月，美联储实施了一系列大规模资产买入（large-scale asset purchase，LSAP）计划。美联储不仅买入长期国债，而且买入房利美、房地美等美国政府机构发行或担保的长期债券。当然，美联储并非直接向美国财政部买入这些国债，而是在二级市场上通过竞争性程序买入这些债券。美联储的上述操作使得市场上这些债券的供给下降，其价格上升，收益率下降。在这种情况下，私人投资者转而投资收益率较高的公司债券和其他私人部门债券。因此，在整个金融市场上，长期债券、抵押支持债券的收益率不断下降，有效地支持了美国经济的复苏。

不论中央银行资产方如何变化，大体可以根据业务对象分为如下三类：第一类是中央银行持有的外汇储备，第二类是对政府提供的各类融资，第三类是对金融机构提供的融资。这部分内容在第1章已经介绍过，本节重点探讨中央银行通过资产业务发挥的职能，如"最后贷款人""经济结构调整"等。

4.2.1 履行"最后贷款人"职能

所谓中央银行"最后贷款人"职能，就是在金融恐慌时期，系统重要性的金融机构倒闭很可能引发整个金融体系出现系统性崩溃，为避免出现这种情况，中央银行需要对这类金融机构施以援手，注入流动性，维持金融体系的稳定。"历史不会自我重复，但总是有着惊人的相似。"每次金融危机爆发之前，金融市场总会出现非理性繁荣（irrational exuberance），投资者对市场的持续上涨保持高昂的乐观情绪，市场上的泡沫（bubble）逐渐形成。尽管引发危机的导火索不尽相同，但是危机往往表现为金融资产价格暴跌、银行面临严重的兑付。如何应对金融危机呢？在中央银行发展的历史上，有一个叫沃尔特·白芝浩（Walter Bagehot）的关键性人物。他认为，出现金融恐慌后，中央银行应当对出现流动性不足的商业银行提供放款。为保证资产的安全性，商业银行应该提供足够的优质安全的抵押物，以确保能够收回央行所提供的融资。同时，中央银行还应该对这些机构征收惩罚性利息，如此，其他金融机构才不会利用中央银行提供的这种便利来占便宜。这就是西方国家通常所说的"白芝浩原则"（Bagehot's Rule），也是中央银行"最后贷款人"职能的体现。所谓金融机构流动性不足，就是金融机构在短时间内遇到流动性障碍，没有足够的资金用以清算、支付到期存款，其主要资产质量仍然是合格的，仅在资金调度和安排方面出现了问题。在中国，为帮助发生支付危机的金融机构缓解支付压力、恢复信誉，防止出现系统性或区域性金融风险，中国人民银行就曾经发放过紧急贷款。这种紧急贷款的特征如下：第一，只适用于各类金融机构，不适用于地方政府兑付被撤销地方金融机构的债务向中央银行的借款；第二，根据中国人民银行的规定，中央银行发放这类贷款之前，已批准全额或部分动用法定存款准备金；第三，紧急贷款仅限于兑付自然人存款的本金和利息，并优先用于兑付小额储蓄存款。1997年东南亚金融危机爆发之后，为了避免中国出现类似的金融危机，中国政府加大了对信托投资公司、城市信用社、农村基金会的清理整顿。

【立德树人小故事】 陕甘宁边区银行发行边币

毛泽东同志在1941年5月发表的《改造我们的学习》[⊖]一文中提到过"经济学教授不能解释边币和法币"。文章的脚注对"边币"进行了解释："边币是1941年陕甘宁边区银行所发行的纸币。"边币是如何诞生的？

1935年11月，经过两万五千里长征的中华苏维埃人民共和国国家银行到达陕北瓦窑堡之后，与西北革命根据地的陕甘晋省苏维埃银行合并，改组成为中华苏维埃人民共和国国家银行西北分行。1937年卢沟桥事变后，中国进入全面抗战阶段，国共开始第二次合作。陕甘宁边区政府于1937年9月成立。1937年10月1日，中华苏维埃人民共和国国家银行西北分行正式改组成为陕甘宁边区银行，行长是曹菊如。在国共合作抗战初期，国民政府已经在1935年完成了法币改革，因此不论是在陕甘宁边区，还是在国民党统治区，百姓日常使用和流通的都是法币，并且国民政府每月发给八路军的军饷也是以法币支付。由于法币的面值较大，支付的军饷多为10元、5元面额的法币，1元以下的辅币缺乏，边区百姓在交易过程中找零困难，于是出现了以邮票找零等支付不便的现象，

⊖ 参见《毛泽东选集》第3卷，人民出版社1991年版，第803页。

法币支付流通不畅。当时陕甘宁边区银行没有对外正式公开，并且根据国共合作的协议，边区不得发行货币。然而，随着抗战形势的发展，边币最终问世，并且大体经历了三个阶段。

第一阶段：光华商店代价券

在边币发行之前，边区市场上曾经出现过"光华商店代价券"。1938 年 4 月 1 日，由负责经营文具、杂货和书籍的光华书店与边区贸易局改组的合作总社合并成立了光华商店，并正式开业。边区银行成立之初，资本金不足，无力大规模开展业务。因此，中央决定将光华商店划归边区银行领导，利用国民党政府发给的军饷购进物资，以保证边区的商品供给，同时通过扩大经营为边区银行积累资本。光华商店及其各分店成为陕甘宁边区银行的重要组成部分。边区银行将资金投向光华商店，扩大光华商店的经营，光华商店用盈利壮大边区银行的资本实力。边区银行要在多地设立分支机构，大多是先设立光华商店，然后才发展成为边区银行分支机构，所以有的群众将边区银行称为"光华银行"。由于法币在边区流通不畅，为了方便边区群众的交易，1938 年 6 月，边区政府授权边区银行以光华商店的名义发行 1 元以下的"光华商店代价券"（1938 年、1940 年两种版别）。"光华商店代价券"面额共六种，分为二分、五分、一角、二角、五角、七角五分，作为辅币使用，与法币并行流通。光华商店代价券的特点是：第一，作为法币的辅币来发行，属于从属的地位。这是当时中国共产党执行统一战线政策，与国民党政府在金融领域的一次很好的合作。第二，在代价券的背面印有"凭此券 × 张或其他通用小票凑足拾角即兑付法币壹圆。"这表明代价券承诺与法币可自由兑换，保证了代价券的信誉。

第二阶段：陕甘宁边区银行币

1941 年 1 月皖南事变爆发之后，国民政府停发了八路军和新四军的军饷，并对陕甘宁边区实施经济封锁，边区财政发生了极大困难。1941 年 1 月 28 日，陕甘宁边区政府通过了"发行边币、禁止法币在边区内流"的决议，1 月 30 日，边区政府发布了《关于停止法币行使的布告》。此后，边区政府林伯渠以答记者问的方式阐明了禁止法币流通的理由。2 月 15 日，边区政府进一步发出通知，指出发行边币的目的："一是为边区实行经济自给，限制外货入境，刺激边区生产；二是使人民免受法币狂跌的损失……三是免使法币外流使日寇得以套取外汇；四是顽固分子对边区经济封锁，边区不得停使法币为政治之抵制，种种理由停使法币，至为正当"。1941 年 2 月 18 日，边区政府发布了《关于发行边币的布告》，授权边区银行发行边币，表示对国民党的抗议并以此解决边区财政困难。3 月 18 日边区银行正式向市场投放"陕甘宁边区银行券"（简称"边币"）。同时，边区银行以边币逐渐换回"光华商店代价券"，使边币成为边区唯一的法定货币。边币有一角、二角、五元、十元、五十元、一百元、二百元、五百元、一千元、五千元共 10 种面额，15 种币别。我们发现，边币的发行具有以下特征：第一，边币的面额种类中，"元"以上面额的品种占 80%，与代价券以"角""分"为主的面额品种形成了鲜明的对照。这说明边区政府发行的货币由辅币走向了本位币。第二，边币发行没有任何准备金，没有与任何贵金属、外汇的兑换承诺。这与当时的法币发行制度形成了显著差异。第三，边币的正式发行，标志着中国共产党领导下的边区银行开始独立自主地发行货币，为日后发行人民币积累了经验。

此外，我党在敌后抗日根据地成立的银行都先后发行纸币，例如1938年3月成立的晋察冀边区银行、1938年8月在山东成立的北海银行、1939年10月成立的冀南银行、1941年成立的豫鄂边区建设银行，现在有收藏者将这些根据地银行发行的纸币统称为"边币"。

第三阶段：陕甘宁边区贸易公司商业流通券

1941年皖南事变之后，边区的财政收入急剧下降。此外，八路军战斗频繁（如1943年6月胡宗南准备"闪击"延安），边区政府军费开支巨大。一般来说，政府的收入主要有三项，税收收入、债务收入和发行货币。为了保证边区政府的运行，边区政府在当时主要采取了以下两项措施：第一项措施是加大征收公粮的力度（税收收入），这会加重农民负担。1941年民主人士李鼎铭在边区第二届参议会上提出了"精兵简政"的建议，得到了毛泽东等领导的高度重视，边区政府随后予以采纳，农民的负担也随之减轻。第二项措施是发行边币，由于发行量巨大，边币币值显著下降。为了保证货币的正常流通，1944年5月，西北财经办事处做出《关于发行商业流通券的决议》，决定发行有别于边币的商业流通券，共有5元、10元、20元、50元、100元、200元、250元、500元、1 000元、2 000元、5 000元11种面额，14种券别。流通券于1944年7月1日开始发行，1948年1月停止发行。除5 000元面值的流通券之外，其余的流通券背面均有告示：①此券经陕甘宁边区政府批准发行，并布告全边区境内所有纳税、交易、还债等一律通用；②此券规定每元当陕甘宁边区银行币20元，并得与陕甘宁边区银行票币互相兑换；③流通券以陕甘宁边区贸易公司及其所属西北土产公司、光华盐业公司、运输公司、南昌公司之全部财产作为发行基金，并由陕甘宁边区银行给予保证；④此券得照章兑换法币，其兑换事宜概由陕甘宁边区银行总分支行及其所属交换所代理之。

流通券发行之后，逐渐取代边币并最终成为边区的本位币。1945年5月1日，西北财经办事处发出《关于统一货币单位的通知》，正式确定："自6月1日起，实行贸易公司商业流通券为陕甘宁边区本位币，责成银行尽可能收回边币。"流通券是边区政府授权发行的，虽然名称上不是货币，不是银行券（兑换券），但是实际上起到了本位币的作用。从其公告来看，流通券的发行具有以下几个特点：一是这是一次货币改革，通过1元流通券兑换20元边币的固定兑换价格，收回流通中超额的边币。二是流通券的发行基金不是金或银，也不是外汇（如美元、英镑），而是边区贸易公司及其下属各家公司的全部财产，1948年12月人民币的发行也同样遵循了这一规律。可以说，不论是流通券还是人民币，从其诞生的第一天起，就与金本位（金汇兑本位）划清了界限。以实物财产作为发行准备，说明中国共产党领导下的边区政府已经认识到：有足够的物资保证才是保障货币流通稳定、边区物价稳定、与法币兑换价格稳定。

毛泽东同志1941年在文章中提到的"经济学教授不能解释边币和法币",实际上是指当时金融领域对敌斗争中边币和法币之间的兑换比价如何确定的问题。在边币发行之初,中共中央决定其发行规模为1 000万元,其中550万元被指定用于财政性支出以及抗战所需。在1941年边币发行之初,边币和法币的比价是1∶1。然而,迫于当时的形势,边币出现了超额发行,1941年上半年延安出现了严重的通货膨胀。到1942年,比价为2∶9,后来逐渐贬到13∶1,即13元边币才兑换1元法币。这表明边币在发行之后出现了严重的贬值。为何会出现这种现象呢?因为陕甘宁边区银行发行边币是当时历史条件下解决边区政府财政困难的重要手段。边币发行规模越大,对边区政府财政支持的力度就越大。为扩大边币的流通范围,边区政府一方面要禁止法币在边区政府的管辖范围内流通,另一方面要想方设法让边币在国统区流通。要实现这一点,边币和法币兑换比价的确定就非常关键。边币定值高,虽然有利于提高边币的声誉、扩大流通范围,但是这会影响边区对国统区的贸易(类似于本币升值对本国出口的影响),无法换回边区所需的物资。因为当时边区生产水平较低,许多医疗药品和日常生活品无法生产,必须从国统区购进。边币定值过低,虽然有利于边区物资销售到国统区,但是会影响边币的信誉(相对于本币贬值的效果)。更为现实的是,当时战事频繁,边区政府不得不扩大边币发行以应对战争经费支出,边币的超额发行使得边区通胀严重,边币相对法币显著高估,法币事实上或明或暗地在边区流通。例如,在边区与国统区交界地带,两种货币都在使用,但商人们一般用法币在边区购买商品,或者在边区贸易中出售商品后尽量收取法币。

边区物价的动荡,引起了边区各界群众的广泛议论和中共中央高度关注。1941年8月,毛泽东同志广泛征求意见,提出发展经济和平衡出入口是解决边区财经问题的关键。之后在中共中央讨论金融问题的会议上,毛泽东最后指出:"边区的问题,基本上不是金融问题,而是经济与财政矛盾,解决这个矛盾,只有通过发展生产。"1942年12月,毛泽东在陕甘宁边区高级干部会议上做了《经济问题与财政问题》的报告,提出了"发展经济,保障供给"的正确方针。这一系列方针都清楚地揭示了金融、财政和经济之间的相互关系。1947年5月,我党历史非常著名的华北财经会议召开,会议通过了《华北财政经济会议综合报告》。报告将当时边币与法币的货币斗争归纳为"阵地战和比价战"。具体表述如下:"货币斗争有阵地的斗争和比价的斗争。阵地斗争是要在我地区扩大时候,动员人民迅速排挤蒋币,建立本币市场。在这时候我们必须调剂各种重要物资,保持物价平稳,以提高我本币在群众中的信仰。只要本币信仰高于蒋币,则我货币斗争便能迅速胜利。在我地区缩小时候,同样应当注意组织退却,这比扩张阵地更加困难。因为这时物价可能剧烈波动,本币信仰降落,蒋币便会乘机扩张它的流通范围。我们应把退却地区所积存的物资部分抛售,平稳物价,巩固本币信仰,这样就能阻止蒋币阵地的继续扩张。经验证明,如果本币信仰动摇,人民就会摆脱本币抢购物资,甚至收藏蒋币;反之,如果本币信仰巩固,人们仍愿收存本币,物价不致剧烈波动。在前一场合本币就会更加动摇,而在后一场合则能持续稳定。

比价斗争是要跟着蒋币币值的跌落,而灵活压低蒋币的比价,以保持本币币值和解放区物价的稳定。两种货币的比价,是由两种货币的购买力的高低(两种地区物价的高低),以及出入口状况和由此引起的货币供求状况来决定的,所以比价高低是要根据物价变化和出入口的变化,不应主观压价。如把蒋币比价压得太低,便会刺激输入,阻碍输出,结果蒋币供不应求,比价必然回涨。反之,如在蒋区物价高涨时候不能及时压低蒋币比价,则我解放区的物价就会跟着波动。在一般的情况下,是物价决定比价,而非比价决定物价。但如果掌握不好,比价变动亦有可能影响物价。"

此时中国共产党已经粉碎了国民党的全面进攻,处于国民党重点进攻山东解放区和陕甘宁解放区的阶段。中共中央召开的此次财经会议,是为了统一各大解放区力量,通过相互调剂物资、统一货币来共同对付国民党的重点进攻。1947年10月24日,中共中央华北财经办事处成立,统一领导华北各解放区的财经工作。同时,我党财经工作者在实践中已经认识到:物价决定比价,而非比价决定物价,这已经是购买力平价理论的内核了。另外,各解放区货币在此次会议之后,确定了彼此间的兑换比价,通过固定兑换比价,逐步朝着货币统一的方向迈进,为日后发行人民币打下了基础。

金融机构流动性不足,就是金融机构在短时间内遇到流动性障碍,没有足够的资金用以清算、支付到期存款,其主要资产质量仍然是合格的,仅在资金调度和安排方面出现了问题。金融机构的清偿力不足,是指金融机构的资产质量明显下降,出现大量不良资产,处于资不抵债,行将破产、清算的状态。严格来说,中央银行发挥"最后贷款人"职能,其介入的应该是有清偿力而流动性不足的金融机构。如果金融机构清偿力不足而流动性充足,财政部则可以介入,注入的资金是纳税人的资金。被援助的金融机构通过改善经营,加强内部管理,仍然有重新焕发生机的可能。当然,也可以是其他金融机构对出现问题的金融机构实施兼并重组。对于清偿力和流动性均不足的金融机构,理论上该金融机构就应该退出市场。

然而,由于财政资金有限,即使金融机构出现清偿力不足(不论其是否有流动性),政府也未必有足够的资金来帮助该金融机构恢复经营。理论上,金融机构出现资不抵债就需要退出市场,但是与普通企业相比,金融机构的破产清算涉及广大中小存款人,为减少由此引发的社会动荡,美国最早实行了存款保险制度。在1929~1933年经济大危机中,先后有近万家银行倒闭,存款人损失了约14亿美元。大量银行的倒闭导致了信贷紧缩,进一步加剧了危机的程度。为了应对危机,1933年3月6日,刚宣誓就任两天的美国总统罗斯福宣布在全国范围内实行为期4天的"银行休假"(bank holiday)措施;3月9日,美国国会通过《紧急银行救助法案》,对银行重新审查后允许开业,同时由美联储提供流动性支持等。罗斯福总统在1933年6月16日签署了《1933年银行法》(Banking Act of 1933),也就是非常著名的《格拉斯—斯蒂格尔法案》。该法律确立了美国的存款保险制度,成立了联邦存款保险公司(Federal Deposit Insurance Corporation,FDIC)。该制度为存款人提供了一张安全网,保障了金融机构破产时,中小储户的存款不受损失(或者损失有限)。当金融机构出现资不抵债的情况,政府首先动用存款保险公司的资金对其提供援助，如满足该机构的存款客户的提现需求，改组问题金融机构的管理层，对问题金融机构注资等。美国自从1933年建立了存款保险制度之后，其商业银行就再也没有出现过挤兑问题。当然，除了存款保险公司提供资金之外，政府也可以提供援助资金，以避免问题银行倒闭，如美国财政部在2008年金融危机期间提供的不良资产救助计划（troubled asset relief program，TRAP）。

表4-2给出了"问题银行"流动性和清偿力充足与否的四种组合。在不同组合情况下，由哪家机构介入其中，介入之后又会出现什么后果呢？在流动性和清偿力均充足的情况下，无须中央银行介入。这种情况下，监管机构实施审慎监管，避免金融机构出现问题。在流动性不足，清偿力充足的情况下，中央银行发挥"最后贷款人"职能，向问题银行提供紧急融资。在问题银行流动性充足，但是清偿力不足的情况下，为了保证问题银行能够改善经营，可以是官方机构，如财政部或者存款保险机构，也可以是私人机构，如其他拟对问题银行实施兼并的机构介入其中，补充问题银行的资本金，最终的结果是问题银行得以持续经营，存款人没有任何损失。中国出现了一种较为特殊的情况，即从2003年开始，中国人民银行通过动用外汇储备向当时国有商业银行注资，成功实现了国有商业银行的转型。当问题银行不仅出现清偿力不足，而且出现流动性不足时，在救助无望的情况下，对该问题银行实施破产清算，有序退出市场。此时，监管机构必须对问题银行采取适当的破产处置程序，避免该机构的清算对其他金融机构产生负面影响，波及金融市场的稳定。从时间跨度来看，存款保险制度（存款机构缴纳保费）和审慎监管属于金融机构在出现流动性或清偿力不足等问题之前的事先防范措施，最后贷款人制度与存款保险制度（存款保险机构对存款人的赔付、金融机构的退出机制）则是对金融机构出现问题之后采取的事后补救措施。以上四项基本构成现代社会的金融安全网（financial safety net）。所谓金融安全网，就是为了保持整个金融体系的稳定，当某个或某类金融机构发生问题时，政府采取各种措施，防止危机向其他金融机构和整个金融体系扩散和蔓延，这一保护体系被形象地称为"金融安全网"。

表4-2 政府当局是否介入"问题银行"

		流动性	
		充足	不足
清偿力	充足	Ⅰ 实施审慎监管 无须机构介入	Ⅱ 中央银行介入 （最后贷款人）
	不足	Ⅲ 存款保险机构介入 （问题银行改善经营，存款人没有损失）	Ⅳ 问题银行退出市场 （存款人有损失）

4.2.2 经济发展过程中的其他功能

中央银行除了履行"最后贷款人"职能时向金融机构提供流动性之外，在某些情况下，中央银行还履行流动性支持、经济结构调整和不良资产货币化的功能。

第一，经济发展过程中的流动性支持功能。这里所说的流动性支持功能，不是在紧急情况下中央银行对金融机构的流动性支持，而是在经济发展的初级阶段，中央银行缺乏其他流动性的注入渠道，通过向金融机构提供融资的方式，发挥为整个金融体系提供流动性的主渠道作用。例如，1984年中国人民银行正式履行中央银行的职能，再贷款是其注入流动性的重要政策工具。与之相配套的政策工具还有在当年开始实施的法定存款准备金制度。这两项政策工具从中央银行的资产方和负债方分别发挥作用。前者向银行体系提供流动性，后者旨在收缩银行体系的流动性。因此，再贷款的流动性支持主要体现在中央银行采用核定和分配额度管理和期限管理的办法，向当时四大专业银行提供资金，如年度铺底性贷款、季节性贷款和临时贷款等。如前所述，在这一阶段，中国人民银行出现了"超贷"现象。这一现象的出现是我国中央银行向银行体系注入流动性的渠道单一性所导致的。

第二，经济发展过程中的结构调整功能。经济转型过程中的结构调整功能是指在经济转型国家，为了实现缩小地区间的发展差异、稳定就业等目标，中央银行通过发放专项贷款的模式替代财政部门发挥作用。以中国为例，为支持革命老区、少数民族地区和边远山区发展商品经济，实现脱贫致富，以及适应沿海港口城市经济开发的特殊需要，中央银行还提供专项贷款。这类贷款主要包括"老、少、边、穷地区发展经济贷款""地方经济开发贷款""购买外汇额度人民币贷款""十四个沿海港口城市及经济特区开发性贷款""贫困县县办工业贷款""黄金开发专项贷款""外汇抵押人民币贷款"和"扶持贫困地区专项贴息贷款"等。再贷款的发放方式有直接发放、委托发放、组织银团发放三种（中国人民银行资金管理司，1990）。这些专项贷款的利率相对较低，期限一般为1至3年，少数为4至5年。除此之外，在1989年中国经济陷入低迷之后，中国人民银行对特定国有企业在特定时段发放特定数量并指定用途的贷款，这种贷款又称"戴帽贷款"（俗称"点贷"）。这在当时是一项应急性的安排，也是一种信贷倾斜政策。在实际操作过程中，一般由中国人民银行带资金、带规模发放给指定的国有企业。

第三，为保障金融稳定、促进金融机构改革实施的不良资产货币化。为解决工、农、中、建四大行的不良资产问题，1999～2000年，中国成立了四家资产管理公司，用以收购四家银行历年来累积的不良贷款，其总额达到14 000多亿元。根据学者们的研究，在这一过程中，中国人民银行对资产管理公司予以过部分融资，总额超过了6 000亿元人民币（阎坤和陈新平，2004；陶士贵，2006）。这部分资金体现在中国人民银行资产负债表的资产方，不论在哪一个科目下表现，实质上都是不良资产的货币化。2003年以来，为保证国有商业银行的改制上市，四家金融资产管理公司还收购了部分不良资产，中国人民银行在这一过程中先后予以融资。

第四，在金融动荡的背景下为稳定市场中央银行提供的流动性。中国人民银行在2005年和2015年在金融市场发生异常动荡时期，对特定证券公司提供流动性。这类似于中央银行履行"最后贷款人"职能，只不过贷款对象不是传统的商业银行，而是证券公司。

综上所述，中国人民银行履行中央银行职能之初，其资产业务（再贷款）不仅是当时中央银行向整个银行体系提供流动性最主要的方式，而且是其发挥"结构调整"功能的重要通道。与此同时，在金融机构改制过程中，中国人民银行通过买入不良资产发挥了"不良资产货币化"职能。在金融市场发生紧急情况时，中国人民银行向证券公司提供流动性发挥"最后贷款人"职能。

4.3 中央银行主导清算业务

从中央银行发展的历史沿革来看，在中央银行出现之前，各金融机构如何清算彼此的债权和债务？商业银行首先通过转移双边账户中的资金完成清算，最后的净差额通过商品货币（金或银）交割完成清算（主要是依靠运输黄金、白银等商品货币完成清算）。在中央银行出现之后，商业银行通过划转在中央银行的资金来完成清算，并形成中央银行主导金融体系清算业务的局面。各家商业银行通过交易彼此在中央银行账户上的资金，形成同业拆借市场。中央银行通过政策工具调控各家商业银行在中央银行账户上的资金，实现对整个银行体系流动性的控制。

4.3.1 相互开立往来账户模式

在中央银行出现之前，各家商业银行清算彼此间的债权债务主要通过相互开立往来账户的模式。下面以 A、B 两家银行为例来分析。例如，A 银行在 B 银行开立"存放同业"账户，又称为"往账账户"（nostro account，nostro 来自意大利语，意为"我们的"），在这个账户存有一笔资金，这笔资金是 A 银行的资产；对于 B 银行来说，这是其负债，属于 B 银行的"同业存放"账户，该账户又称为"来账账户"（vostro account，vostro 也是来自意大利语，意为"你们的"）。A 银行被称为往账行，B 银行被称为来账行。往账行有权使用和支配往账账户里的资金，来账行按照往账行的支付指令进行处理，在提供这种清算服务的同时也将对此进行收费，甚至可以对往账行提供透支服务。同样，如果 B 银行在 A 银行开立同业账户，并存有一笔资金，那么此时 B 银行被称为"往账行"，A 银行被称为"来账行"。下面给出 A、B 两家银行资产负债表的同业类账户。为了清晰地揭示往账和来账的变化关系，下面通过简单的例子进行说明。在分析之前，给出下列说明。

DD_A = 客户在 A 银行持有的活期存款

DD_B = 客户在 B 银行持有的活期存款

VD_A = B 银行持有的 A 银行的来账存款

VD_B = A 银行持有的 B 银行的来账存款

ND_A = B 银行在 A 银行的往账存款

ND_B = A 银行在 B 银行的往账存款

OA_B = B 银行资产负债表上的其他资产

OA_A = A 银行资产负债表上的其他资产

OL_B = B 银行资产负债表上的其他负债

OL_A = A 银行资产负债表上的其他负债

TA_A 或 TA_B = A 银行或 B 银行的全部资产

TL_A 或 TL_B = A 银行或 B 银行的全部负债

相互设立往来账户的两家银行资产负债表如表 4-3 所示。

表 4-3　相互设立往来账户的两家银行资产负债表

A 银行资产负债表		B 银行资产负债表	
资产	负债	资产	负债
ND_B	DD_A	ND_A	DD_B
OA_A	VD_B	OA_B	VD_A
	OL_A		OL_B
TA_A	TL_A	TA_B	TL_B

对于 A 银行来说，资产方有对 B 银行的往账 ND_B 和其他资产 OA_A，总资产是 TA_A；负债方是客户存款 DD_A、B 银行的来账 VD_B 和其他负债 OL_A，总负债为 TL_A。B 银行的资产负债表也做同样理解。这里假定不存在中央银行，也不缴存法定存款准备金。根据两家银行往来账户之间的关系，有以下关系存在：$ND_B = VD_A$，$ND_A = VD_B$。现在假设 B 银行的客户向 A 银行的客户支付 500 万元。显然，此时 B 银行的客户存款下降 500 万元，A 银行的客户存款增加 500 万元。那么，A 银行与 B 银行之间如何处理这笔业务呢？具体如表 4-4 所示。

表 4-4　现金清算模式

（单位：万元）

A 银行资产负债表				B 银行资产负债表			
ND_B		DD_A	+500	ND_A		DD_B	−500
OA_A	+500	VD_B		OA_B	−500	VD_A	
		OL_A				OL_B	
TA_A	+500	TL_A	+500	TA_B	−500	TL_B	−500

最简单的办法就是商业银行的客户直接采取现金清算。B 银行通过变动现金（这里反映为其他资产科目的变化），来向 A 银行转账 500 万元的客户存款。因此，B 银行的资产与负债均下降 500 万元，A 银行的资产与负债均增加 500 万元。同样，如果只是计算两家银行的客户存款，其总额保持不变。在这种模式下，两家银行的往来账户并没有发生变化。然而，这种直接交割现金的方式过于烦琐、效率低下，且现金运输存在安全问题。这个问题在同城交易过程中还不是那么明显，但是在异地交易过程中其弊端显露无

遗。为了降低风险，各家商业银行采取彼此开立账户的模式。

模式一：A 银行愿意以增加其在 B 银行来账存款的形式接受付款时，A 银行的往账存款资产和 B 银行的来账存款都增加了 500 万元（$ND_B + 500 = VD_A + 500$）。B 银行的资产总额和负债总额没有变化，但 A 银行的资产总额和负债总额则各增加了 500 万元。B 银行的资产负债总额保持不变，但是其负债结构发生变化，客户存款下降的同时，同业存款增加。如果只是计算两家银行的客户存款，其总额保持不变。如果还计算同业存款（即 B 银行来账账户的余额），则两家银行的存款总额增加 500 万元。具体如表 4-5 所示。

表 4-5 B 银行通过本行来账存款增加方式完成资金转移

（单位：万元）

模式一					
A 银行资产负债表			B 银行资产负债表		
ND_B	+500	DD_A	+500	ND_A	DD_B	−500
OA_A		VD_B		OA_B	VD_A	+500
		OL_A			OL_B	
TA_A	+500	TL_A	+500	TA_B	TL_B	

模式二：B 银行减少在 A 银行的同业存款（往账余额）（$ND_A - 500 = VD_B - 500$）。A 银行的资产负债总额不发生变化，但是负债结构发生变化，客户存款增加的同时，同业存款下降。B 银行的资产与负债同时下降 500 万元。同样，如果只是计算两家银行的客户存款，其总额保持不变。如果还计算同业存款（即 A 银行来账账户的余额），则两家银行的存款总额减少 500 万元。具体如表 4-6 所示。

表 4-6 B 银行通过本行往账存款减少方式完成资金转移

（单位：万元）

模式二					
A 银行资产负债表			B 银行资产负债表		
ND_B		DD_A	+500	ND_A	−500	DD_B	−500
OA_A		VD_B	−500	OA_B		VD_A	
		OL_A				OL_B	
TA_A		TL_A		TA_B	−500	TL_B	−500

发生多笔业务之后，一家商业银行就会占用另一家商业银行的资金，这体现为 B 银行的来账存款的变化额大于其往账存款的变化额。这相当于 B 银行占用了 A 银行的资金。B 银行可以利用 A 银行成本较低的负债，去持有收益率更高的其他资产，这提高了 B 银行的利润。长此以往，A 银行必然提出反对意见。当 B 银行占用 A 银行的资金达到一定规模时，A 银行就会要求 B 银行通过现金交割的方式来降低这类同业存款的净差额。

4.3.2 在中央银行开立账户模式

伴随着交易规模和参与银行数量的不断增加，相互开设往来账户的模式显然存在两大缺陷：一是清算效率低下，二是存在交易对手方的违约风险。具体来说，当资金占用方银行出现破产，被占用方则面临资金无法收回的金融风险。采用何种方式可以规避以上两点不足呢？在众多的商业银行中独立出一家机构专门从事清算工作，且每一家商业银行都在该机构中开设往账账户，各家商业银行通过划转在这家专门机构的往账账户资金实现最终的资金清算。发挥这一功能的机构就具备了现代中央银行的雏形。为了说明这一点，下面给出中央银行和两家商业银行的资产负债表的主要科目。

BL = 中央银行对商业银行的贷款
CC = 中央银行的现钞负债（纸币与铸币）
GS = 中央银行的政府债券
RA_A = 银行 A 在中央银行的准备金账户余额
RA_B = 银行 B 在中央银行的准备金账户余额

采用中央银行清算模式下各方资产负债表如表 4-7 所示。

表 4-7 采用中央银行清算模式下各方资产负债表

（单位：万元）

中央银行资产负债表		A 银行资产负债表		B 银行资产负债表	
GS	RA_A	RA_A	DD_A	RA_B	DD_B
BL	RA_B	OA_A	OL_A	OA_B	OL_B
	CC				
TA	TL	TA_A	TL_A	TA_B	TL_B

仍然沿用前面的例子，B 银行的客户向 A 银行的客户支付 500 万元。在 A 银行和 B 银行都在中央银行开设准备金账户，并且拥有足够的余额来支付 500 万元的情况下，中央银行、A 银行和 B 银行的资产负债表的变化如表 4-8 所示。

表 4-8 B 银行超额准备金充足情况下的资金清算

（单位：万元）

中央银行资产负债表				A 银行资产负债表				B 银行资产负债表			
GS		RA_A	+500	RA_A	+500	DD_A	+500	RA_B	−500	DD_B	−500
BL		RA_B	−500	OA_A		OL_A		OA_B		OL_B	
		CC									
TA		TL		TA_A	+500	TL_A	+500	TA_B	−500	TL_B	−500

对比转账之前各家机构的资产负债表，中央银行的资产不发生变化，但是负债结构发生变化。A 银行的资产与负债均增加 500 万元。B 银行的资产与负债均下降 500 万元。这种模式与现金清算模式效果相同。现在假定 B 银行在中央银行的往账账户中的资金不

足，为了完成交易，中央银行对 B 银行提供 500 万元的融资。具体如表 4-9 所示。

表 4-9 B 银行超额准备金不足情况下的资金清算

（单位：万元）

中央银行资产负债表		A 银行资产负债表		B 银行资产负债表	
GS	RA_A +500	RA +500	DD_A +500	RA_B	DD_B −500
BL +500	RA_B	OA_A	OL_A	OA_B	BL_B +500
	CC				OL_B
TA +500	TL +500	TAA +500	TL_A +500	TA_B	TL_B

对比各家金融机构的资产负债表，中央银行资产和负债均增加 500 万元，资产是对 B 银行提供的短期贷款，负债是 A 银行准备金账户中增加的 500 万元存款。所以，此时整个银行体系的准备金由于中央银行的融资而增加了 500 万元。对于 A 银行来说，其资产与负债均增加 500 万元的货币存款。对于 B 银行来说，资产方保持不变，负债方结构发生变化，客户存款下降的同时，从中央银行获得的短期贷款增加了，但是负债总额不变。

我们可以通过下面的例子来说明在中央银行开立账户模式的清算效率问题。假定整个银行体系有甲、乙、丙、丁四家银行组成，并且它们之间相互有业务往来，某日其代客户收付的具体金额如表 4-10 所示。四家商业银行的交易总额为 4 970 万元（仅以各家银行的收入额或支付额单边计算）。

表 4-10 由四家商业银行组成的银行体系的交易明细

（单位：万元）

支出\收入	甲	乙	丙	丁	合计
甲	—	600	750	180	1 530
乙	500	—	260	270	1 030
丙	400	560	—	350	1 310
丁	260	280	560	—	1 100
合计	1 160	1 440	1 570	800	4 970

如果各家银行对每一笔收付业务都单独进行清算，在相互开立账户模式下，甲银行需要在其他行开立 3 个往账账户，同时为其他行开立 3 个来账账户。如果在中央银行模式下，甲银行只需要在央行开立 1 个往账账户。对于甲银行来说，该银行从其他三家银行得到的总收入为 1 530（=600+750+180）万元，同时向其他三家银行的总支出为 1 160（=500+400+260）万元。如果四家银行对彼此间的每一笔资金进行逐一收付，其业务量为 12 笔。如果四家银行清算彼此的结算净额，甲银行从乙银行的收入与对乙银行的支付轧差之后，甲银行净收入 100（=600−500）万元，甲银行对丙银行净收入 350（=750−400）万元，甲银行对丁银行净付出 80（=260−180）万元。在这种方式下，甲银行的业

务量下降为 3 笔。此外，乙银行对丙银行和丁银行的轧差净额各 2 笔，丙银行对丁银行的轧差净额 1 笔，那么整个系统的交易笔数为 6 笔。较之前的交易模式而言，双边净额（bilateral netting）交易模式可以使交易笔数下降。如果在中央银行模式下，每家银行的业务量均为 1 笔，即在央行的准备金账户上进行增减，这种模式就是多边净额（multilateral netting）交易模式，整个系统的业务量则为 4 笔。在不同模式下，如果再考虑各家商业银行的流动性风险，或者说考虑各家商业银行必须为此准备的流动性规模，问题将进一步复杂。仍然以甲银行为例，在该交易日，甲银行的单笔付出的最大额度是对乙银行的 500 万元，如果其准备金账户中的余额在营业开始时只有 100 万元，且该笔业务为当日的第一笔业务，甲银行就面临流动性不足的威胁。

上述简单的例子表明中央银行承担金融机构的清算功能是历史的必然。用现代经济学的语言来说，中央银行扮演了各家商业银行交易对手方的角色。此外，中央银行的结算地位也是由它对账户持有者不构成任何信用风险和流动性风险的独特地位决定的。

4.3.3 超额准备金存款与同业拆借

在中央银行承担清算职能之后，各家商业银行在中央银行的往账存款（又称准备金存款，或者是中央银行货币）是彼此相互拆借的对象，也是中央银行进行货币调控的对象。从单个商业银行来看，其现金头寸包括以下三项：①在中央银行的存款余额，也称往账余额；②在其他商业银行的往账余额（在国外商业银行的外币现金头寸）；③持有的现钞和硬币。银行现金管理的目标是持有合理数量的现金。一般而言，由于现金头寸是一种不生息的资产，所以银行将尽量只持有最低限额的现金头寸，多余部分尽量拆借给其他金融机构。这就是所谓的银行同业拆借，即各家商业银行相互拆借其在中央银行的存款（准确地说，是超额存款准备金）。由于存款准备金是中央银行的负债，所以它们又被称为"中央银行货币"。

假定有甲、乙两家商业银行，都在中央银行开立账户。在营业终了之前，甲银行在中央银行的超额存款准备金余额无法满足清算的需要；相反，乙银行在中央银行的超额准备金足以满足清算的需要。此时，乙银行向甲银行借出部分超额存款准备金，并且乙银行向甲银行收取的隔夜贷款利率低于甲银行向中央银行的借款利率，那么这两家商业银行就完全可以达成一项对双方都有利的合同。乙银行收取的隔夜贷款利率水平将会介于超额准备金的收益率（即央行对超额准备金支付的存款利率）和中央银行的隔夜贷款利率之间。如果甲银行要求的利率水平低于超额准备金的收益率，乙银行将不会将资金借给甲银行；如果乙银行要求的隔夜贷款利率高于中央银行的隔夜贷款利率，那么甲银行将直接向中央银行告贷，而不会向乙银行求助。这一约束条件就形成了所谓的利率走廊模式，即隔夜的银行同业拆借利率的上下限分别为中央银行隔夜贷款利率和超额存款准备金在中央银行的存款利率。

4.4 中央银行的其他特征

除上述特征外，不少经济学家认为中央银行还具有以下特征。

4.4.1 中央银行的独立性（independence）

中央银行的独立性包括许多方面，从制度设计方面来看，主要包括人事独立性（personnel independence）、财务独立性（financial independence）。从货币政策的制定与执行来看，中央银行的独立性包括目标独立性（goal independence）和工具独立性（instrument independence）。

1. 人事独立性

中央银行的人事独立性是指中央银行与政府之间的人事任命关系。在有的国家，人事独立性又称为政治独立性（political independence）。为了避免政府对中央银行货币政策的干扰，中央银行主要官员（如行长、副行长以及货币政策委员会的成员等）往往由政府领导人提名，其任期往往与政府官员任期错开，以保证中央银行的决策与中央政府不一致时，中央银行货币政策的决策者不会遭到罢免，以保持中央银行的人事独立性。如果中央银行缺乏人事独立性，中央银行行长或者其他高级官员的任命受制于中央政府，或者出现中央银行货币政策导向与中央政府的政策意图不一致，中央政府以罢免中央银行行长等高级职员作要挟，如此就会为中央银行向中央政府融资提供可能。这恰恰是过去不少国家出现通货膨胀的主要原因。此外，中央银行总行及其分支机构行长的权力分配也会影响中央银行的独立性和货币政策的权威性。

2. 财务独立性

为了保持中央银行的财务独立性，中央银行的财务收支有别于政府机构。在一般情况下，中央银行是面临风险最小、收益相对稳定的金融机构，每年有

知识点：
美联储政治独立性的演变

相对稳定的财务结余。例如，美联储无需国会的拨款，因为美联储每年都有利润。美联储的收入主要来源于其通过公开市场业务而持有国债的利息收入，其他收入来源于其外币投资收益、为存款机构提供的各类服务性收费，如支票清算、大额资金转移等。在支付其各项开支之后，如联邦储备银行的雇员工资和福利待遇（benefit）开支等，剩余的部分要上交美国财政部。2013 年这笔收入约为 777 亿美元。需要指出的是，各家联邦储备银行的雇员不是联邦政府雇员，但是位于华盛顿的美国联邦储备委员会的雇员是联邦政府雇员。美联储受美国国会监管，国会定期评估美联储的绩效，并且可以通过修订法律来改变美联储的职责范围。

但是，在不少情况下，中央银行并不能保持财务上的稳定与独立。例如，有的国家

的中央银行在制度设计时，就将其以特殊机构对待，不设资本金。有的国家为保持金融稳定，要求中央银行向濒临破产的金融机构提供融资，结果导致中央银行自身入不敷出。更多的情况是，中央银行被迫向中央政府提供融资。这些情况都会危及中央银行的信誉和货币政策职能的发挥。为了规避这种现象的出现，有的中央银行在法律上就予以明确规定。例如，《马斯特里赫特条约》规定了以下内容：欧洲中央银行或成员国中央银行不得对共同体及其各机构、各国中央政府、地方当局和公共部门提供透支便利或任何其他形式的信贷便利，欧洲中央银行或各国中央银行亦不得直接购买上述机构发行的债务工具［第104（1）条］。

3. 目标独立性和工具独立性

从货币政策的制定与执行来看，中央银行的独立性可以分为目标独立性和工具独立性。如果中央银行货币政策的目标没有被政府或者法律严格地界定，就被认为是赋予了独立确定货币政策目标的权力，即中央银行拥有目标独立性。如果中央银行在政府或者法律给定的目标下，拥有自主判断和采用货币政策工具实现目标的权力，那么中央银行就具有工具独立性。从20世纪80年代以来各国货币政策的实践来看，往往是赋予了中央银行货币政策的工具独立性，而没有赋予其目标独立性。例如，日本在1998年4月实施的新修订的《日本银行法》（The Bank of Japan Law）规定，政府代表仅仅在必要时参与日本货币政策理事会（Policy Board）的会议，该机构是日本银行货币政策的最高权力机构，拥有货币政策的最后裁量权，政府不得干预央行延缓货币政策的决策。英国在1998年修订并实施了新的《英格兰银行法》（Bank of England Act 1998），英国货币政策的决策机构为货币政策委员会（Monetary Policy Committee，MPC），以执行通货膨胀目标制度（inflation targeting）。同时，《英格兰银行法》第112（1）条规定，财政部有责任规定和公布其认定的稳定的价格水平。换言之，物价涨幅的目标区间范围由财政大臣（chancellor of the exchequer）决定，英格兰银行负责具体执行。在加拿大，中央银行和财政部联合公布"物价涨幅目标"。

4.4.2 中央银行的解释义务（accountability）和透明度（transparency）

在长期内，通货膨胀是一种货币现象，它受货币政策的影响，但并非每时每刻都是如此。在短期内，通货膨胀还受其他因素的影响，诸如劳动力成本、进口商品的价格以及税收状况，这些因素均超出了中央银行的控制能力，并且很难预测。因此，对于不是由于央行自身因素造成的物价变动，中央银行就不负有责任。除此之外，市场人士如何知道这种物价波动是短期的，抑或是长期的？是货币因素造成的，还是非货币因素造成的？中央银行必须对此做出解释。

1. 中央银行的解释义务

中央银行的解释义务，在英文中称为democratic accountability。这里需要对"accountability"

一词进行解释。从英文的本意来看，accountability 的词根是 accountable，是解释说明的意思。国内学者对 accountability 的翻译主要是"问责、负责、责任性、责任追究"等，但仍然有不够确切的地方。在英文中，外国学者在表述"中央银行责任"的含义时没有使用 responsibility 一词，说明这两者不完全是一回事。某一机构有 accountability，一般包括以下两层意思：第一，如果该机构没有实现某项目标（或者完成某项任务），要对此承担后果，向公众做出解释，因为这是其职责所在；第二，如果出现某种负面的情况，但并非是该机构没有履职造成的，该机构也必须向公众做出解释和说明。国内对 accountability 的翻译更多是体现其前一个意思，和英文中的 responsibility 相近，但是 accountability 还有第二个意思，这不是 responsibility 所能够包含的，中文文献中流行的翻译也没有体现出来。在研究中央银行目标独立性的过程中，就有西方学者认为民主社会中的政策目标最终必须反映民意，不存在不受任何约束的机构。简言之，任何一个机构不可能只有权力，而没有义务。即使是中央银行也应该如此。他们认为对中央银行也必须采取普遍的民主原则。具体来说，就是授权与监督的统一。在民主社会中，选民向政治家授权，同时政治家也必须接受选民的监督。政治家获得的授权越多，那么对其权力的监督机制就必须越完善。同样，这一原则也适用于中央银行。中央银行不可能在获得授权的同时逃避监督。因而，一方面赋予中央银行以独立性，另一方面中央银行有解释义务，这是同一授权过程中的两个方面。

　　从理论上讲，中央银行承担的解释义务，主要体现在三个方面：对何事有解释义务？对何人有解释义务？何时负有解释义务？在实践中，中央银行的解释义务体现为三个层面：第一，根据实际通胀率与目标通胀率的差异，中央银行需要对未实现物价稳定的原因做出解释，这种解释是制度上的设计安排。这分为事前解释义务（ex ante accountability）和事后解释义务（ex post accountability）两类。前者是指中央银行有义务解释政策目标的预测值与目标值发生偏差的原因。货币政策的时滞效应是产生前瞻性的事前解释义务的主要原因。后者是指如果中央银行没有实现其预定的政策目标，就必须在事后解释其原因。不少国家的中央银行主要采用这种制度。第二，向公众及政府部门解释其采取货币政策措施的理由。这有各种方式，如公布货币政策委员会的会议纪要和委员们的投票记录，定期出版《货币政策执行报告》或者《通货膨胀报告》，公布各种统计数据，举行记者招待会或听证会向公众解释货币政策措施变化或不变化的原因等。第三，接受公众的质疑与询问。中央银行在举行记者招待会、听证会，或中央银行官员发表演讲的过程中，需要接受来自公众的询问和质疑。中央银行遵循解释义务的原则应当对公众的问题进行相应的解答。如果说保持中央银行的独立性是为了避免政治家对货币政策的滥用，那么，中央银行必须履行解释义务则是为了避免中央银行对货币政策的滥用。从这个意义上讲，中央银行的解释义务有助于从以下两方面提高货币政策的可信度（credibility）。一是创造激励性机制，使中央银行实现合意的政策目标（比如物价稳定、逆经济周期政策），从而可以获得报酬，而对其滥用相机抉择实施惩罚。在赋予中央银行工具独立性的条件下，可以降低通胀倾向。二是从民主的观点来看，在赋予中央银行货币政策操作自主性的同时，要求其对政策绩效负有解释义务是对权利与义务的匹配。从这个意义上分析，中央银行负有的解释义务虽然是其独立性催生出的对应产物，但实际上其增强了央行独立性，是对中央银行独立性的补充。

当然，各国中央银行在履行解释义务的过程当中，采取的形式和程序各有不同，这取决于各国的历史传统和制度环境，不存在对所有国家中央银行都适用的解释义务的某种制度。其中的共性表现在对中央银行最终目标的清晰界定；在货币政策实施过程中，中央银行披露相关决策信息，接受来自公众的质疑与询问，改善信息的不对称性程度，增强货币政策的透明度，实行公众与货币当局之间的良性互动。

2. 中央银行的透明度

中央银行的解释义务，其中一个重要方面就是中央银行是否公布其投票结果和详细的会议记录，这通常又被视为货币政策透明度的高低，因此这两者往往混淆。有的经济学家认为中央银行履行解释义务本质上是一个事后概念，因为这与中央银行对其行为及其结果的解释有关，而透明性则与中央银行的政策意图有关，即中央银行对其行为意图的解释。中央银行履行解释义务意味着是央行是对其行为，而非对其意图负责。因此，事前的解释义务制度基本上是透明度的同义词。还有经济学家指出，中央银行的解释义务是指中央银行有义务对其行为和绩效予以说明，这源于权力的委托。中央银行的透明性则超出了履行事先约定进行定期报告要求的范围，涉及"解释义务的更微妙形式"。应该说中央银行的解释义务是中央银行可信度与制度激励之间的一种关系，是权利与义务的一种平衡；中央银行的透明度则涉及中央银行可信度及其与公众进行沟通之间的关系，透明度的提高，可以使得中央银行在应付突发事件时增强其政策的弹性。

各国中央银行为了强化其透明度，分别采取了不同的措施。例如，美国国会2015年通过了《美联储透明度法案》(the Federal Reserve Transparency Act，FRTA)，旨在通过全方位的审计以增强美联储的透明度，用以约束美联储的独立性。该法案要求联邦审计总署强化对货币政策的审计，让美国民众更清楚地了解该机构的运作机制。2008年全球金融危机爆发后，许多批评者认为，美联储是一个危险、阴暗和不负责任的机构，严重缺乏透明度。批评者还认为当时伯南克迫使美国银行收购美林证券；还有人反对美联储的非常规货币政策举措（unconventional monetary policy)，因为这使得美联储资产负债表的规模翻番；美联储主席不经选举直接由总统任命的做法还威胁到了美国的民主体制。在这种背景下，该法案允许审计美联储资产负债表上的所有科目，包括各类信贷科目、证券科目以及库存黄金。

欧洲中央银行的透明度体现在以下三个维度：可信性（credible）、自律性（self-disciplined）、可预测性（predictable）。所谓可信性，就是相关法律明确如何对欧洲中央银行进行授权，要求其实现货币政策的目标，提高其货币政策的可信度。当金融市场相信欧洲中央银行能够并愿意实现该政策目标时，市场定价就有了良好的预期。同时，政策可信性的提高可以使得市场更好地了解货币政策的局限性。所谓自律性，就是政策制定者应当保持自律，主动解释其政策效果是否与货币政策目标吻合，不吻合的原因是什么。

这将强化公众对欧洲中央银行的监督，提高欧洲中央银行履职的积极性。所谓可预测性，就是欧洲中央银行定期公布其货币政策制度安排和经济发展情况的评估报告。在长期，这提高了市场对未来经济与金融各项指标预测的准确程度。换句话说，如果市场参与者能够及时对货币政策变动做出反应，就能够缩短投资和消费决策的时间间隔，缩短货币政策的时滞，提高货币政策的有效性。

4.5 货币当局和中央银行的差异

"货币当局"的英译是 Monetary Authorities，"中央银行"的英译是 Central Bank，"储备银行"的英译是 Reserve Bank，这几者是否指的是同一个机构呢？简单地说，货币当局是指有权发行通货（currency）的国家机构。在美国，联邦储备系统和财政部都有权发行通货，因此美国的货币当局包括美联储和财政部。在我国，只有中国人民银行才能发行货币，所以我国的货币当局一般就是指中国人民银行。从这个角度分析，货币当局是一个功能概念，而不是一个机构概念，一般指中央银行，还包括执行中央银行职能的其他政府机构。IMF 公布的《货币与金融统计手册》当中，对"货币当局"的解释是，"在有些国家中央银行的部分职能由中央政府（财政部）代为履行，如货币发行、持有国际储备以及与 IMF 进行交易，这些交易包括份额认缴、持有的特别提款权和特别提款权的分配。在这种情况下，应当编制货币当局账户，将涉及中央政府履行的中央银行职能数据和中央银行概览的数据一同纳入货币当局账户。"货币当局和中央银行是两个相互联系，但又不完全相同的概念。由于各国中央银行成立的历史背景不同，所承担的职能也不同，如现金发行、货币政策的制定与执行、银行监管、干预本币汇率、管理国际储备等职能不完全单独由中央银行负责，仅仅用"中央银行"一词已不足以概括其功能。两者的区别在于：

第一，货币发行方面。不少国家的财政部介入辅币的发行，如美国。联邦储备券（federal reserve note，俗称美钞）由 12 家联邦储备银行发行，按成本价向美国财政部（U.S. Treasury）下属的造币与印钞局（Bureau of Engraving and Printing）购买美钞；至于硬币，由 12 家联邦储备银行向美国财政部下属的铸币局（United States Mint）按照面值购买。其差异表现为联邦储备券的铸币税收入归 12 家联邦储备银行所有，硬币的铸币税归财政部下属的铸币局所有。此外，在日本，也是由大藏省（即财政部）负责发行硬币。在英国，英格兰银行发行钞票（bank note），皇家铸币局（Royal Mint）发行硬币。在我国香港特别行政区，港币由香港上海汇丰银行、渣打银行和中国银行香港分行三家商业银行发行。所以在货币发行方面，不完全是由中央银行来完成这一工作的。

第二，货币政策的制定与执行方面。在有的国家，货币政策的最终目标并不是由中央银行来制定，如新西兰、英格兰等。最早实行通胀目标制的国家——新西兰，就是由其财政部和新西兰储备银行共同确定货币政策的最终目标，然后赋予新西兰储备银行相应的独立性来实现这一目标。1946～1997 年，英国政府（具体是财政部）不仅可以规定英格兰银行货币政策的最终目标，而且对其使用的货币政策工具也予以了规定。这就是说英国财政部对英格兰银行提出的货币政策建议有最终的否决权，尽管其很少使用这一权力。1998年新《英格兰银行法》通过后，明确了英国财政部与英格兰银行之间的关系。货币政策的最终目标由英国财政部制定，而货币政策的执行由英格兰银行承担。换言之，不少国家的中央银行具有货币政策的操作独立性，而不具有货币政策的目标独立性。货币政策不仅与中央银行有关，还与该国的财政部有关。在实行通胀目标制的国家当中，以上特征表现得非常明显。

第三，汇率政策的制定与执行方面。不少国家的汇率政策、国际储备政策不是由本国的中央银行制定的。如美国、欧盟和日本，有关本币汇率政策的制定与决策、对本币均衡汇率的表态通常不是由中央银行发表意见，而是由财政部发表意见（欧元汇率是由欧盟财政部长理事会决定的）。在美国，财政部制定美国国际经济政策。然而，美元汇率的水平主要由市场决定。美国财政部负责制定美元汇率的干预政策，美联储代为执行。例如，从克林顿政府到小布什政府，连续有四任财长都推行的"强势美元"政策。在欧盟，自1999年1月1日欧元问世之后，欧洲中央银行对欧元汇率基本上采取的是"善意的忽视"政策，也就说当欧元汇率的变化影响到货币政策的最终目标时，欧洲中央银行才会出面干预欧元汇率，但欧元汇率稳定与否并不是其目标。在日本，对日元汇率的大规模干预政策是由日本财政部制定，由日本银行具体负责执行的。在英国，关于是否放弃英镑加入欧元区的问题也是由英国财政部对此发表意见，而且出现了首相与财长的欧元之争。尽管英国时任首相布莱尔一向积极支持英国加入欧元区，但英国时任财政大臣布朗对此却强硬反对。他坚持认为应该根据英国的实际经济情况决定是否加入欧元区，具体的标准就是1997年10月制定的5项经济指标，即经济周期的对称性、为英国长期投资创造条件、维护伦敦金融市场的竞争力、促进灵活性和有利于就业。

第四，银行监管的职责分工方面。世界上许多国家对本国商业银行的监管都不只涉及本国中央银行。在美国，涉及银行监管职责的除了美联储之外，还有财政部的货币监理署（Office of the Comptroller of the Currency）、联邦存款保险公司、州政府。在日本，日本银行对商业银行经营活动的监督管理权，仅限于对商业银行的资产负债表进行评估和评级方面，实质性的金融监管权一直都掌握在日本政府手中（1998年之前由大藏省负责，现在由1998年成立的金融监督厅负责）。在英国，1997年成立了金融服务局（Financial Services Authority，FSA），将银行监管的职能从英格兰银行中分离出来，与其他金融监管机构合并，负责对各领域内的金融活动进行监管。因为在2007年开始的金融危机中，银行业监管失败导致英国政府重构金融监管体系，并于2013年4月1日废除该机构。其职能现在由英国金融市场行为监管局（Financial Conduct Authority，FCA）和审慎监管局（Prudential Regulation Authority，PRA）两个机构共同行使。在德国（两德统一前为联邦德国），德意志联邦银行也不具有对银行业的监督权，而是由联邦财政部的联邦银行监督局负责。现在，将银行监管职能从中央银行中分离出来的国家还有韩国（1998）、澳大利亚（1998）和卢森堡（1999）等。除了银行监管方面之外，在发生银行危机或金融危机时，为避免银行的倒闭，往往由政府出面，对个别银行实行国有化，即由政府财政出资，对遭受挤提的银行注资，扩大银行的资本金，稳定中小储户的情绪和保持社会稳定。如此种种，一国政府对银行的重组、关闭、清盘等要承担最终的损失，不过其中央银行必须要与财政部密切协作。

第五，特殊情况下对执行某些中央银行职能机构名称的表述。我国香港特别行政区就没有中央银行，但有相应的机构——香港金融管理局（Hong Kong Monetary Authority，以下简称香港金管局）执行中央银行的某些职能。1993年4月1日香港金融管理局由外汇基金管理局和银行业监理处合并而成，此前由外汇基金承担稳定港币汇率和维系香港货币与金融体系的稳定和健全发展的职能。香港金管局主要职能有三项：一是在联系汇率制度的架构内，通过外汇基金的稳健管理、货币政策操作和其他适当措施，维持货币稳定；二是通过监管银行业务和接受存款业务，以及监管认可机构，促进银行体系的稳定与安全；三是促进金融体系，尤其是支付和结算安排的效率、健全性和发展。如前所述，香港金管局不发行钞票，而是由三家商业银行负责发行港币现钞；同时，香港金管局也不承担政府银行的职责，虽然香港政府大部分财政储备均保存在香港金管局负责管理的外汇基金内，但是金管局并不会为政府提供银行服务，这项职能一直以来由商业银行执行。

综上所述，"货币当局"一词一般指具有诸如货币发行、银行监管、最后贷款人、干预本币汇率、管理国际储备和汇率政策等职能的机构的总和。因此，在编制货币当局资产负债表时，就需要将该国具有货币当局功能的各机构资产负债表的相关科目合并到一张统一的资产负债表上。在我国，财政部基本不具备其中的一项或几项功能，因此中国人民银行资产负债表就是货币当局资产负债表。

4.6 本章小结

本章详细阐述了中央银行作为金融机构银行的职能。从资产方看，中央银行通过各种形式的再贷款向金融体系注入流动性，这种流动性的注入或者是因为经济发展的需要，或者是因为金融机构出现流动性不足，或者是因为在经济转型过程中，金融机构出现了清偿力不足，或者是因为在金融危机的紧急情况下，为避免出现系统性风险，中央银行向特定金融机构提供流动性。从负债方看，中央银行起着管理商业银行准备金的作用，这些准备金不仅包括法定存款准备金，而且包括超额存款准备金。此外，中央银行还可以通过发行中央银行票据实现对银行体系流动性的调控。中央银行是全社会金融体系流动性的最后提供者，是整个金融体系保持稳定的"最后贷款人"。现代社会的中央银行相对于政府（以及财政部）具有较高的独立性，是对过去人类社会通货膨胀历史的总结和规避。在民主社会，中央银行还需要履行解释义务，向社会公众澄清和解释与货币政策相关的诸多问题。提高中央银行在业务操作、制度设计以及信息披露方面的透明度，也有助于提高中央银行货币政策的效果。本章还给出了货币当局与中央银行这两个术语的差异。

第二部分

货币的性质与数量

第 5 章　从资产负债的性质认识货币
第 6 章　银根与流动性
第 7 章　货币供应量的统计

第 5 章
CHAPTER5

从资产负债的性质认识货币

在太平洋上的雅浦岛上,当地人采用石头作为货币,为了避免运输石头带来的麻烦,交易的双方完成资金支付只需要在石头上标上记号即可。第二次世界大战结束之后,在英美占领下的德国,美国香烟一度成为当地民众的交易媒介。上述物品在某地或者某一时间段都发挥着货币的职能,但是从更长的时间跨度和更广的范围来看,上述物品适合作为货币吗?

知识点:
认识货币的不同视角

货币是什么?马克思认为,货币是固定充当一般等价物的特殊商品。其分析对象用现代经济学语言来表述,属于商品货币(commodity currency)。商品货币的显著特征是货币的名义价值与实际价值相一致。伴随着经济的发展,货币的形式发生了巨大的变化。尤其是互联网技术兴起以来,货币的形态发生了变化。货币从可触摸的实物形态(纸质货币、塑料货币等)转向了无法触摸的虚拟形态。一般来说,虚拟货币目前大致分为三类:第一类是与银行账户相关联的记账式货币,如基于银行卡(信用卡)支付的货币和移动支付(微信支付)的电子货币。第二类是与银行账户不相关的虚拟货币,包括加密货币(如比特币)和商业货币(如Q币、积分)两种类型,其价值完全由市场决定。这类货币的特点是其价值需要用现有的法偿货币来标价,与货币当局的现金发行无任何关系,更不属于法偿货币。第三类是由货币当局发行的电子货币,可以暂时称为"法定电子现金",这类货币存储于电子设备,是具有现金特性的价值载体。有观点认为货币当局发行电子货币的重要使命之一就是部分替代现金,降低现金印制、发行、清分、销毁的巨大成本。

本章将从货币的资产和负债的性质来阐述,即分别从货币发行人和货币持有人资产负债表的角度来解释不同类型货币的属性。

5.1 货币是资产还是负债

货币是资产还是负债？货币当然是各经济主体的资产，比如社会公众持有的货币，就是当事人的资产之一；货币也是负债，比如中国人民银行发行的人民币现钞，就是其负债。那么，货币到底是资产还是负债？显然，我们无法给出简单的答案。在现代社会，货币是货币发行人的负债，同时还是货币持有者的资产。这样的回答正确吗？在金属本位下，白银、黄金长期扮演货币的角色。这些货币又称为商品货币。白银或者黄金是资产还是负债呢？显然，黄金是持有者的资产，但是黄金却不是任何政府、机构或者经济主体的负债。

在金属货币时代，（本位货币）铸币的出现是一个重要的时间节点，也是当时的一个金融创新。首先，铸币是对一块金属重量和纯度的官方证明。铸币上的记号实际上意味着铸造者（政府）对铸币重量与纯度的品质证明。铸币的出现使得整个社会对某种金属的需求大幅度增加，这种需求包括对该金属的货币需求和非货币需求。同理，如果政府宣布放弃采用银本位或者金本位，那么该国对白银或者黄金的货币需求下降，白银或者黄金的价格将出现下跌。其次，政府铸造某种（本位货币）铸币，从世界各国的历史来看，既有收取铸币税的，也有不收铸币税的。即使是收取铸币税的政府，其比率也很小。因为政府需要维持金属实物与金属货币之间的价格平衡，如果一定重量的某种金属（比如一盎司黄金）在非货币用途上的价格更高，那么该国的经济主体会熔化铸币，使得该金属转入非货币的使用。反之，如果其在非货币用途上的价格更低，那么经济主体会将该金属送到政府指定的铸造机构铸成货币。换言之，通过该金属在货币用途和非货币用途的直接转移，保持政府对货币的定价稳定。此时，政府给定了该种单位重量金属的货币价格，因此无法控制全社会该铸币的总量。（本位币）铸币在政府手中是政府的资产，当政府将铸币用于支出后，铸币就不再是政府的资产，而是持有者的资产。用现代经济学的语言来解释，政府在支出铸币的同时，购买了某种货物与服务。因此，可以认为对于足值的铸币来说，它是持有者的资产，而不是任何人的负债。在金属货币时代，除了足值的（本位币）铸币之外，还有不足值的辅币。即使到了信用货币时代，仍然流通着不足值的硬币。那么，辅币是资产还是负债呢？不论是金属货币时代，还是信用货币时代，这取决于辅币的发行机构。如果辅币是财政部发行的，那就是政府的资产。例如，在美国财政部铸造的硬币，则是发行机构——财政部的资产；如果辅币是中央银行发行的，如中国人民银行铸造的硬币，则是中央银行的负债。

当货币进入信用本位时代，流通的纸质货币的资产负债属性有何变化呢？在中央银行诞生之前，传统社会的金融机构发行的货币，如中国的票号与钱庄发行的银票和钱票，都是有兑现承诺的，因此在当时社会这些货币都是信用货币。中央银行诞生之后，中央银行的负债逐渐构成日常生活中经济主体交易过程中的主要交易媒介和支付手段，也就是现钞。不论中央银行是否有兑现金属（黄金或者白银）的承诺，也不论其材质是纸质、塑料，抑或其他材质，都是信用货币。银行（包括中央银行和商业银行）发行的信用货币与商品货币相比，其显著特征就是信用货币具有资产负债的双重特性。从资产方看，信用货币是持有者的资产；从负债方看，信用货币是发行者的负债。

【立德树人小故事】 英格兰银行的成立和英镑的早期停止兑现

英格兰银行的成立与当时英法两国的战争密不可分。1689年英法两国爆发了"九年战争"（1689～1697年）。在这之前，英国议会于1688年废黜了信奉天主教的詹姆士二世，选择詹姆士二世的女婿威廉继承王位，史称威廉三世。1689年1月威廉三世和其皇后玛丽二世（詹姆士二世的女儿）在接受英国议会《权利法案》的前提下即位，该法案规定未经议会同意国王不得征收任何赋税，未经议会同意国王不能停止任何法律效力等，这一事件史称"光荣革命"。英国由此奠定了国王统而不治的宪政基础，国家权力由君主逐渐转移到议会。"光荣革命"也确定了英国的君主立宪制政体。为了赢得1689年爆发的这场战争，英国国王威廉三世不得不采取征税和借债等方法来解决军费问题。当战争进行到1694年时，英国王室财力已经陷入枯竭的窘境。为了寻找新的财源，英国王室不得不考虑通过颁发银行特许执照（Royal Charter）的方法来解决军费问题。在1691年，苏格兰人威廉·皮特森（William Peterson）提出了借给王室120万英镑换取包括发行银行券⊖在内的特许权方案，到1694年该方案得到英国财政大臣查尔斯·孟塔古（Charles Montagu）的同意，并很快得到英国议会的批准（1694年7月27日）。英格兰银行获得的特许权利包括允许英格兰银行突破当时的法律规定，以不受限制的人数成立一家资本雄厚的股份公司，独享政府存款的管理权（也就是作为为英国政府服务的银行）以及享有发行银行券（规模不超过资本金）的权利，前提是英格兰银行必须向王室提供长期资金。不过，英格兰银行获得的特许执照有时间限制，即在12年之后的1706年，一旦英国王室归还全部贷款，其特许执照就会被英国政府收回。伦敦金融城（City of London）中1 208位股东（包括威廉三世和其皇后玛丽二世）只用了12天就筹集到了英格兰银行成立所需要的120万英镑。英国王室还同意为这笔资金支付8%的利息，并支付英格兰银行每年4 000英镑的管理费。英格兰银行于1694年8月1日开始营业，只有17名工作人员（clerk）、2名门房（gatekeeper）。营业地点设在伦敦齐普赛街（Cheapside）的摩斯厅（Mercers' Hall）。其章程明确了该行成立的目的——"促进公众的利益"（promote the public good and benefit of our people）。由于英国王室在半年时间内就花光了这笔钱，英格兰银行的特许执照得以延续。在1742年、1764年和1781年，特许执照又得到多次延续。1826年英国议会通过法案，准许其他银行成立并可发行钞票，但必须在伦敦65英里⊖之外，以示有别于英格兰银行发行的银行券。1833年英国议会规定只有英格兰银行的钞票为无限法偿货币，这为英格兰银行成为英国的中央银行迈出了决定性的一步。

⊖ 银行券的英文是 banknote，译成汉语有许多对应的词，现在通常译作"钞票""现钞""纸币"。历史上中国人还曾经将这个词译作"兑换券"，户部银行在1908年更名为大清银行之后，其发行的钞票上就印有"大清银行兑换券"。在不同券别的底部印有"凭券即付银币若干圆全国通用"的字样。

⊖ 1英里=1.609千米。

真正运作英格兰银行的人是伦敦金融城中的知名商人约翰·霍布伦爵士（Sir John Houblon，1632—1712），他后来担任了英格兰银行的首任行长。1994年英格兰银行成立300周年之际，50英镑纸币上就印有约翰·霍布伦的头像和他的寓所。该寓所位于伦敦金融城的针线街上，也就是现在英格兰银行的位置。这种50英镑面额的纸币自2014年4月30日起退出流通，不再具有法偿货币的地位。

1734年英格兰银行搬迁至伦敦金融城的针线街。60多年之后，英格兰银行获得了一个绰号——"针线街的老妇人"（The Old Lady of Thread needle Street）。为什么会有这个绰号呢？这和1797年5月漫画家詹姆斯·吉尔雷（James Gillray）画了一幅针对英国首相小威廉·皮特（William Pitt the Younger，1759—1806）的政治讽刺漫画有关。皮特首相在漫画中被丑化成骨瘦如柴、满脸雀斑、鼻子又长又尖的一个男子，他正在向一位又老又丑的妇人（即英格兰银行）求婚，一边亲吻老妇人，一边伸手去拿老妇人口袋里的金币。老妇人身着1英镑和2英镑银行券做成的婚纱，坐在两把大锁锁着的钱箱子上面。钱箱里是英格兰银行的金币。这发生在针线街上英格兰银行大楼的圆形大厅（Rotunda），画面中的其他工作人员坐在柜台后面。男子脚边的地上有份文件，上面有"贷款"（LOANS）的字样，暗指皮特首相向英格兰银行借款的协议。老妇人正在抓狂，嘴里喊着："你这个强盗！有人在强奸！在谋杀……"漫画的下面是一段英文，意思是"政治强奸——针线街老妇人处于危险之中"。漫画讽刺了英格兰银行在1797年暂停英镑银行券的兑付，并向在与法国交战的英国政府提供贷款。英格兰银行与政府同流合污的结果就是通货膨胀，民怨沸腾。这幅漫画出版之后，英格兰银行从此就多了一个绰号——"针线街的老妇人"。漫画中的小威廉·皮特首相是英国历史上非常著名的政治家，他在1783年第一次成为大英帝国的首相，年仅24岁。如此年轻又如此位高权重，在英国历史上可以算是前无古人，后无来者。时至今日，他仍然是英国历史上最年轻的首相（他先后在1783～1801年及1804～1806年两次组阁）。在他执政期间，大英帝国面临前所未有的挑战。例如，英国与欧洲诸国的战争，1776年美国独立后的各种隐患，加拿大行政权的分割，东印度公司贪腐问题引起的公诉案，英国国王乔治三世派出的乔治·马戛尔尼勋爵带领的使团朝觐乾隆皇帝无功而返等。1789年法国大革命爆发，1793年第一次反法同盟战争爆发，英国是否要充当阻止法国革命在欧洲蔓延的保护神呢？与北美殖民地的战争（美国的独立战争）已经使得英国元气大伤，如果继续支持欧洲大陆的国家，英国是否有足够的财力是个大问题。上述问题让皮特首相颇费思量。最后他说服了英国议会和英国国王，派遣英军去欧洲大陆战场。从1793年的第一次反法同盟战争开始，英国政府的财政支出由于军费开支而增加了一倍，其资金来源除了税收收入，主要来自英格兰银行的贷款，总额达到1 000万英镑。英格兰银行自1694年成立以来，其对政府的贷款余额不过1 100万英镑，皮特首相上任之后用3年时间就使得英格兰银行对政府的新增贷款相当于英格兰银行成立100年对政府的贷款规模。英格兰银行信用膨胀的结果是英国出现通货膨胀。1797年，法国对英国宣战。2月22日，三艘来自法国的军舰驶抵英国威尔士海岸西南部一个名为Fishguard的海港，1 200名法国士兵在此登陆。

尽管当地民众的反击取得了胜利，并且这部分法军投降了，但是英国民众的恐慌情绪迅速扩散到伦敦和其他主要城市，人们纷纷到英格兰银行用银行券兑现黄金；此外，英国农业歉收，粮食进口增加，工业品出口因为拿破仑封锁欧洲大陆而减少，国际收支发生逆差，黄金输出，英格兰银行的黄金储备迅速从 1 600 万英镑降至 200 万英镑，黄金储备占英格兰银行银行券的比率下跌。为了避免黄金的进一步流失，1797 年 2 月，在首相皮特的主持下，英国议会通过了《英格兰银行管制法案》(Bank Restriction Act of 1797)，英格兰银行在历史上第一次暂停了其银行券的黄金兑现承诺，并且开始发行不可兑现的 1 英镑和 2 英镑银行券以替代流通中日益减少的金币。这就是所谓"限制兑换时期"(restriction period) 的开始。限制兑换时期从 1797 年开始，一直到 1821 年（拿破仑去世）结束，持续了 24 年。银行券的限制兑换自然引发了民众的不满，漫画的出现也就在情理之中了。1797 年，皮特首相才 38 岁。他的功绩在于为英国政府找到了新的财源（扩大债务、引入所得税、暂停英格兰银行兑付黄金和增发银行券），为最终战胜法国打下了基础。

1797 年英格兰银行暂停兑现银行券的背景还可以追溯到更早的 1717 年。众所周知，艾萨克·牛顿爵士（Sir Isaac Newton，1643—1727）是历史上著名的物理学家、数学家，是现代物理学的奠基人。牛顿性格内向腼腆，社会交往不多，生活单调，并且饮食和睡眠质量不好。他在出名之后热衷于炼金术，1942 年英国著名经济学家凯恩斯就曾经将牛顿称为"最后的术士"。1696 年，英国皇家铸币局有一个职位正好空缺，时任英国财政大臣查尔斯·孟塔古向英国国王威廉三世推荐了著名的物理学家牛顿。当时，牛顿在剑桥大学三一学院任首席教授。孟塔古是牛顿的学生，也是牛顿多年的挚友。他家世显赫，权倾朝野，深受威廉三世的器重。孟塔古的推荐使得牛顿的人生轨迹从此发生了根本性

的改变，此后牛顿在英国皇家铸币局工作了三十余年。起初，牛顿担任的是英国皇家铸币局的总监（Warden of Royal Mint），三年后担任英国皇家铸币局局长（Master of Royal Mint）。这个职位虽然是个闲职，但是薪水很高，年俸加上各种补贴达到2 000英镑。牛顿在任职期间，英国先后多次实行金币重铸。1717年，牛顿将1英镑重的黄金（纯度为0.9的每金衡盎司）定值为3英镑17先令10.5便士①（该价格一直延续到1931年，其间因为英国陷入战争出现过两次短暂的中断）。相对于欧洲大陆而言，上述定价仍然使得英国的黄金与白银比价相对要高，在格雷欣法则的作用下，大量的白银从英国流入欧洲，海外的大量黄金，如巴西的黄金流入英国。为了保证金币和银币能够同时流通，英国皇家铸币局要么提高白银的价格，要么降低同样银币的纯度，要么降低黄金的英镑价格。牛顿在1717年对黄金的英镑定价降幅力度太小，无法使得银币保留在流通领域，大量的银币仍然流出英国。这就使得英国成为世界上最早实施金本位的国家。

1797年英格兰银行暂停银行券的黄金兑换，后来还导致了一场非常著名的大讨论——"金块论争"（bullion controversy）。1809年，银行券和黄金的价值背离更甚，成为当时英国民众关心的大问题。1810年英国议会众议院成立了金块委员会（the Bullion Committee），该委员会旨在研究英国恢复金本位制度的可能性以及相关的操作问题。罗伯特·皮尔爵士（Sir Robert Peel，1788—1850）是该委员会的主席，他后来两度成为英国首相。"金块论"（bullionists）认为金块价格和银行券价格背离的原因是银行券发行过多，因此主张银行券立即恢复兑付。其代表人物有著名的经济学家大卫·李嘉图（David Ricardo）。"反金块论"（anti-bullionists）认为银行券是按社会需要发行的，银行券即使不兑现，也不至于发行过多。"金块论争"的结果是1821年英格兰银行恢复了银行券的黄金兑付。这一年，拿破仑去世了，英法战争随之结束，英国政府的大规模军费开支下降了。不过此后，英国先后在1825年和1836～1839年两次遭受严重的经济危机冲击。为了彻底解决这一问题，英国议会在1840年设立"众议院发行银行委员会"（Select Committee of the House of Commons upon Bank of Issue），讨论银行券的发行改革问题，由此形成了观点对立的"通货学派"和"银行学派"的通货论争（currency controversy）。作为首相的皮尔爵士是通货学派的信徒，在1844年主持通过了《英格兰银行特许法》（Bank Charter Act 1844）。《英格兰银行特许法》的通过标志着通货学派的胜利。

5.2 购物卡和国债是不是货币

改革开放以来，国内不少商家发行各种名目的"购物卡""购物券"，从1990开始国务院就发文制止这一现象。1993年4月国务院曾经发布过《国务院关于禁止印制、发售、购买和使用各种代币购物券的通知》。然而，这种现象屡禁不止，大家将这类"购物卡"

---

① 当时，英镑的辅币分别为先令和便士，其兑换关系为1英镑等于20先令，1先令等于12便士。1971年2月，英国政府实行了新的货币进位制度，1英镑等于100新便士。

统称为"代币票券"。中国人民银行对此的看法是，应该制止这类"代币票券"，并且认为"代币票券"具有以下特征：一是具有一定量的金额；二是无限期使用或有一定的使用期限，即在时间上具有一定的跨度性；三是在一定范围内使用和流通，可购买不特定商品；四是不记名、不挂失。显然，这些"代币票券"与我们通常说的现钞最大的差异是发行者不同。现金由各国央行发行，"代币票券"的发行者往往是各种非金融企业，如百货公司等。为什么"代币票券"屡禁不止呢？其实，这些发行企业也是利用了央行现金发行的原理。不论是中央银行，还是"代币票券"的发行者，现金和"代币票券"都是无利息负债。发行者通过发行这种无利息支出的负债，就可以获得利差收入。这也是为什么即使到今天，类似"代币票券"的购物卡、储值卡屡禁不止。此外，从货币统计的角度来看，购物卡就不属于货币。在中国，财政部发行的国债大都是大面额的，也都是有期限的，最长的达到30年。美国历史上财政部曾经发行过小额的，也有没有兑付期限的绿背钞票。20世纪80年代，美国的货币供应量层次划分当中，设置过L层次，其中就包括短期政府债券。这是一个比广义货币供应量M3范围更广的层次，反映的是全社会的流动性。短期国债可否视为货币呢？在现代社会，国债与货币的差异可以从以下几方面来分析：

第一，从持有者的角度来看，普通公众既是国债的持有人，也是货币的持有人。从发行人的角度来看，国债的发行人是中央政府或联邦政府，现代社会信用货币的发行人是以银行为主导的金融机构。财政部在中央银行诞生之前，也曾经履行过发行银行的职能，典型的如发行绿背钞票。国债和信用货币都体现了持有者和发行者之间的债权债务关系。

第二，从利息支付的角度来看，国债与货币的差异不是很显著。现代社会中的国债通常是支付利息的（永续国债只付利息，不偿还本金；折现发行的国债实际上也支付了利息）。货币是否支付利息呢？根据流动性的高低，货币的收益性也是不同的。从中央银行发行的货币来看，是不付利息的。从商业银行发行的货币来看，基本上是付利息的。

第三，从面额的角度来看，财政部发行过小面额的国债，但通常来说，国债的面额一般较大；中央银行发行的货币，有过大面额的，但更多的是用于零星交易的小面额货币。

第四，从流动性的角度来看，不同期限的国债流动性不同，短期国债的流动性较高，长期国债的流动性较低；对于货币而言，不同发行机构发行的货币其流动性不同，中央银行发行的货币流动性较高，商业银行发行的长期货币流动性较低。另外，从商业银行和中央政府的信用来看，国债的信用评级较商业银行的信用评级更高。

综上所述，除了发行人不同之外，国债与货币的差异不是非常显著。从技术上来看，财政部完全可以通过发行小面额的国债来代替中央银行发行的小面额货币。若真如此，财政部就可以成为与中央银行一样重要的货币发行机构，这种可能性是否存在呢？从历史上看，财政部发行小面额的债务工具并在社会上广泛流通的事例并非罕见。例如，林肯总统上任后，任命蔡斯（Salmon P. Chase）作为财政部长。当时正值美国南北战争，军费开支远远超过美国政府的各种税收收入，即使向纽约地区的银行借款，仍然入不敷出。美国政府拒绝了欧洲高额利率的贷款，转而寻求发行货币的方法。美国财政部在1862年发行了1美元的绿背钞票，这种钞票既不可以兑付黄金，也不可以兑付白银。美国政府规定：这种绿背钞票具有法偿货币的资格，可以用于清偿一切公私债务。美国政府发行的绿背钞票总额是4.5亿美元。现在，这种绿背钞票已经退出流通领域，成为货币收藏者的爱好。那么，在现代社会，各国财政部有无可能再次发行类似绿背钞票这样的货币呢？如果允许财政部发行钞票，其发行机制是什么呢？这种发行机制与中央银行的发行机制有何差异？为什么政府需要将货币发行的权利转移给专门的中央银行，而不直接来发行货币呢？

1862年美国政府发行的绿背钞票

资料来源：http://en.wikipedia.org/wiki/Greenback(money).

众所周知，现代货币的发行机制是信贷机制。也就是说，从资产负债表的角度来看，对于中央银行和商业银行，货币的发行与信贷资产的扩张是同步的。从数量上看，资产负债表的余额是不断增加的。对于中央银行来说，货币发行（负债）的增加，必然伴随着某项资产的增加，如央行持有的国债或者是外汇储备增加。对于商业银行来说，以商业银行对企业发放贷款为例，商业银行的资产增加，如对企业的贷款增加，同时商业银行的负债，如企业的存款也增加了。之所以说是信贷机制，就是因为某项业务本身存在有借有还的过程。例如，针对某项具体业务，业务发生时金融机构资产负债表资产负债双方余额同时上升，业务结束时，资产负债双方余额同时下降。如果财政部直接发行纸质货币（类似央行发行的纸质现钞），则取决于政府财政收支状况。对于财政部资产负债表而言，资产方是其财政支出，负债方是财政收入与货币发行。货币发行直接成为政府财政支出的来源之一，其发行规模从属于财政收支状况，这意味着财政必须保持常年逆差。如果某一年财政收支盈余，则当年财政部就不可能发行新的货币，而是货币回笼。在中央银行出现之前，各国政府的财政部承担了货币发行的职能，在大多数年份里，财政部发行货币很容易引起通货膨胀。是不是有财政赤字就一定会导致通货膨胀呢？当然并不完全如此。前面的理论分析可以证明这一点。从经济现实来看，进入20世纪90年代之后，美国政府尽管出现财政赤字，但是其通胀率仍然保持在低水平。这表明，在现代民主社会，由于对政府收支强大的制度约束，财政收支缺口已经不再成为影响通胀率的主要因素。

综上所述，不论是短期国债，还是长期国债，它们都不属于货币，即使其流动性再高，即使其无利息支付，也不能视为货币。在现代社会，一国政府赋权中央银行发行无利息支出的负债（中央银行钞票），赋权财政部发行有利息支出的负债（短期国债、中期国债和长期国债）。以中央银行为代表的金融机构负债成为货币供应量的统计对象，以财政部为代表的中央政府、各级地方政府发行的各类债券则作为社会公众和公司的投资对象。作为历史遗迹，不少国家的财政部仍然铸造和发行硬币，这部分硬币仍然属于现钞货币的范畴，但是占广义货币供应量的比重已经很低了。如 2016 年年底，中国广义货币供应量达到了 155 万亿元人民币，其中，流通中现金 6.83 万亿元人民币，占比 4.4%。

知识点：
什么是"直升机撒钱"
（helicopter money）

5.3 比特币是货币吗

比特币最近成为社会关注的焦点问题之一。2013 年 12 月以来，中国人民银行先在网站刊文《比特币相关事宜答记者问》，以答记者问的形式发表了对比特币的看法："比特币具有没有集中发行方、总量有限、使用不受地域限制和匿名性等四个主要特点。虽然有人把比特币称为'货币'，但由于其不是由货币当局发行，不具有法偿性与强制性等货币属性，并不是真正意义的货币。从性质上看，比特币是一种特定的虚拟商品，不具有与货币等同的法律地位，不能且不应作为货币在市场上流通使用。"半个月后，中国人民银行约谈了国内第三方支付公司，明确要求关闭比特币、莱特币等交易通道。受此影响，比特币交易价格下跌两成，市场人士认为比特币有可能退出中国市场。中国的货币当局是否过于担心比特币可能带来的冲击？从理论上看，我们需要对比特币是否是货币这样的理论问题进行讨论，才能够对相关政策的制定与实施有所裨益。2017 年 9 月 4 日中国人民银行等七部委发布了《关于防范代币发行融资风险的公告》。公告称：近期，国内通过发行代币形式包括首次代币发行（ICO）进行融资的活动大量涌现，投机炒作盛行，涉嫌从事非法金融活动，严重扰乱了经济金融秩序……该公告明确任何组织和个人不得非法从事代币发行融资活动，且自公告发布之日起，各类代币发行融资活动应当立即停止。2017 年 9 月 13 日晚，中国互联网金融协会发布了《关于防范比特币等所谓"虚拟货币"风险的提示》。该提示函称，比特币等所谓"虚拟货币"缺乏明确的价值基础，市场投机气氛浓厚，价格波动剧烈，投资者盲目跟风炒作，易造成资金损失，投资者需强化风险防范意识。值得注意的是,比特币等所谓"虚拟货币"日益成为洗钱、贩毒、走私、非法集资等违法犯罪活动的工具,投资者应保持警惕,发现违法犯罪活动线索应立即报案……各类所谓"币"的交易平台在我国并无合法设立的依据。众所周知,比特币是 2009 年才出现的。比特币也不是唯一的数字货币(digital currency),世界上有超过 700 种的加密货币(crypto-currency)。比特币是其中最广为人知的一种,其市场价值最高、流动性最强、使用范围最广。以太坊(Ethereum)则远落后于比特币,位居第二。以比特币为代表的加密货币被黑客盗抢、交易所和钱包供应商倒闭这类事件都曾经发生过,但是概率非常低。目前,比特币的价格像过山车,波动非常大,2013 年高于 1 200 美元,2015 年 5 月低于 300 美元,到 2017 年 9 月一度超过了 4 200 美元。有许多交易平台可以买卖比特币,比如 Coinbase、Localbitcoins 和 CoinDesk。比特币中国、火币网都是在中国的比特币交易平台。

5.3.1 比特币的底层技术

比特币是一个字符串,是某一个特殊方程的解。这个特殊方程的解的数量有上限,大约为 2 100 万个,每一个解就是一个比特币,并通过特殊的算法来控制方程解的产生速度。计算机想要算出一个特解(即获得一个比特币),是非常耗费时间和计算资源的,但是如果由其他人提供一个特解,计算机可以很快验证这个解是不是方程的特解。比特币的这种特殊的产生机制,催生了名为"挖矿"的热潮,人们把比特币比作宝藏,使用计算机计算方程特解的过程被形象地称为"挖矿",找到方程特解就是挖到了宝贝,非常形象。

从比特币技术的产生来看,比特币是为了完成一个巨大计算任务而设计的算法,可以使用分布式的计算资源来获得需要的解。为了充分利用计算资源,已产生的有效解被全网"排除",不再产生。为了避免两台计算机产生相同的解,浪费计算资源,方程的特解在产生时就被附加了一个"地址",在比特币网络中"广而告之",让其他的计算机不能产生相同的解,所以该解具有唯一性,被某个计算机算出来后,不能被其他计算机再算出来。就这样,阴错阳差地,这种技术具备了"货币"特性——每个比特币用户获得了一个唯一的"地址",计算出的比特币被附加这个地址,成为该用户的"数字资产"。只要改变地址,就实现了比特币的"交易",即数字资产所有权的转移,而为了避免计算资源的浪费发展出的"全网告知"技术,就被称为"区块链"(blockchain)技术。区块链技术,通俗地说,就是任何一个计算节点都拥有已知的全部的解及其地址信息,不会再重复计算,成为分布式记账(distributed ledger)的基础。当某一个计算机挖到了一个比特币(即找到了一个符合条件的、从未被其他人找到过的方程特解),就开始向全网告知,宣示该比特币的所有权,当超过 51% 的比特币节点给予反馈,承认这个计算节点对该比特币的所有权(记录新的特解及其地址),这个比特币的所有权就被确定下来。同样地,比特币发生交易后,所有权发生转移,也需要 51% 以上的比特币节点予以承认(记录地址的改变）。为了使比特币更像"货币"，又产生了比特币的交易平台、比特币钱包、更小的比特币单位（1比特币 $=1\times 10^8$ 聪，聪是细分比特币的单位）等技术。这里需要强调的是，区块链技术、分布式记账技术都是计算机术语，不是金融术语。经济学家不了解纸币是如何印刷出来的，经济学家不知道铸币是如何铸造出来的，但是并不妨碍经济学家分析信用货币的流通规律；同理，经济学家不明白区块链这类计算机术语，但是并不妨碍经济学家去分析数字货币的流通规律。

5.3.2 比特币的金融特征

这样看来，比特币可以作为现代的支付媒介和价值储藏手段之一，那比特币能不能被视为一种货币呢？如果比特币不能视为货币，关键的原因又是什么呢？

第一，去中心化。比特币没有中心发行者，或者可以说，每一个比特币的挖矿人，就是这个比特币的发行者。在比特币网络中，每一个计算节点的地位是相同的，没有上下级之分，所以也不存在中心节点。传统的信用货币体系是中心化、分层次的。传统信用货币由中央银行发行，中央银行是货币的源头，控制着基础货币的产生和回收，同时中央银行往往承担了清算所的职能，大量的交易信息在中央银行汇总清算，中央银行很自然地成为信用货币体系的中心节点。而商业银行主要面对普通的储户，成为信用货币体系的次级中心节点。

第二，匿名性和交易难以追溯。比特币交易是完全的点对点交易，只有交易双方知道对方的身份，有时甚至交易方都不知道交易对手是谁，只知道一个"地址"。对比特币网络上的其他人来说，关于交易者的信息只有一个地址，完全是匿名的，交易内容也无从得知。传统的银行系统中，账户是实名制的，作为次级中心节点的商业银行，可以知道发生交易的账户信息。尽管银行原则上会保护储户的信息，但是在必要的时候，监管机构和执法机构还是可以获取储户的交易信息。尽管比特币交易记录是以分布式记账的方式存在于每一个计算节点上，信息是完全公开的，但是由于其匿名性和转移的便利性，交易者可以很方便地操作数百个账户进行比特币资产的转移。而且由于会接收全网的交易记录，数据量非常庞大，大多数计算节点只会保留当前比特币的所有权地址，以及一定时期内的交易记录，不可能将所有的交易记录完全保存下来，造成事实上无法追溯比特币交易的现象。在当前的纸质货币条件下，用户之间的交易，不论是采用现金还是银行转账，某些条件下是可以追踪的，某些条件下也可能无法追踪。

第三，非负债性。尽管没有实体，比特币却是一种客观存在的"解"，当比特币作为货币替代物来使用时，没有任何人需要为比特币的价值负责。比特币是持有者的资产，却不是任何人的负债，这种性质类似于黄金。黄金是客观存在的"物"，只要被开采出来，就是其所有者的资产，但不是任何人的负债。信用货币则不然，是持有者的资产，同时也是发行者的负债。信用货币发行者需要对发行的货币币值负责。虽然历史上不乏"不负责任的货币发行者"，但均以恶性通货膨胀、经济受到严重损伤为结局。

第四，总量有限。比特币的总量有 2 100 万的上限，而且其发掘过程也通过算法进行了制约，所以比特币的总量呈现为一个有规律、缓慢上升的过程，将于 2140 年到达其总量的上限。从这一点来说，比特币也很像黄金，有储量的上限，终有一天会被采光。在金本位制度下，黄金本身的供给受到各种因素的制约，如黄金储量、黄金冶炼技术等因素。在 19 世纪末期，随着金矿的发现（如加利福尼亚的淘金热）和黄金冶炼技术的提高（氰化法的出现），黄金的供给就可以增加。从长期来看，如果一种货币的数量无法随着经济的发展而不断增加发行量，必然导致货币流通领域出现问题。在历史上，中国的白银货币在清末民初出现过两次大规模的外流。一次是鸦片战争前夕，由于鸦片贸易导致中国的对外贸易逆差，需要用白银支付；另一次是 1933 年罗斯福总统上台后颁布的《白银法案》导致中国白银外流。每一次白银外流均使得中国出现了通货紧缩。如果比特币的规模不能随着经济增长而增加，必然会出现类似的通货紧缩过程。从短期来看，比特币要成为货币，必然要求自身价值相对稳定。如果比特币的价值本身出现大幅度波动，显然也不符合其作为货币的内生要求。这是比特币无法取代各国主权货币的最为重要的原因。在信用货币时代，信用货币的数量由中央银行调控。中央银行可以完全控制基础货币的数量，理论上中央银行可以创造任意数量的基础货币。不过，各国中央银行的法律都对中央银行的目标和职责进行了规定，要求各国中央银行以维持物价稳定为首要目标。

第五，超主权性。比特币的使用依赖于网络，只要有互联网的地方，就可以使用比特币，所以比特币是一个跨越国界、超主权的"货币"。信用货币一般由各国中央银行发行，在一国范围内具有主权性。然而伴随着世界经济与金融的一体化进程，美元、欧元等货币日益成为国际货币，尤其是在部分出现恶性通货膨胀的国家，美元成为当地民众日常交易的主要货币。因此，信用货币存在主权性和超主权性并存的特征。比特币的使用不受地域限制且具有匿名性，可以认为这是比特币的特征之一，但不是比特币的唯一特征。现实中的美元现钞以及国际化浪潮下的人民币境外使用都不受地域限制，在使用中也同样具有匿名性。

第六，从交易对象到标价货币。现阶段的比特币是交易的对象还是交易的支付工具？对于这一点，不少人存在认识上的偏差。以人民币为例，人民币是国内的法偿货币，在发挥价值尺度的时候，会以如下形式表现出来：

$$1 台电视机 = 3\ 000 元人民币$$
$$1 部手机 = 2\ 500 元人民币$$

也就是说，人民币充当计价货币是处于上述等式的右侧。相反，目前比特币在市场上广泛交易，其表现形式也类似于 1 比特币 = 5 000 元人民币。此时的比特币是作为被标价的商品，是人民币或其他货币买卖的对象。换言之，如果比特币要成为能够替代人民币或者美元的货币，就必须在商品的标价过程中，从等号的左边变化到等号的右边，以下列形式表现：

$$1 台电视机 = 8 个比特币$$
……

只有当商品交易以这种形式出现，比特币才可以替代现有的货币发挥价值尺度的功能。否则，比特币的出现仅仅就类似于社会上出现的某种奢侈品，被人们所追捧与投机。从比特币现实的交易来看，比特币目前还是交易和投资的对象。比特币取代现实生活中的任何一种货币，包括美元、人民币等货币在内，几乎是不可能的事情。2013年12月18日，中国人民银行约谈了第三方支付机构，关闭了比特币的交易通道。在此之前，中国人民银行对比特币的相关风险进行了分析，认为比特币存在较高的投机风险、交易过程中的交易对手方风险、资金安全风险和清算结算环节的风险等。此外，还有利用比特币进行洗钱的风险、被违法犯罪分子或组织利用的风险等。

知识点：
咸丰朝的货币改革家王茂荫

5.4 如何理解中央银行发行数字货币

2013年以来，不少中央银行开始讨论发行数字货币。在这些讨论中，都会涉及区块链、分布式记账技术等专业术语，对于非计算机专业的人士来说，要完整地理解这些概念具有一定的难度。比特币的出现离不开互联网和数字加密技术。比特币的重要特征之一就是不可伪造性。同样，中央银行发行的纸币也有各种防伪特征。然而，有多少普通民众甚至经济学家了解央行纸币采用了哪些防伪技术？又有多少经济学家会对央行纸币采用了哪些印刷技术了如指掌呢？不了解这些技术，是否妨碍经济学家分析货币的演进规律？是否妨碍经济学家对货币流通规律的掌握？如果这些都不构成障碍的话，经济学家对数字货币的分析就应该跳出加密技术这些术语的限制，从经济学的角度对央行数字货币的出现、流通规律等问题进行前瞻性的分析。电子货币是基于现有客户的银行账户，实现了账户内资金的电子化，包括常见的银行卡、网银等。如果说法定数字货币和比特币都是基于区块链技术和分布式记账方法产生的新型货币，这两者又存在什么差异呢？我们可以从以下两个角度来分析。第一，货币的资产和负债特征；第二，是否存在去中心化（decentralization）的特征。

从资产和负债的角度来看，电子货币是发行机构（如商业银行）的负债，是持有者的资产。比特币的性质是怎么样的呢？显然，比特币具有和过去商品货币（金或银）相同的性质，即它不是任何机构的负债，但是持有者的资产。对于中央银行发行的法定数字货币而言，它依然是持有者的资产，同时是中央银行的负债。从持有者的角度来看，法定数字货币是纸质中央银行钞票的数字化，不过是采用了更先进的技术手段（区块链和分布式记账）的货币，更加安全，防伪性能更高而已（如同塑料货币在防伪性能上对纸质货币的超越）。从是否存在去中心化的特征来看，比特币具有去中心化的特征，不存在垄断的比特币发行机构，并且比特币的总量有限，所以没有任何人可以操控比特币的数量，这一点非常类似金（银）等商品货币。电子货币和法定数字货币则都具有中心化的特征，即这两类货币都存在相应的发行机构，电子货币主要由商业银行发行，法定数字货币由央行发行，但是这两类货币的发行和流通都离不开发行机构最后的清算。

目前，各国流通的现钞主要是纸币。相对以金银为代表的商品货币而言，纸币的出现是一种超越。这种超越体现为货币从单一的资产特征过渡到了资产负债的双重特征。如前所述，所谓货币的单一资产特征，就是货币不论在谁的手上，都是其资产。所谓货币的资产负债特征，就是货币是发行者的负债、持有者的资产。金币在政府手中，是政府的资产；当政府向经济主体购买商品或服务之后，金币到了经济主体的手中，金币仍然是经济主体资产，此时金币既不算政府的资产，也不是政府的负债，可以说经济主体手中的金币与政府没有任何关系。对于政府（央行）发行的纸币来说，纸币是发行机构（央行）的负债，是持有者的资产。因此，有学者认为纸币的出现是人类社会的伟大创举。从纸币时代发展到互联网时代的今天，数字货币出现了。数字货币可以分为两类，一类是比特币这样的去中心化的数字货币，另一类是央行发行的具有中心化特征的数字货币。比特币类似于过去的金或银，法定数字货币类似于政府（央行）发行的纸币。政府发行的货币从有形的纸质货币过渡到无形的数字货币，这种超越体现了社会成本的节约和货币安全性的提升。问题是在未来，比特币有无可能代替法定数字货币呢？从货币的演进历史来看，金本位（银本位）已经不适应各国经济发展的需要，早已被人类扔进了历史的垃圾堆。这可以从黄金（白银）的数量和价格角度来解释。在黄金数量有限的背景下，或者说在黄金的数量赶不上商品与服务的数量增长的背景下，黄金的价格必然出现波动。作为货币而言，其自身价值保持稳定是其发挥货币职能的基础。如果自身的价格波动剧烈，且数量有限，那么这种缺乏供给弹性的商品就不可能成为货币。因此沿着这一思路，比特币是不可能取代各国中央银行发行的纸质货币以及法定数字货币的。

5.5 特别提款权是货币吗

特别提款权是国际货币基金组织于 1969 年创设的，目的是通过补充成员国官方储备以支持布雷顿森林体系下的固定汇率制度。特别提款权的价值最初确定为 0.888 671 克纯金（即 1 盎司黄金价值 35 美元），相当于当时的 1 美元。1973 年布雷顿森林体系崩溃后，特别提款权被重新确定为一篮子货币，几经变化，2016 年 10 月之后根据五种主要国际货币（欧元、日元、英镑、美元和人民币）构成的篮子确定。IMF 网站每天刊登特别提款权的美元等值数额。它是根据伦敦市场每天中午汇率报价，按四种篮子货币以美元计值的具体数额之和来计算的。特别提款权都具有哪些主要特征呢？

第一，根据《国际货币基金组织协定》（第十五条第一款和第十八条），基金组织可以按成员国在基金组织份额的比例向其分配特别提款权。这相当于向每个成员国提供了一项无成本无条件的国际储备资产，该资产既不获取利息，也不支付利息。然而，如果一个成员国的特别提款权持有额超过其分配额，该国就从超出部分获取利息；相反，如果一国持有的特别提款权少于分配额，该国就对不足部分支付利息。

第二，自特别提款权设立以来，国际货币基金组织进行了三次普遍性质的分配。第一次分配总额为93亿特别提款权，在1970～1972年期间按年拨付。第二次分配为121亿特别提款权，在1979～1981年期间按年拨付。这两次分配使累计特别提款权分配达到214亿特别提款权。为了减轻2008年国际金融危机的影响，2009年8月进行了1 612亿特别提款权的第三次特别提款权分配。经过特别提款权的三次普遍分配和一次特殊分配，特别提款权分配累计总额达到约2 040亿特别提款权（按2012年12月28日汇率折算约相当于3 140亿美元）。

2009年，IMF对特别提款权进行了一次性的特殊分配，数额为215亿特别提款权。这次特殊分配是根据《国际基金组织协定》第四次修订进行的操作，旨在改变各成员国持有的特别提款权份额与其在国际经济体系中的地位不相称的现状，1981年后加入国际货币基金组织的国家（占现有基金组织成员国数量的五分之一以上）在2009年以前从未获得过特别提款权分配，此次分配额外照顾了贫穷国家和发展中国家的利益。

特别提款权的历次分配如表5-1所示。

表 5-1 特别提款权的历次分配

时　间	分配数量（亿SDR）	备　注
1970～1972年	93	普遍性质的分配
1979～1981年	121	普遍性质的分配
2009年8月10日	215	特殊的一次性分配
2009年8月28日	1 612	普遍性质的分配

第三，对于各成员国而言，IMF新分配一笔特别提款权，该国的国际收支平衡表的"储备资产"账户的资产方应加上这笔新的特别提款权，同时"非储备性质的金融账户"下的"其他投资"的负债方"特别提款权"也增加了，该国的净资产保持不变。

显然，特别提款权具有超越主权的特征，也仅仅是计算特别提款权的价值时，将世界几大关键货币考虑在内，但是它有无可能成为世界货币呢？目前，人民币已经成为SDR的篮子货币。从本质上看，SDR仅仅是若干种货币的组合，也就是所谓的一篮子货币。至于篮子中应该包括几种货币，则是一个典型的技术性问题。这种篮子货币成为世界货币（或者称为国际货币）与主权国家货币成为世界货币存在一定的差异。最大的差异体现在发行机制上，主权国家货币发行是信贷机制，而SDR的发行是分配机制。所谓信贷机制，就是主权国家货币发行量的扩大是通过发行银行资产与负债的同时扩大实现的。主权国家货币体现了发行银行与持有人之间的债权债务关系，是持有者的资产，发行银行的负债。分配机制则完全不同。一方面，SDR不是分配机构（IMF）的负债，但是是持有者的资产。另一方面，SDR流通量的扩大，主要依赖于两个层面：第一个层面是分配机构（IMF）的分配，按照一定规则分配给 IMF 各成员国；第二个层面是分配机构（IMF）对有关国家的融资，尤其是发生国际收支危机或者货币危机的国家。因此，特别提款权要成为国际货币，IMF 必须改革特别提款权的运行机制，世界各国乃至各国的社会公众不是通过分配机制而是采用信用机制获得 SDR，SDR 才有可能成为国际货币。

5.6 本章小结

货币是资产还是负债？对于金属货币而言，货币是一种资产。对于以纸质货币为代表的信用货币而言，它是发行者的负债，是持有者的资产。购物卡的发行者是众多的非金融企业，所以购物卡也不属于货币。因为国债的发行者是政府财政部门，所以在现代社会国债不属于货币。比特币的底层技术——区块链、分布式记账等术语是计算机术语，不是金融术语。比特币的真实性（无法伪造）恰如各类纸币的防伪标记。这不应该成为分析比特币货币属性的障碍。比特币的资产性质非常类似于金属本位货币下的本位币，由于其数量有限等原因，比特币无法替代美元、人民币等信用货币发挥货币的职能，而只能成为社会公众投资的对象。SDR 不属于货币，它不属于 IMF 的负债，虽然它是持有国的资产。

第 6 章

银根与流动性

　　什么是银根？顾名思义，银根与白银有关，但是现在货币流通领域已经没有白银流通了。新闻常常报道说中央银行采取了放松银根的措施，我们大体可以理解为中央银行采取了扩张性的货币政策。但是，银根具体指什么呢？2008 年全球金融危机爆发之前，流动性泛滥曾经是中国的商业银行体系非常典型的现象之一。危机爆发后，各国中央银行先后采取了量化宽松的货币政策，不少国家出现了流动性过剩。中国从 2010 年开始也持续出现流动性泛滥的现象。为了抑制流动性泛滥，中国人民银行在两个阶段连续多次上调法定存款准备金率。第一个阶段是 2006 年 7 月到 2008 年 6 月，中国人民银行连续 18 次上调法定存款准备金率，从 7.5% 上升至 17.5% 的水平。第二个阶段是 2010 年 1 月到 2012 年 6 月，中国人民银行将法定存款准备金率从 16% 的水平连续 11 次上调至 21.5% 的水平。流动性泛滥已经成为中国金融体系运行的某种常态了，而流动性的问题却引起经济学家们激烈的争论。2013 年 6 月以来，中国银行同业拆借市场利率 SHIBOR 大幅飙升，6 月 20 日 SHIBOR 飙升至 13.44%，质押式回购隔夜利率盘中峰值甚至达到了 30%，7 天回购利率最高则达 28%。过去的流动性过剩瞬间消失，转而出现的是流动性不足，银行间同业拆借变得十分困难，市场上甚至出现了无钱可借的状态，市场人士认为出现了"钱荒"。这种现象一直持续到 2014 年年初。什么是钱荒？2013 年中国广义货币供应量 M2 已经位于世界第一，超过 100 万亿元人民币。货币供应量规模如此之大，为何还会出现钱荒？这让不少民众百思不得其解。什么是流动性泛滥？什么是钱荒？这两者存在什么联系和差异？银根与这两者又是什么关系？这些问题常常引起不少人的困惑。本章将对此展开分析。

6.1　银根和流动性

　　银根是旧中国金融业的术语之一。它不仅涉及中国近代金融史，而且涉及货币发行制度划时代的变化。在 1935 年中国国民党政府实施法币改革之前，中国的货币制度可以称为银铜本位制，即流通的本位货币是白银（又分为银圆和银两两大类），小面额货币是铜板。与此同时，还有各式各样的纸币，按照票面上的约定，有的可以兑现为白银，有的可以兑现为铜板。这些纸币有的是国内银行发行的，有的是外国银行发行的。在这个阶段，由于各家银行发行的纸币（又称为银行券）是可兑现的，所以对每家银行而言，就相当于负债方的银行券与资产方的商品货币白银保持其面额规定的兑换比例。

试想，如果某家银行资产方的白银库存（也可以称为"白银储备"）下降，而其他信贷资产增加，其面临的银行券兑付白银的风险就增加了。由于某种因素，整个社会的白银存量下降（如中国对外贸易逆差），而流通中的银行券却没有下降，为了保证银行券的兑付，各家银行有必要收缩其资产业务，如收回贷款，使得资产负债表的规模下降。因此，在金属本位货币时代，包括可兑现的信用货币时代，银根紧张就是指金融机构资产方的白银存量减少。

知识点：
20 世纪 30 年代南京政府的法币改革

当然，如果整个银行体系的白银库存没有增加，但是银行体系向经济系统提供了大量的信贷，其结果是整个银行体系的信贷资产增加，负债方的银行券增加，导致银行券与白银存款的比率高于经济稳定时期的这一比率，那么，也可能形成银根紧张的局面。在现代中央银行制度下，银根指代的是什么呢？在这种情况下，银根是各家金融机构在中央银行的超额准备金（excess reserves）。它是商业银行的资产，中央银行的负债。如果超额准备金下降，表示银根紧张；反之，则表示银根松弛。

流动性（liquidity）在现代金融学中是一个经常出现的专业术语。什么是流动性？我们可以从两个方面来理解。一方面是从数量的角度来理解，另一方面是从性质的角度来理解。从数量角度来理解流动性，可以分为整个银行体系和单个银行两个角度。从整个银行体系来看，就是整个银行体系在中央银行的超额准备金与商业银行的全部库存现金；从单个银行来看，就是其在中央银行的超额准备金、库存现金、存放在其他商业银行的同业存款以及短期国债等资产。从性质角度来理解流动性，流动性就是某项金融资产转化为现金的时间和成本。时间越短，成本越低，该项金融资产的流动性就越高。此外，还有两个相关的概念——市场流动性（market liquidity）和融资流动性（funding liquidity）。市场流动性是指在不改变价格的情况下，资产变现的容易程度。如果市场上交易正常，但是经济主体需要较高的市场溢价才能够变现的话，这时市场流动性的风险开始显现。可以说，这一概念是经济主体的资产方来描述的，也可以表示为资产流动性。融资流动性是指具有偿付能力的金融机构，其偿付到期债务的容易程度。如果具有偿付能力的融资主体在借入资金、偿还到期债务的过程中遇到困难，就表明融资主体出现了流动性不足（illiquidity）。融资流动性是从经济主体的负债方来描述的，也可以表示为负债流动性。对于中央银行的宏观调控而言，从哪个角度理解流动性更有意义呢？显然，从数量角度的分析更具有价值。从具体的操作层面来看，中央银行如何实现宏观调控呢？纵观各国中央银行的操作方法，主要以中央银行的超额准备金为调控对象（由于金融机构库存现金占比很低，这里存而不论）。从具体的操作方法来看，中央银行对超额准备金的影响有两种方式：一是价格（利率）策略，即控制金融机构相互拆借超额准备金的利率水平；二是数量策略，即控制金融机构超额准备金的数量规模。在后面的章节我们还会详细分析。

一般而言，流动性就是过去中国传统银行业所说的银根。银根、超额准备金和流动性三者代表同一个内容。如果从延续性来看，应该是从商业银行资产的角度来表述更为恰当，因为银根是金属货币制度下金融机构的资产；此外，在金属货币时代（不含可兑现的信用货币时代），中央银行制度还没有完全确立。然而，在中央银行制度下，超额准备金扮演的就是银根的角色。由于超额准备金又是中央银行的负债，基于中央银行宏观金融调控的角度，有哪些因素可以影响超额准备金呢？接下来，我们从中央银行负债的角度来表述和分析。

6.2 超额准备金的供给与需求

在进一步分析中央银行调控模式之前，我们需要了解金融机构超额准备金（即流动性）的供给与需求。所谓超额准备金的供给，就是导致超额准备金余额的增加；所谓超额准备金的需求，就是导致超额准备金的下降。前者被视为货币政策的扩张性迹象，后者被视为货币政策的紧缩性迹象。超额准备金都有哪些作用呢？有哪些因素会导致超额准备金的变化呢？这不仅涉及中央银行的负债，而且涉及中央银行的资产。

第一，法定存款准备金。自从法定存款准备金制度实施以来，金融机构被要求在中央银行存入一笔被称为法定存款准备金的资金，以保证遇到客户挤提有资金以应付这一局面。当法定存款准备金率上升，中央银行的超额准备金下降，法定存款准备金上升；反之，超额准备金上升，法定存款准备金下降。

第二，流通中现金。当商业银行涉及现金业务时，就会影响中央银行的超额准备金账户与货币发行账户。在第1章我们介绍过，货币发行账户又分为流通中现金账户和库存现金账户。以商业银行吸收现金存款为例，商业银行吸收的现金存款增加时，流通中现金余额下降，库存现金余额上升。由于商业银行不会保留太多的库存现金，转而将超额的库存现金上交中央银行，由此使得商业银行的超额准备金增加，库存现金下降。忽略库存现金账户的变化，我们可以发现货币发行账户会影响准备金账户。同样，商业银行出现客户提现业务，也会从反方向影响准备金账户。

第三，政府存款。政府存款的变化同样会影响商业银行的超额准备金账户。当商业银行的客户缴纳税款时，政府存款的余额会增加，超额准备金余额会下降。当政府财政支出增加时，则会出现反向变化。具体来看，假定法定存款准备金率为10%，商业银行某客户需要纳税100万元。从商业银行资产负债表来看，负债方客户存款下降100万元，资产方法定存款准备金下降 10 万元，超额准备金下降 90 万元。这是最终的结果，没有给出中间的步骤。原本商业银行负债方的客户存款下降 100 万元，资产方的超额准备金下降 100 万元。但是，负债方客户存款下降 100 万元之后，法定存款准备金随之下降 10 万元，超额准备金上升 10 万元，最终超额准备金下降 90 万元。

第四，中央银行票据。中央银行票据的发行在中国近年来宏观金融调控的过程中表现非常抢眼。曾经面临本币升值压力的国家也有不少采用发行中央银行票据的方法。为了对冲外汇储备快速增加导致的商业银行超额准备金上升，中国人民银行采取发行中央银行票据的方法来回收商业银行的超额准备金。当中央银行票据发行时，商业银行的超额准备金余额下降，中央银行票据余额上升；当中央银行票据到期时，商业银行的超额准备金余额上升，中央银行票据的余额下降。

第五，外汇储备。当中央银行的外汇储备增加时，直接影响超额准备金。具体变化如下：资产方外汇储备增加，负债方超额准备金增加。反之，外汇储备下降，超额准备金下降。一般来说，主要发达国家的中央银行持有的外汇储备占其资产的比重不会太高，这一点在中国却表现得完全不同。2014 年年末，国外资产（foreign assets）余额达到 278 622.85 亿元，占中国人民银行资产总额的 82.3%。由于持有大量的外汇储备，中国人民银行面临币种错配带来的巨大风险。

第六，国债资产。在主要发达国家，中央银行的主要资产是对政府的债权，即国债。国债的增加使得商业银行的超额准备金增加。其变化原理类似上面提到的外汇储备。与此同时，国债还是中央银行进行本币公开市场操作的主要对象。中央银行买卖国债的时候，往往采用两种方式：一种是直接买卖，另一种是回购操作。这两者本质上对超额准备金的影响并无不同。差异只是前者的操作要么是买，要么是卖，是一次性的操作。后者是复合型的操作，要么先买后卖，要么先卖后买。无论如何，买入国债，增加超额准备金；卖出国债，减少超额准备金。美联储将此渠道形成的超额准备金定义为非借入准备（non-borrowed reserves）。

第七，再贴现。中央银行对商业银行持有的商业票据予以再贴现，即商业银行以其持有的商业票据为抵押，向中央银行融资。美联储将此渠道形成的超额准备金定义为借入准备（borrowed reserves）。

为了实现高效清算，有的国家还规定商业银行需要在中央银行保留一定的资金，用于同业清算和提现的需要。例如，美联储就开设有这种性质的账户，将这类账户中的存款余额称为契约型清算准备金余额（contractual clearing balances）。

在中国人民银行资产负债表的以上七个科目中，如果负债方的科目余额上升，则超额准备金下降；如果资产方的科目余额上升，则超额准备金上升。因此，影响超额准备金的因素不仅来自负债方，而且来自资产方。

知识点：
中国区分借入准备和非借入准备是否有意义

6.3 流动性过剩与钱荒

早在 21 世纪初，中国经济还处于通货紧缩的状态之中，学界还在为中国是否陷入了"流动性陷阱"争论不休。随着人民币贬值压力的消失以及升值压力的不断增加，国内经济逐渐复苏乃至有过热的迹象，中国银行体系流动性过剩（也称为"流动性泛滥"）的问题在 2006 年下半年逐渐显现，中国人民银行在 2006 年上调法定存款准备金率 3 次，2007 年上调法定存款准备金率 10 次，同时这一问题也在当年进入了《政府工作报告》，报告称："继续实行稳健的货币政策，综合运用多种货币政策工具，合理调控货币信贷总量，有效缓解银行资金流动性过剩问题。"然而究竟什么是流动性过剩？什么原因导致流动性过剩？这些问题在学者中间仍然没有达成一致。流动性过剩（泛滥）是一种量的过剩，在英文中的表述是 excess reserves。流动性过剩（泛滥），主要是从中央银行宏观调控的角度来分析的。从指标上来看，就是商业银行体系的超额准备金数量。导致这段时间中国银行体系流动性过剩的原因是什么呢？主要是中国的外汇储备急剧增加。2006 年开始，月均外汇储备增加超过 200 亿美元，2007 年达到近 390 亿美元，2008 年全球金融危机爆发前的 8 个月，月均外汇储备增加超过 440 亿美元。如此大规模的外汇储备增长，使得中央银行资产急剧膨胀，同时导致负债方的超额准备金迅速增加，从而形成流动性过剩。为了解决流动性过剩的问题，中国政府在 2007 年成立了中国投资有限责任公司，对外汇储备进行分流。对于 2007 年 9 月末近 14 336 亿美元的外汇储备而言，2 000 亿美元的分流规模占比不到 15%。由于操作层面的问题，中央政府没有可能直接从中国人民银行划拨 2 000 亿美元给中投公司，因此财政部在 2007 年通过发行特别国债的方式筹集 15 500 亿元人民币，购买了相当于 2 000 亿美元的外汇储备作为中投公司的注册资本金。这对中国人民银行来说，仅仅是资产方的资产置换（即中央银行外汇储备资产的下降，中央银行特别国债的上升），不影响负债方，也就对负债方的超额准备金不产生影响，所以这不足以解决流动性过剩问题。为了解决这一问题，中国人民银行采取了发行中央银行票据的方法以及不断提高法定存款准备金率的方法，才逐步解决了中国银行体系流动性过剩的问题。

【立德树人小故事】 1907 年金融危机与美联储的成立

1907 年美国爆发了一场严重的金融恐慌，是美国西部蒙大拿州的铜矿投机引起的。由于电的发明和广泛应用带来了对铜的巨大需求，蒙大拿州和亚利桑那州的铜矿被大规模开采。奥古斯塔特·海因兹，曾经是波士顿—蒙大拿矿业公司（Boston and Montana Company）的雇员，他对探矿非常精通，利用当时的法律漏洞，肆意在本属于波士顿—蒙大拿矿业公司的矿脉中采矿，获得大量财富。波士顿—蒙大拿矿业公司是行业巨头——统一铜矿公司（Amalgamated Copper Company）的子公司。统一铜矿公司的董事会成员包括 J.P. 摩根、标准石油公司的高级主管 H.H. 罗杰斯、第一国民议会的老板、石油大王洛克菲勒的弟弟等。他们对海因兹厚颜无耻的行径无可奈何，为了避免损失扩大，统一铜矿公司不得不买下海因兹在蒙大拿的全部产权。海因兹因而大赚了一笔，信心膨胀的海因兹觉得在股市上也可以教训一下这些不可一世的商界大佬。统一铜矿公司的董事们吃了一次暗亏，试图寻机报复海因兹。

发财之后的海因兹和另一家公司的创始人——查尔斯·莫尔斯联手，利用手中的资金获得了几家商业银行的控制权，包括尼克博克斯信托公司㊀的控制权。海因兹和莫尔斯合作开设了一家公司——联合铜矿公司（United Copper Company），资本金高达8 000万美元。该公司除了通过股票募集的资金之外，并没有什么实际资产。这两人并不是想生产铜，而是希望通过操纵该公司的股价来获利。从1907年2月开始，联合铜矿公司的股票一路上涨。在10月，整个股市开始崩溃，海因兹开始实施其坐庄计划。10月14日（周一），当其他铜业公司的股价都在下跌时，联合铜矿公司的股价却一路上升，从每股37.5美元上涨至每股60美元。然而此时，联合铜矿公司的负面报道频频见诸报端。不受海因兹和莫尔斯控制的银行要求两人提前偿还贷款，迫使他们在股价最低点卖出股票。整个华尔街都在传言，对联合铜矿公司的这一系列打压都来自统一铜矿公司的董事们的幕后操作。周二，该公司股价跌至每股36美元，周三跌至10美元。海因兹的坐庄计划破产了。

海因兹控制的其中一家商业银行出现了挤提，听命于标准石油的纽约清算中心（New York Clearing House）拒绝向该银行提供资金帮助，除非海因兹和莫尔斯辞职。10月18日，两人被迫辞职，但是这并没有挡住公司股价的进一步下跌。海因兹控制下的尼克博克斯信托公司也陷入了公众挤提的浪潮。10月22日，该公司不得不宣布破产。统一铜矿公司的董事们复仇成功了，但是整个国家的银行体系却面临巨大的威胁，此时没有一家金融机构承担"最后贷款人职能"。尼克博克斯信托公司的破产引发另一家银行——美国信托公司（Trust Company of America）也陷入危机。此时，美国还没有成立中央银行，美国政府对银行倒闭的多米诺骨牌现象束手无策，人们将希望的目光投向了华尔街的大佬——J.P.摩根和位于华尔街23号的摩根银行。石油大王洛克菲勒向J.P.摩根承诺出资1 000万美元，财政部、纽约清算中心、其他商业银行也先后承诺提供资金支持，以避免危机扩大。大把的资金存入问题金融机构，避免了银行的破产。

10月24日，J.P.摩根再次召集最为重要的几家金融机构的总裁开会，他很快募集到2 700万美元，帮助纽约证券交易所那些经纪人渡过难关。此外，他还放出话来警告此时试图做空的投机者。当天晚上，纽约的银行家们在摩根的私人图书馆开会，商讨对策。最终的方案是动用纽约清算中心的存款，并决定改用清算中心的存款凭证进行结算，同时支付6%的利息。这相当于纽约清算中心按6%的利率贷款给流动性不足的金融机构。当银行体系流动性大幅增加之后，1907年的金融恐慌也随之结束。在此次危机当中，J.P.摩根和摩根银行成为美国万众瞩目的中心，扮演着事实上美国中央银行的角色。这场金融危机使得美国各界终于认识到为了从根本上解决类似的危机问题必须成立中央银行。即使是反对派也认为，没有中央银行，经济就难以实现正常运行。

㊀ 尼克博克斯（Knickerbockers），原意为最初到纽约的荷兰移民的后代，或者指荷兰籍纽约人，也泛指纽约人。尼克博克斯信托公司（Knickerbockers Trust Company），它本质上是一家银行，即纽约信托银行。到1907年，该公司是全美最大也是最成功的信托公司之一。

美国国会很快成立了国家货币委员会（National Monetary Commission），由该机构提出建立中央银行的方案。经过激烈的争论，美国国会最终通过了《联邦储备法》（Federal Reserve Act）。曾经担任普林斯顿大学校长的伍德罗·威尔逊总统于1913年12月23日签署了《联邦储备法》，1914年11月各家联邦储备银行正式开业，此时第一次世界大战爆发已有三个月。

什么是钱荒呢？在中国实行金属本位货币时代，如明清两朝的银钱本位制时代，钱具体指制钱，是根据当朝法律规定由官炉铸行的钱币，是普通民众日常交易的小额货币。制钱的成分是铜铅的合金，一般以铜六铅四的比例配铸。制钱基本形制仍为圆形方孔。制钱以文为单位，法定一千文为一串，合银一两。制钱名义上具有无限法偿能力，但实际上其职能受到各种限制。一般大额、远途交易用银，小额、近程交易多用制钱。由于白银和铜的实际比价与白银与制钱的官方比价存在差异，不同的时代就先后出现过银贵钱贱和钱贵银贱的现象。如当中国对外贸易出现顺差，国外白银大量流入的时候，就会出现钱贵银贱的现象，也就是所谓的钱荒现象；当中国由于鸦片贸易出现贸易逆差时，国内白银大量外流，就会出现银贵钱贱的现象，此时就会出现银荒现象。清末机制铜元出现，制钱遂最终被逐出流通领域，不再使用。

明朝永乐通宝

在信用本位货币时代，钱荒就是流动性过剩的反义词，也就是流动性不足的表现，具体表现为金融机构在中央银行的超额准备金余额出现了问题，这分为两种情况：第一种是总量不足，第二种是总量充足，但金融机构之间出现了结构性的不平衡。2013年6月25日中国人民银行在其网站上发布的《合理调节流动性 维护货币市场稳定》新闻是这样表述的："当前，我国经济金融运行总体平稳，物价形势基本稳定。前5个月货币信贷和社会融资总量增长较快。5月末，金融机构备付率为1.7%，截至6月21日，全部金融机构备付金约为1.5万亿元。通常情况下，全部金融机构备付金保持在六七千亿元左右即可满足正常的支付清算需求，若保持在1万亿元左右则比较充足，所以总体看，当前流动性总量并不短缺。"流动性总量并不短缺是否就意味着不会出现钱荒呢？并不尽然。当各家商业银行对彼此到期偿还同业拆借款的能力有所怀疑，即使本行在中央银行的头寸充足，出于谨慎性的考虑，也可能不会将资金拆放给其他同业机构。因此，在分析钱荒这一现象时，不仅要看商业银行体系在中央银行的超额准备金的总量，还要分析各家商业银行愿意拆出的超额准备金规模，更要分析准备拆入超额准备金的商业银行是否有能力还款。此外，我们还可以从同业拆借利率的角度来分析。在对市场出现恐慌，商业银行体系即使拥有足够大的超额准备金，但是个别商业银行的流动性不足，各家金融机构以自保为目标的前

知识点：
海曼·明斯基提出的三种融资模式

提下，也会出现银行同业拆借利率飙升的现象。相反，在流动性过剩的情况下，银行同业拆借利率必然走低。2013 年 6 月 25 日中国人民银行还在《合理调节流动性 维护货币市场稳定》中写道："受贷款增长较快、企业所得税集中清缴、端午节假期现金需求、外汇市场变化、补缴法定准备金等多种因素叠加影响，近期货币市场利率仍出现上升和波动。"这些因素如何影响商业银行的流动性并导致钱荒呢？这里简要解释如下：商业银行贷款增加的结果是资产方贷款增加的同时，负债方企业存款增加，由于需要为这部分企业存款缴纳法定存款准备金，所以需要消耗超额准备金。企业所得税集中清缴消耗超额准备金在前面的"政府存款"科目中已经提到，端午节假期现金需求在前面的"货币发行"科目中已经提到，外汇市场变化在"外汇储备"科目中已经提到（不过此时外汇储备出现了下降，2013 年 6 月末货币当局资产负债表"外汇"的余额比 5 月末减少 91 亿元人民币，外汇储备的负增长使得中国货币运行出现了与过往不同的模式，此前是外汇储备持续增加），补缴法定准备金在"法定存款准备金"科目中已经提到。也就是说，6 月份发生了许多使得超额准备金下降的事情，由此导致了某些商业银行在及时偿还拆借款项时发生了信用风险。综上所述，2013 年 6 月中国的银行体系出现的钱荒的含义已经不再区分"钱"和"银"的差异，而是笼统地表示银行体系的流动性不足。然而，社会各界对这一概念存在不同的认识。同时，有关人士还认为中国 M2/GDP 的比率全球最高，已经接近 200%。为什么如此大规模的货币供应量还会出现钱荒？这说明中国金融体系存在很大的问题。其实，流动性不足或者钱荒，主要是指金融机构在中央银行的超额准备金不足，体现为商业银行的资产，货币供应量 M2 则体现为银行体系（主要包括中央银行和商业银行等存款类金融机构）的负债，因此，中国的银行体系出现钱荒与 M2/GDP 比率涉及的是不同的问题。2013 年出现的流动性不足，中国人民银行进行了很好的分析。

6.4 原始存款和派生存款

在不少《货币银行学》教材中，原始存款和派生存款是非常重要的概念。什么是原始存款？什么是派生存款？两者的差异是什么呢？我们是否还有必要区分这一对概念？国内学者对这一问题进行过不少探讨。

6.4.1 国内教科书的传统观点

国内的教科书一般这样来解释：甲客户将 1 000 元现金存入 A 银行，该银行在缴纳 10% 的法定存款准备金之后，向乙客户发放贷款 900 元，乙客户将 900 元存入 B 银行，B 银行在缴纳 10% 的法定存款准备金之后，向丙客户发放贷款 810 元，丙客户将 810 元存入 C 银行，如此延续下去……最初的 1 000 元现金存款加上所有的新增存款 9 000 元，存款总额为 10 000 元。其中：1 000 元的现金存款就是原始存款，也被称为初始存款；新增的 9 000 元存款，则被视为派生存款。这当然是不考虑现金漏损和各家银行保留超额存款准备金的前提下。

原始存款可以形成派生存款，派生存款也可以形成派生存款，如 B 银行的存款可以派生出 C 银行的存款，等等。那么，原始存款与派生存款的差异是什么呢？不少教材认为现金存款才是原始存款，当然也有不同意见。如黄达教授（1997）认为 1 000 元的初始存款也可以是支票存款，他提到的支票存款实际上也就是转账存款，如果是这样，我们就无法确定原始存款和派生存款的差异了，因为 B 银行、C 银行也可以认为其获得的转账存款是原始存款。我们有三个问题值得探讨：第一，是不是只有现金存款才可以被认为是原始存款？转账存款就是派生存款吗？如果是这样，原始存款的定义就可以简化为现金存款，派生存款的定义就可以简化为转账存款。用于描述货币创造的这两个术语被简化成了两种形式的存款，远离了这两个术语的内涵规定。第二，社会上流通的现金是从哪里来的？即甲客户的 1 000 元现金来自哪里？如果商业银行有一种资金来源也可以形成派生存款，那这种资金来源是否可以被认为是原始存款呢？第三，如果没有 B 银行、C 银行等金融机构，A 银行是否可以实现存款派生呢？

6.4.2 三个视角的统一解释

要回答上述问题，仅仅从单个商业银行本身来进行分析不足以解决问题。为了更清晰地解释原始存款和派生存款的差异，必须从三个角度来同时进行分析，即单个商业银行资产负债表、整个商业银行体系资产负债表和中央银行资产负债表。下面以甲客户将 1 000 元现金存入 A 银行（法定存款准备金率为 10%）为例来分析。具体如表 6-1 所示。

表 6-1　甲客户的现金存款在三方资产负债表中的反映

（单位：元）

A 银行资产负债表		整个银行体系资产负债表		中央银行资产负债表	
资　产	负　债	资　产	负　债	资　产	负　债
库存现金　1 000	甲客户存款　1 000	库存现金　1 000	客户存款　1 000		流通中现金　-1 000 库存现金　　　1 000

甲客户将 1 000 元现金存入 A 银行后，A 银行的库存现金和客户存款同时增加；对于整个银行体系来说，其资产负债表也发生相同的变化。对于中央银行来说，只是负债方发生一增一减的变化，即流通中现金下降，金融机构的库存现金增加。假定 A 银行不保留库存现金，且缴纳 10% 的法定存款准备金。资产负债表的变化如表 6-2 所示。

表 6-2　A 银行缴存法定存款准备金在三方资产负债表中的反映

（单位：元）

A 银行资产负债表		整个银行体系资产负债表		中央银行资产负债表	
资　产	负　债	资　产	负　债	资　产	负　债
库存现金　-1 000 法定准备金　100 超额准备金　900		库存现金　-1 000 法定准备金 A 100 超额准备金 A 900			库存现金　-1 000 法定准备金　100 超额准备金　900

截至此刻，A 银行负债方的存款为 1 000 元，资产方的法定存款准备金为 100 元，超额准备金为 900 元。此刻还没有涉及其他银行，整个商业银行体系资产负债表的变化就是 A 银行资产负债表的变化情况。A 银行和整个商业银行体系的超额准备金都增加了 900 元。中央银行的负债方流通中现金下降 1 000 元，法定准备金增加 100 元，超额准备金增加 900 元。A 银行现在开始发放贷款，如果发放给乙客户的贷款数额仅为 900 元，则与其持有的超额准备金数额相同。乙客户将这笔资金转到 B 银行，B 银行为乙客户的存款缴纳法定存款准备金。

A 银行发放贷款后四方资产负债表中的反映如表 6-3 所示。

表 6-3　A 银行发放贷款后四方资产负债表中的反映

（单位：元）

A 银行资产负债表		整个银行体系资产负债表		中央银行资产负债表	
资　产	负　债	资　产	负　债	资　产	负　债
贷款　　　　900 超额准备金 -900	乙客户存款　900 乙客户存款 -900	贷款　　　　　900 超额准备金 A　-900 超额准备金 B　900 法定准备金 B　90 超额准备金 B　-90	乙客户存款 900		超额准备金 A　-900 超额准备金 B　900 法定准备金 B　90 超额准备金 B　-90
B 银行资产负债表					
资　产	负　债				
超额准备金　900 法定准备金　90 超额准备金　-90	乙客户存款　900				

上述过程结束之后，A 银行负债方的存款仍然为 1 000 元，资产方的法定准备金为 100 元，贷款为 900 元。此时，A 银行的超额准备金已经降为零了。此时此刻，如果 A

银行再发放贷款，不论新的客户是提现还是转账，A 银行都没有超额准备金来应付客户的需要了。换言之，A 银行已经到了存款派生的极限。此时，B 银行负债方的存款为 900 元，资产方的法定准备金为 90 元，超额准备金为 810 元。问题是 B 银行的 900 元存款是原始存款还是派生存款呢？从讲解过程来看，这 900 元是由 A 银行贷款业务派生而来的存款，属于过去教科书中所说的派生存款，但是对于 B 银行来说，了解这 900 元是原始存款还是派生存款有无价值呢？从 B 银行的角度出发，这笔存款为其带来了 810 元的超额准备金，与 A 银行获得甲客户的存款后增加 900 元的超额准备金相比，两者在比例上是相同的，其性质也是一样的。显然，仅仅从 B 银行的角度出发，区分这 900 元是原始存款还是派生存款的意义不大。对于整个银行体系来说，负债方的存款为 1 900 元，资产方的法定准备金为 190 元，贷款为 900 元，超额准备金为 810 元。从结构来看，A 银行的超额准备金为零，B 银行的超额准备金就是整个银行体系的超额准备金。从数量上看，超额准备金下降了 90 元。这表明存款派生的过程（也是 A 银行发放贷款的过程）消耗了整个银行体系的超额准备金。对比 A 银行获得的原始存款 1 000 元，整个银行体系增加了 900 元的超额准备金。存款派生之后，整个银行体系的超额准备金从 900 元降至 810 元。我们也可以从中央银行资产负债表来印证这一点：央行负债方的流通中现金减少 1 000 元，法定准备金增加 190 元，超额准备金增加 810 元。与存款派生之前相比，超额准备金下降了。

接下来，我们按照上述模式进一步分析 C 银行资产负债表和整个银行体系资产负债表的变化情况。读者可以发现，B 银行的信贷扩张与 A 银行已经没有任何联系了。如前所述，B 银行在信贷扩张之前，超额准备金为 810 元。因此 B 银行对丙客户发放贷款 810 元。随后丙客户将 810 元转入 C 银行。C 银行丙客户存款增加 810 元的同时，在缴纳存款准备金 81 元之后，超额准备金净增加 729 元。最终 C 银行资产负债表负债方丙客户存款增加 810 元，资产方超额准备金净增加 729 元，法定准备金增加 81 元。具体如表 6-4 所示。

表 6-4　B 银行发放贷款后四方资产负债表中的反映

（单位：元）

B 银行资产负债表		整个银行体系资产负债表		中央银行资产负债表	
资产	负债	资产	负债	资产	负债
贷款　　　810	丙客户存款　810	贷款　　　　810	丙客户存款　10		超额准备金 B　−810
超额准备金　−810	丙客户存款　−810	超额准备金 B　−810			超额准备金 C　810
		超额准备金 C　810			法定准备金　81
		法定准备金 C　81			超额准备金　−81
		超额准备金 C　−81			

C 银行资产负债表	
资产	负债
超额准备金　810	丙客户存款　810
法定准备金　81	
超额准备金　−81	

截至此刻，我们来分析 A 银行、B 银行、C 银行、整个商业银行体系和中央银行资产负债表的情况。具体如表 6-5 所示。

表 6-5　丙客户转账至 C 银行后五方资产负债表中的反映

（单位：元）

A 银行资产负债表		B 银行资产负债表		C 银行资产负债表	
资产	负债	资产	负债	资产	负债
贷款　　　　900 法定准备金 100	甲客户存款 1 000	贷款　　　　810 法定准备金 90	乙客户存款 900	超额准备金 29 法定准备金 81	丙客户存款　810
整个银行体系资产负债表				中央银行资产负债表	
资产		负债		资产	负债
银行贷款 A+B　　　　　900+810 法定准备金 A+B+C 100+90+81 超额准备金 C　　　　　　　729		甲客户存款　　1 000 乙客户存款　　　900 丙客户存款　　　810			流通中现金　　　　　　-1 000 超额准备金 C　　　　　　　729 法定准备金 A+B+C 100+90+81

截至这一阶段，银行体系负债方的客户存款 2 710 元，资产方的贷款 1 710 元，法定准备金为 271 元，超额准备金 729 元（A 和 B 银行的超额准备金为零，729 元全部为 C 银行持有）。对于中央银行来说，变化主要集中在负债方，流通中现金下降 1 000 元，超额准备金 729 元，法定准备金 271 元。对于 A 银行和 B 银行来说，两家银行没有可能进一步实现信贷扩张了，因为超额准备金均降为零了。对于 C 银行而言，还可以实现信贷扩张。读者可以进一步分析 C 银行乃至 D 银行等金融机构的信贷扩张。上述过程可以显示出以下规律：

第一，单家商业银行如果获得的是原始存款，不仅可以使得其本身的超额准备金增加，而且增加了整个商业银行体系的超额准备金。恰如 A 银行获得的 1 000 元现金存款，不仅使得自身超额准备金增加 900 元，而且使得整个银行体系超额准备金增加 900 元。

第二，单家商业银行获得派生存款时，其自身的超额准备金增加，但是整个商业银行体系超额准备金却减少了。例如，B 银行吸收的 900 元存款，虽然自身的超额准备金增加了 810 元，但是整个银行体系的超额准备金却从 900 元降至 810 元。所以 B 银行获得的乙客户 900 元转账存款就是派生存款。

第三，对于单家商业银行来说，不论最初增加的是原始存款还是派生存款，都会使其超额准备金增加，因此，对于单家商业银行而言，无法判断增加的存款是属于原始存款还是派生存款，都必须从整个商业银行体系的角度来判断。

第四，单家商业银行在获得存款计提准备金之后发放贷款的过程，就是一个存款派生的过程。这个过程不仅是单个商业银行超额准备金下降的过程，而且是商业银行体系超额准备金不断下降的过程。存款派生的极限就是超额准备金下降到零。如果不存在 B 银行、C 银行等金融机构，A 银行完全可以一次性实现存款的派生，并且使得派生存款增加到极限。这就是 A 银行一次性发放贷款 9 000 元，而不是此前的 900 元。可以发现，A 银行本身就代表了整个银行体系，A 银行存款派生到极限的时候，就是整个银行体系派生到极限的时候，也就是这笔原始存款带来的超额准备金下降到零的时候。

A 银行一次性实现存款派生至极限时三方资产负债表的反映如表 6-6 所示。

表 6-6　A 银行一次性实现存款派生至极限时三方资产负债表的反映

（单位：元）

A 银行资产负债表		整个银行体系资产负债表		中央银行资产负债表	
资　产	负　债	资　产	负　债	资　产	负　债
贷款　　　9 000 法定准备金　900 超额准备金　-900	客户存款　9 000	贷款　　　9 000 法定准备金　900 超额准备金　-900	客户存款　9 000		法定准备金　900 超额准备金　-900

第五，如果有一种资金来源，其效果不仅能够使得商业银行自身超额准备金增加，而且可以使得整个商业银行体系超额准备金增加，这种资金来源便具有原始存款的性质。从这个角度来看，任何一家商业银行获得的中央银行负债，都具有这个效果。例子中提到的现金就是中央银行的负债。类似还有中央银行的政府存款。当政府实现财政支出，资金从中央银行转移到在商业银行开户的某供应商手中时，这笔政府存款就是商业银行的原始存款。假定该供应商在 B 银行开户，某财政部门通过转账支付将资金从中央银行划拨到供应商的开户银行 B 银行，对于 B 银行来说，这笔资金虽然是通过转账方式获得的，但这笔存款仍然具有原始存款的性质。因此，原始存款与现金结算还是转账结算没有关系，而与商业银行获得的这笔资金是否来自中央银行有关。

第六，如果说原始存款和派生存款都是商业银行基于负债业务来增加超额准备金的话，那么商业银行基于资产业务也可以增加超额准备金，如中央银行从商业银行手中买进国债，中央银行从商业银行手中买入外汇，但是从最终效果来看，商业银行都由此增加了其超额准备金。此外，降低法定存款准备金率也有同样的效果。

第七，为什么各家商业银行会打存款大战？表面上各家商业银行争的是存款，实际上争的是超额准备金。从中央银行的角度来看，在中央银行不采取政策影响超额准备金的情况下，各家商业银行的存款大战是一种零和博弈，这种活动并不能增加整个银行体系的超额准备金。然而，站在某一家商业银行的角度来看，不论是原始存款还是派生存款，都会使得自身的超额准备金增加。存款大战的出发点就是各家商业银行希望增加本行的超额准备金。

第八，一般的《货币银行学》教材中之所以往往以现金存款为例来解释存款派生的过程，就是因为现金是中央银行的负债。但是现金不是从天上掉下来的，现金实际上是中央银行资产业务发生的结果，并最终通过商业银行在中央银行提现而进入流通领域。如前所述，如果将现金存款换作在央行开户的政府存款，其效果是一样的。

第九，还有其他的业务可以使得商业银行的超额准备金增加，这就是中央银行的再贷款或者再贴现业务。这也往往是中央银行实施最后贷款人职能情况下采取的操作。其结果是商业银行负债方的"向中央银行融资"账户增加，资产方的"超额准备金"账户增加。

第十，从货币供应量的角度来看，原始存款不会增加货币供应量总额，但是会改变货币供应量的结构，流通中现金减少，储蓄存款（或者是活期存款）增加；对于派生存款而言，它增加了货币供应量（活期存款增加）。

原始存款与派生存款是《货币银行学》教材中非常重要的知识点。但是，如何区分这两者的差异，一直以来经济学家们观点各异。原始存款和派生存款在教学过程中一直无法解释清楚。这里以金融机构资产负债表作为分析工具，从单个商业银行、商业银行体系和中央银行三个角度，来分析存款派生过程在各家金融机构中的变化。归纳来说，原始存款的性质是不仅使得单个商业银行超额存款准备金增加，而且使得整个商业银行体系超额存款准备金增加；派生存款的性质是只能够使得单个商业银行超额存款准备金增加，但是整个商业银行体系超额存款准备金下降；不论是对单个商业银行而言还是对整个商业银行体系而言，存款派生到极限的过程就是超额存款准备金下降到零的过程。

6.5 本章小结

综上所述，银根是旧中国金融业的专业术语，紧缩银根描述的是在中国银铜本位时期金融机构持有的白银减少的现象。在现代的不可兑现的信用货币制度下，银根是商业银行持有的超额准备金。超额准备金又被视为中央银行宏观调控视角下的流动性。更宽泛地说，流动性这一概念可以从性质和数量两个角度来理解。从性质上来看，流动性是指一种资产转换成现金在时间上的快慢和不受损失的程度。类似的例子有，货币供应量层次的划分就是按照流动性高低程度来决定的。商业银行经营的三原则之一就是流动性，具体而言流动性是指商业银行随时应付客户提现和满足客户贷款需求的能力。流动性在这里有两层含意，即资产的流动性和负债的流动性。从数量角度来看，流动性是一种量多少的规定，如商业银行在中央银行的超额准备金。流动性过剩（泛滥）是一种量的过剩，在英文中的表述是 excess reserves。流动性过剩就是商业银行体系超额准备金的过剩。钱荒就是流动性过剩的对立面，也可以称为流动性不足。具体分为两种情况：一种情况是绝对超额准备金总量不足，另一种情况是绝对超额准备金总量充足，但是出现了结构性的不平衡。各家商业银行愿意拆出的超额准备金数量有限，造成银行同业拆解市场资金供给的不足，在需求不变或者高涨的情况下，导致银行同业拆借利率趋高。因此，在分析流动性过剩或者不足问题时，除了主要从量的角度来考虑外，资金价格（利率）也反映出流动性状况的变化。

对于商业银行来说，不论是过去的流动性过剩还是 2013 年 6 月的钱荒，都是基于商业银行资产的角度来分析的。如果认为中国的广义货币供应量 M2 超过了 100 万亿元人民币，以至于不应该出现钱荒，分析的对象是整个银行体系（包括中央银行和商业银行在内）的负债，与流动性过剩与否完全是两回事。原始存款和派生存款是《货币银行学》的难点之一，本章详细阐述了这两者的差异。简单地说，原始存款不仅可以使得单家商业银行超额准备金增加，而且会使得整个商业银行体系的超额准备金增加。派生存款则仅仅使得单家商业银行的超额准备金增加。从单家商业银行来说，无法区分原始存款和派生存款。

第 7 章

货币供应量的统计

从数量的性质来看,货币供应量是一个存量指标,是在某一时点上经济主体(不含金融机构)所持有的货币性资产。从流动性的角度来看,货币供应量可以分为不同的层次,M0、M1、M2 等。从资产和负债的性质来看,不同层次的货币是经济主体(不含金融机构)的金融资产,是金融机构的负债。在各国宏观经济数据中,中央银行公布的货币供应量是最为重要的金融数据之一。那么,货币供应量是如何统计出来的呢?

7.1 货币统计的三大要素

IMF 认为,狭义(广义)货币供应量的统计有三个关键要素:①属于货币总量的金融工具(financial instrument),②货币持有部门(money-holding sector),③货币发行部门(money-issuing sector)。以下将就这三个要素进行分析。

7.1.1 货币与金融工具

货币只是诸多金融工具中的一种。金融工具是机构单位之间签订的、可能形成一个机构单位的金融资产并形成其他机构单位的金融负债或权益工具的契约,包括金融资产、金融负债、权益性工具和或有工具。一般来说,金融工具是其发行机构的负债,如股权负债和债务负债,是其持有者的资产。从金融统计的角度来看,金融工具具有以下 7 个特征:法律特征、或有和非或有性、流动性特征、货币单位特征、期限特征、主体特征和风险特征。

第一,金融工具的法律特征。该特征规定了合约双方的权利与义务的法律性质,包括三个方面，分别是资产与负债的对称性、本金的确定性、收益分配权与管理控制权等法律特征。除了货币黄金和特别提款权之外，金融工具会使得合约的一方形成金融资产，一方形成金融负债。不同的金融工具的本金确定性差异较大，例如存款可以在任何时候确定其本金金额，即使要提前支取，存款的本金也可以全额返还。金融工具的收益分配权是指所有权中的收益权，管理控制权是所有权中的占有权。据此，我们还可以将金融工具分为权益性金融工具与债务工具；根据是否拥有管理控制权，将权益性工具分为优先股和普通股。

第二，金融工具的或有和非或有性。据此金融工具分为两类：现期金融工具和或有金融工具。现期金融工具具有明确的价值和计值方法，会引起金融资产和负债的实际变动。现期的金融工具包括存款、贷款、债券和衍生品等，计入资产负债表核算。那些有赖于未来不确定事件发生的其他金融工具，则是或有金融工具，如信贷额度（line of credit）、贷款承诺（loan commitment）和信用证（letters of credit）等金融担保和承诺（financial guarantee and commitment），等等。或有金融工具难以准确计量其价值与风险，一般不纳入资产负债表统计，可分为担保和承诺两大类。担保或者承诺一旦承担实际义务，则成为现期金融工具，需要纳入资产负债表反映。

第三，金融工具的流动性（liquidity）特征。该特征是指金融工具迅速变现而不遭受损失的能力，流动性又可以分为可流通性（negotiability）、可转让性（transferability）、适销性（marketability）、可转换性（convertibility）以及可分性（divisibility）。其中，可流通性是指该金融工具通过交割（delivery）和背书（endorsement）等方式从一个经济主体转移给另一个经济主体。证券就是具有可流通性的金融工具。它们既可以在柜台市场（over-the-counter，OTC）进行转手买卖，也可以通过交易所（organized exchange）市场进行交易。在具有流动性的市场，证券可以自由买卖。可转换性是指某些金融工具，如可转换债券可以按约定条件转换为公司股权。以可转让存款（transferable deposit）为例来说明。可转让存款包括：①能够在没有任何惩罚或限制的情况下按面值兑付现钞的存款；②能够以支票、汇票、转账指令或者其他直接支付工具向第三方进行支付的存款。可分性是指某种金融工具可以分为不同的面值用来进行价值很小的交易。这与"货币性"高度相关，在货币供应量的层次划分上起着决定性的作用。

第四，金融工具的货币单位特征。该特征是指金融工具都有相应的标价货币，既可以用本币标价，也可以用外币标价。

第五，金融机构的期限特征。从期限来看，金融工具的期限可以细分为原始期限（original maturity）、剩余期限（remaining maturity 或者 residual maturity）。

第六，金融工具的主体特征。该特征是指金融市场的参与主体具有不同的行为动机和风险偏好，因此对金融工具的偏好就不同。

第七，金融工具的风险特征。该特征是指金融工具的本金遭受损失的可能性，它寓于流动性特征、期限特征、主体特征之中。流动性较强的金融机构具有较小的金融风险，期限较短的金融工具具有较小的金融风险，不同发行主体的金融工具具有不同的金融风险,等等。

那么符合什么标准的金融工具才纳入货币供应量的统计呢?根据流动性的高低,各国货币当局给出了狭义(广义)货币供应量等不同的统计口径。一般来说,现钞和可转让存款是最具流动性的金融工具,它们构成了通常所称的"狭义货币"。其特征有:

(1)法偿货币或者说普遍接受性。在国内交易中,收款人接受现钞是因为现钞是法偿货币,收款方接受可转让存款是因为收款方对可转让存款作为交换工具充满信心。

(2)固定面值。现钞和不生息可转让存款的面值固定不变,虽然其实际价值随着价格水平的变化而变化。

(3)可转让性。现钞和可转让存款能够直接用于第三方支付。

(4)交易成本。用现钞支付没有任何费用或其他交易成本,使用可转让存款通常也没有费用或只有相对很少的费用。

(5)可分性。现钞和可转让存款是最易分割的金融资产,其各种面值可以用来支付极为细小的交易。

(6)期限。由于能够直接用来进行第三方支付,现钞和可转让存款的期限为零。

(7)收益。现钞和可转让存款不生息或只能获得很低的利息,这是因为它们作为直接的交换工具所起的作用弥补了持有人通过持有其他金融资产可能获得的利息损失。

在确定哪种金融工具属于广义货币时,判断的原则是上述第(4)~(7)条。

在中国的货币统计中,属于M0层次的货币供应量仅仅是流通中现金;M1层次的货币供应量包括流通中现金加上单位活期存款;M2层次的货币供应量是在M1层次的基础上加上其他类别的存款,这些存款包括定期存款、储蓄存款和其他存款。需要注意两点:一是中国人民银行会根据实际情况,每隔若干年对货币供应量统计口径进行微调,也就是将新的存款类别纳入货币供应量的统计。二是我们需要区分"各项存款"和"一般存款"两个科目的具体含义。"一般存款"是相对于全额缴存的财政存款而言的存款,通常是指商业银行吸收的需要缴纳法定存款准备金的各项存款,如企业存款、机关团体存款、储蓄存款、住房公积金存款、邮政储蓄存款、保险公司存款等。"各项存款"是指中国人民银行编制的"金融机构信贷收支表"中的"各项存款"的统计科目,其统计口径有所差异。其主要差别在于各项存款除了包括一般存款之外,还包括财政存款、保证金存款等(杜金富,2012)。

知识点:
历史上的发行准备制度

7.1.2 货币持有部门

根据IMF的规定,货币持有者通常包括除存款性公司和中央政府之外的所有居民部门。一般包括：①公共和其他非金融性公司；②中央政府之外的其他政府单位；③住户和为住户提供服务的非营利机构；④金融性公司部门中除存款性公司之外的所有机构单位。一般来说，本国居民、企业，以及证券公司、保险公司、期货公司等机构都是货币的持有者。货币的发行者肯定不可以是货币的持有者，如商业银行的负债方有各种存款，也就是不同层次货币的发行者，因此商业银行持有的各类存款（即商业银行资产方的各类存款）就不可以纳入货币统计。不少国家的中央政府发行硬币，如果中央政府持有中央银行发行的钞票，这部分钞票就不可以纳入货币供应量的统计。此外，要准确理解货币持有者这个统计要素，还需要关注以下问题：第一，非居民持有的存款往往不包括在广义货币之内，这是因为这些存款主要用于国际交易，而不是国内交易。如果跨国工人在其工作的国家存有存款，并且使用它们，这部分存款被视为所在地国家的存款，而不是作为所在地国家的非居民存款。第二，如果本国发行的现钞大量在国外流通，并且在其他国家作为法偿货币来流通，那么有必要对这部分货币规模进行测算，并从广义货币量中减去这部分在海外流通的货币量。

【立德树人小故事】 中国在近代最早建立的商业银行及其发行的钞票

中国人自己最早成立的银行是中国通商银行（英文名是 The Imperial Bank of China, 1912 年辛亥革命之后英文名改为 Commercial Bank of China），其成立本身源于清政府在甲午战争中的失败，由当时清政府的督办全国铁路事务大臣盛宣怀奏准清廷后成立。盛宣怀（1844—1916），江苏武进人，秀才出身，同治十二年（1873 年）任轮船招商局会办，光绪六年（1880 年）创办电报局，光绪十九年（1883 年）兴办华盛纺织总厂，光绪二十二年（1886 年）任全国铁路督办大臣，成为集船运、电讯、铁路、矿业等实业于一体的洋务派代表人物之一，显赫一时。1894～1895 年甲午战争，中国战败，被迫签订《马关条约》，在倡议建立商业银行之时，受到西方国家和国内守旧顽固派的多方干涉和阻挠，然而，盛宣怀"通华商之气脉、杜洋商之挟持"的决心始终不变。在李鸿章、翁同龢等朝廷大员的支持下，1896 年清廷下旨"招商集股，合力兴办"。1897 年 5 月中国通商银行在上海外滩黄浦路 6 号正式开业。开业之初，该行在经营管理制度方面向汇丰银行学习，并且聘任汇丰银行任职的人员作为外籍大班（经理）。为了拓展业务，中国通商银行还在北京、天津、保定、烟台、汉口、重庆、长沙、广州、汕头、香港、福州等地开设分支机构。中国通商银行开业之后，就发行银两票和银元票。该行发行银行券，开创了近代中国人自己创办的银行发行银行券的滥觞。后来清政府创立了户部银行、交通银行，但是直至宣统皇帝逊位，仍然没有实现币制统一，也没有建立起现代的中央银行制度。

7.1.3 货币发行部门

在有些国家，存款性公司（典型的如商业银行）是唯一的货币发行者。然而，在有些国家,财政部也发行硬币,邮政部门、房屋互助协会也发行存款货币(即各类存款是其负债)。外国商业银行在本国的分行也发行存款货币。表7-1给出了中国金融机构的部门分类。

表7-1 中国金融机构的部门分类

	中央银行	中国人民银行
存款性公司	其他存款性公司 / 存款性货币公司	1. 国有商业银行:中国工商银行、中国农业银行、中国银行、中国建设银行
		2. 股份制商业银行:交通银行、中信实业银行、光大银行、华夏银行、广东发展银行、平安银行、招商银行、浦东发展银行、兴业银行、民生银行、恒丰银行
		3. 城市商业银行和农村商业银行
		4. 城市信用社和农村信用社
		5. 外资银行
		6. 中国农业发展银行
	其他存款性货币公司	中资和在我国的外资企业集团财务公司,以及国家开发银行、中国进出口银行
其他金融性公司		指不包括在中央银行和其他存款性公司内的其他金融公司。在我国主要包括信托投资公司、金融租赁公司、保险公司、证券公司、证券投资基金管理有限公司、养老基金公司、资产管理公司、担保公司、期货公司、证券交易所、期货交易所等

为了减少统计工作量,货币供应量的统计主要从金融机构的角度来进行。更确切地讲,不同层次的货币供应量是从不同范围的金融机构资产负债表的合并报表的负债方提取的。在金融统计当中,合并报表有一个专门的术语——概览(survey)。所谓概览,就是某一类或几类金融机构资产负债表的合并报表。根据IMF的《货币与金融统计手册》,不同类金融机构的合并资产负债表主要有存款性公司概览(depository corporations survey)和金融性公司概览(financial corporations survey),前者由中央银行资产负债表和其他存款性公司资产负债表合并而成,后者由存款性公司概览和其他金融性公司资产负债表合并而成。将同类的或不同类的金融机构资产负债表进行合并,对相关的数据进行分析是中央银行宏观经济分析的主要内容之一。例如,经济学家可以利用中央银行资产负债表来分析基础货币,包括基础货币的供给与需求、总量与构成等。存款性公司概览是广义货币统计的基础,也就是说,广义货币供应量的统计数据就是从存款性公司概览的负债方获得的,它既是存款性公司对居民与非居民部门的负债,又是居民与非居民部门对存款性公司的债权。这些数据对于货币政策以及其他宏观经济政策的制定与实施非常重要。对于金融性公司概览,这是范围最广的货币统计。它包含了金融性公司部门中所有机构单位的合并数据,对于分析最广义意义上的信贷

知识点:
硬币是资产还是负债

尤其关键。

还有一个值得关注的部门是货币中性部门（money-neutral sector），也就是既非货币持有部门，又非货币发行部门的部门，该部门包括中央政府和非居民部门。以非居民存款为例，这部分存款不纳入广义货币的统计，因为这部分存款主要用于海外，而非本国国内。此外，中央政府持有的存款通常不包括在广义货币当中。对于中央政府而言，中央政府的存款并不像其他部门的存款（如居民存款）那样对宏观经济产生影响，这是由中央政府的融资约束、支出政策以及现金管理技术的特性所决定的。

7.2 如何统计货币供应量

一般来说，将中央银行资产负债表与其他存款性公司资产负债表进行合并，得到存款性公司资产负债表。这张资产负债表负债方的主体就是广义的货币供应量。需要说明的是，以下介绍以中国人民银行给出的报表为例，并适当进行了简化，主要目的是让读者了解广义货币供应量的统计步骤。具体如表 7-2 所示。

表 7-2　中央银行资产负债表

资　产（A）	负债及资本（L）
国外资产（$A1$）	储备货币（$L1$）
国内资产（$A2$）	货币发行（$L2$）
对政府要求权（$A3$）	流通中现金（$L3$）
对其他存款性公司的要求权（$A4$）	库存现金（$L4$）
对其他金融性公司的要求权（$A5$）	对其他存款性公司的负债（$L5$）
对其他部门的要求权（$A6$）	法定准备金（$L6$）
	超额准备金（$L7$）
	政府存款（$L8$）
	国外负债（$L9$）
	对其他金融性公司的负债（$L10$）
	资本金科目（$L11$）

通常，经济学家将全社会各个部门分为金融部门和非金融部门（也可近似地认为是实体经济部门）。金融部门可以分解为中央银行、其他存款性公司、其他金融性公司三个子部门。非金融部门分为其他部门（也可称为住户部门）、政府部门和国外部门三个子部门。任何一张资产负债表的资产和负债项目大抵与这些部门相关，只有在合并报表中才会出现例外。中央银行资产负债表的资产方对应了五个部门，无须一一赘述。负债和资本方除了资本金科目外，仍然是对应了五个部门。以储备货币（$L1$）为例，实际上该科目对应了两个部门，分别是住户部门和其他存款性公司部门。具体来说，流通中现金（$L3$）是央行对应的住户部门，库存现金（$L4$）、法定准备金（$L6$）和超额准备金（$L7$）是央行对应的其他存款性公司部门。在负债方，没有设置"对其他部门的负债"科目，这

主要是因为在现代社会，其他部门（住户部门）一般不在中央银行开设存款账户。然而，流通中现金科目仍然反映了住户部门与中央银行之间的债权债务关系。在中央银行资产负债表中，存在以下一系列钩稽关系。

资产的构成：$A=A1+A2$

国内信贷的构成：$A2=A3+A4+A5+A6$

负债与资本金的构成：$L=L1+L8+L9+L10+L11$

储备货币的构成：$L1=L2+L5$

货币发行的构成：$L2=L3+L4$

中央银行对其他存款性公司的负债：$L5=L6+L7$

其他存款性公司资产负债表如表 7-3 所示。

表 7-3 其他存款性公司资产负债表

资　产（AA）	负债及资本（LL）
国外资产（$AA1$）	对住户部门负债（$LL1$）
国内资产（$AA2$）	纳入广义货币的存款（$LL2$）
对中央银行要求权（$AA3$）	单位活期存款（$LL3$）
准备金存款（$AA4$）	单位定期存款（$LL4$）
库存现金（$AA5$）	个人存款（$LL5$）
对政府要求权（$AA6$）	不纳入广义货币的存款（$LL6$）
对其他金融性公司的要求权（$AA7$）	可转让存款（$LL7$）
对其他部门的要求权（$AA8$）	其他存款（$LL8$）
	对中央银行负债（$LL9$）
	国外负债（$LL10$）
	对其他金融性公司负债（$LL11$）
	资本金科目（$LL12$）

类似中央银行资产负债表，其他存款性公司资产负债表的资产方仍然分为五个部门。然而在该表的右侧，除去资本金科目外，对应有四个部门，缺了政府部门。这其中的原因是假定（各级）政府部门只在中央银行开立账户。显然，这一假设与现实有较大的差距。对住户部门而言，根据货币供应量的设定标准，又分为纳入广义货币的存款和不纳入广义货币的存款两类。其中，个人存款就是过去的储蓄存款。

此外，其他存款性公司资产负债表是合并报表，也就是各家其他存款性公司，如商业银行等机构资产负债表的加总报表。所谓加总（aggregation），就是指对同类的金融机构资产负债表所有的资产或负债求和。例如，在统计商业银行对经济主体提供的信贷总量时，就需要将各家商业银行资产负债表中对经济主体提供的信贷总量进行加总。此外，其他存款性公司之间的业务往来也不反映在该合并报表当中。换言之，理论上是不应该在该合并报表上出现"对其他存款性公司的要求权""对其他存款性公司负债"这种科目的。在其他存款性公司资产负债表中，存在以下钩稽关系：

资产的构成：$AA=AA1+AA2$

国内资产的构成：$AA2=AA3+AA6+AA7+AA8$

其他存款性公司对中央银行要求权：$AA3=AA4+AA5$

负债与资本金的构成：$LL=LL1+LL9+LL10+LL11+LL12$

对住户部门的负债：$LL1=LL2+LL6$

纳入广义货币的存款：$LL2=LL3+LL4+LL5$

不纳入广义货币的存款：$LL6=LL7+LL8$

7.2.1 存款性公司概览的钩稽关系

存款性公司概览如表 7-4 所示。

表 7-4 存款性公司概览

资　产（AAA）	负债及资本（LLL）
国外净资产（$AAA1$）	货币和准货币（$LLL1$）
国内资产（$AAA2$）	货币（$LLL2$）
对政府净要求权（$AAA3$）	流通中现金（$LLL3$）
对其他金融性公司的要求权（$AAA4$）	单位活期存款（$LLL4$）
对其他部门的要求权（$AAA5$）	准货币（$LLL5$）
	单位定期存款（$LLL6$）
	个人存款（$LLL7$）
	其他存款（$LLL8$）
	对其他金融性公司负债（$LLL9$）
	资本金科目（$LLL10$）
	其他（净）（$LLL11$）

存款性公司概览本质上是合并资产负债表。所谓合并（consolidation），就是指去除同类金融机构相互之间发行的存量和流量。因此，中央银行和其他存款性公司之间的往来科目就会相互对消，不在该表反映。例如，中央银行资产负债表负债方的准备金账户与其他存款性公司资产负债表的准备金账户相互抵消，不再出现在存款性公司概览中。中央银行资产负债表资产方的"对其他存款性公司的要求权"（$A4$）与其他存款性公司资产负债表负债方的"对中央银行负债"（$LL9$）抵消，不再出现在存款性公司概览中。此外，在合并报表过程中，还存在有轧差（netting），即对于某项金融资产，其借贷双方均有发生额，此时就应该将借贷双方轧抵后，计算净的发生额。例如，某类存款增加额的核算就应该是其贷方发生额（本期存款的增加额）减去借方发生额（本期存款的提取额）后的净差额。IMF 还规定，在货币与金融统计过程中应该以总量的形式收集和编制数据。例如，商业银行对国内企业的贷款就不能与国内企业在商业银行的存款相互轧差，而应该分别统计；商业银行的国外资产和国外负债也分别列示。

就存款性公司概览而言，其资产方对应了四个部门。除资本金科目外，存款性公司概览的负债方只对应两个部门——住户部门和其他金融性公司部门。政府部门和国外部门以"净要求权"的形式单独反映在资产方。在存款性公司概览中，则存在以下钩稽关系：

资产的构成：$AAA=AAA1+AAA2$

国外净资产（$AAA1$）$=A1-L10+AA1-LL10$

国内资产的构成：$AAA2= AAA3+ AAA4+ AAA5$

负债与资本金的构成：$LLL = LLL1 + LLL9+ LLL10+LL11$

货币与准货币的构成：$LLL1 = LLL2+ LLL5$

货币的构成：$LLL2 = LLL3+ LLL4$

准货币的构成：$LLL5= LLL6+LLL7+LL8$

（1）$AAA1= A1-L10+AA1-LL10$，即存款性公司对外净资产由央行的对外净资产（对外资产 $A1$ 减去对外负债 $L10$）和其他存款性公司的对外净资产（对外资产 $AA1$ 减去对外负债 $LL10$）合并而成。

（2）$AAA3= A3-L8+AA6$，即存款性公司对政府净要求权由央行对政府的净要求权和其他存款性公司对政府的要求权构成。这种要求权不仅包括对政府的贷款、透支，而且包括对政府债券的持有。存款性公司对政府的净要求权表示存款性金融机构对政府提供的融资额，该额度扣除了政府在上述机构中的存款（这里假定政府只在中央银行开立存款账户）。

（3）$AAA4= A5+AA8$，即存款性公司对其他金融性公司的要求权由央行对其他金融性公司的要求权和其他存款性公司对其他金融性公司的要求权构成。例如，中央银行对证券公司的贷款加上商业银行对证券公司的贷款构成了存款性公司对证券公司的贷款总额。

（4）$AAA5=A6+AA9$，所谓存款性公司对其他部门的要求权，就是存款性公司对住户部门的贷款规模，即央行对住户部门的要求权和其他存款性公司对住户部门的要求权之和。

（5）$LLL3=L3=L2-AA5=L2-L4$，即流通中的现金由央行的货币发行扣减其他存款性公司持有的库存现金。这里存款性公司持有的现金反映在央行资产负债表（$L4$）和其他存款性公司资产负债表（$AA5$）两张表中。

（6）$L5=AA4$，即央行资产负债表的对其他存款性公司的负债（$L5$）等于其他存款性公司资产负债表的准备金存款（$AA4$）。在合并报表过程中，负债科目与资产科目相互抵消，不再在存款性公司概览中反映。不过需要注意的是，中国的中央银行资产负债表就设置有"中央银行发行的证券"科目，中央银行发行的这部分证券基本上是由其他存款性公司持有，因此在合并报表的时候，该科目不会再出现在存款性公司概览当中了。

（7）$LLL4=LL3$，即存款性公司概览中的单位活期存款（$LLL4$）与其他存款性公司资产负债表中的单位活期存款（$LL3$）相等。

（8）$LLL6=LL4$，$LLL7=LL5$。存款性公司概览中的单位定期存款（$LLL6$）和个人存款（$LLL7$）与其他存款性公司资产负债表中的单位定期存款（$LL4$）和个人存款（$LL5$）

分别相等。

（9）其他存款性公司资产负债表中"不纳入广义货币的存款"（$LL6$）不在存款性公司概览中反映，而是被并入存款性公司概览负债方的"其他（净）"（$LLL11$）科目中。

（10）$LL9=A4$，其他存款性公司资产负债表的"对中央银行负债"（$LL9$）与央行资产负债表的"对其他存款性公司的要求权"（$A4$）相互抵消，在合并报表过程中，负债科目与资产科目相互抵消，不再在存款性公司概览上反映出来。

（11）存款性公司概览中的"对其他金融性公司负债"（$LLL9$）由央行资产负债表的"对其他金融性公司负债"（$L10$）和其他存款性公司资产负债表的"对其他金融性公司负债"（$LL11$）构成。

（12）$LLL10=L11+LL12$，存款性公司概览的资本金科目（$LLL10$）由央行资产负债表的资本金科目（$L11$）和其他存款性公司资产负债表的资本金科目（$LL12$）构成。

（13）其他（净）（$LLL11$）产生的原因在于合并报表过程中，由于未达账项、部分科目未列示或者相关科目抵消并不完全，存在一定的差额，将这些差额统一记录在其他（净）（$LLL11$）科目中。

7.2.2 对货币供应量的分析思路

经过报表的合并，得到了存款性公司概览，由此得到了广义货币量的数据。换言之，存款性公司概览的负债和资本方的主体是广义货币供应量，尽管各国在具体口径上有所差异。如果暂时忽略科目存款性公司的资本金项目和其他项目，通过对存款性公司概览的分析，大体可以得到货币供应量的构成、比例关系以及形成途径等方面的分析，具体包括：

（1）各层次货币供应量余额、结构的分析。狭义货币占广义货币的比例，现金、活期存款和储蓄存款，狭义货币、广义货币的余额，历史同比、环比等数据对于分析通货膨胀的压力均具有非常重要的意义。这方面的分析集中在存款性公司概览的负债方。

（2）货币供应量的形成途径分析。这主要从存款性公司概览的资产方来分析。根据会计学原理"资产＝负债＋权益"，假定权益不变，负债的增加必定伴随着资产的增加。货币供应量的增长具体是由哪个途径导致的？这就需要分析存款性公司概览的资产方。从大类来看，货币供应量的增长不外乎国外和国内两个途径。

国外途径主要指国外净资产，现阶段主要是由于外汇储备的增减导致其变化（在钉住汇率制度下，若本币面临升值压力，本国政府又不希望本币升值，外汇储备将会增加；反之，若本币面临贬值压力，外汇储备将可能耗空）。国内途径主要指国内信贷，具体来看包括三个渠道——对政府的净要求权、对其他金融性公司的要求权和对其他部门的要求权。

对政府的净要求权是存款性公司对各级政府的融资额扣减中央政府存款后的净差额，这不仅有中央银行给予的融资，而且有其他存款性公司的融资。因此，即使中央银行没有对政府的大规模赤字予以融资,但是以商业银行为首的其他存款性公司提供了融资,仍然会导致货币供应量的快速增长。对其他金融性公司的要求权科目,这需要和负债方的对其他金融性公司的负债进行对比分析,这两个科目的差额从整体上反映包括中央银行和商业银行在内的存款性公司对证券公司、保险公司等机构的融资额。这又可以从中央银行和其他存款性公司(主要是商业银行)两个渠道来进一步分析。对其他部门的要求权是包括中央银行和商业银行在内的存款性公司对国内经济体(企业和居民)提供的融资额,这大体反映了该国企业和居民的间接融资规模。这里同样可以从中央银行和其他存款性公司(主要是商业银行)两个渠道来分析。

影响货币供应量的其他渠道分析。如前所述,上述分析思路是假定资本金等科目不变,如果广义货币供应量的增速远低于资产方(国外净资产和国内信贷合计额)的增速,我们就需要考虑资本金等科目的因素了。请读者思考,如果国内商业银行通过大规模的IPO来充实其资本金(国内居民通过转移储蓄存款来购买),对货币供应量将可能产生何种影响。

7.2.3 中国的货币供应量是否存在重复统计

货币供应量指标在统计过程中有明确的统计对象。某一项金融资产是否计入货币供应量的范畴必须清楚地界定债权人(货币持有人)和债务人(货币发行人),同时还必须确定货币发行人的哪一项负债纳入货币供应量的统计。具体来说,包括两个方面:一是哪些金融机构纳入统计口径,二是金融机构的哪些负债科目纳入统计范畴。如果某项指标纳入货币供应量的统计,那么该项资产一定是货币持有者的资产,货币发行者的负债。IMF制定了《货币与金融统计手册》供各国货币当局统计之用,对这些问题进行了明确的规定。中国人民银行从1994年开始按照IMF的要求统计货币供应量。从理论基础来看,货币供应量指标设计是恰当的。虽然美联储在1994年放弃了该指标,但是刚刚确立社会主义市场经济体制的中国仍然选用了该指标。

中国货币供应量指标的机构属性和负债属性如表7-5所示。

表7-5 中国货币供应量指标的机构属性和负债属性

		金融机构	
		纳入统计	不纳入统计
负债科目	纳入统计	货币供应量的主要内容(如商业银行的储蓄存款等)	货币供应量的次要科目(如证券公司的客户保证金)
	不纳入统计	不纳入货币供应量统计范畴(商业银行的同业存款)	不纳入货币供应量统计范畴(保险公司的保单)

所谓重复统计,就是统计对象在划分过程中存在重复计算的现象。从原理来看,货币供应量是否存在重复统计的问题呢?

第一,确保统计过程中的对象明确。从企业和个人来看,货币供应量就是他们持有的货币类资产，从金融机构来看，就是金融机构的负债。也就是说，某项指标如果不是金融机构的负债，就不可以纳入货币供应量的计算。例如，企业和个人持有的国债，即使其流动性高于其活期存款或者是储蓄存款，也不可能计入货币供应量，因为国债的发行主体是财政部。就中国广义货币供应量统计而言，对金融机构的确定方面，证券公司和保险公司是不纳入统计范畴的，对纳入统计的以银行为主体的各类金融机构来说，对企业和个人的负债基本纳入统计，对政府的负债和银行同业的负债是不纳入统计的。

第二，中国广义货币供应量统计口径的不断调整从总体上仍然没有违背统计原理。2001年7月，中国人民银行将证券公司客户保证金计入广义货币供应量M2。在中国，证券公司是不纳入货币供应量指标统计的机构，但是证券公司在商业银行开立同业存款账户，将客户保证金存入该账户中。从来源上看，客户保证金账户的资金主要来自于居民储蓄。股市高涨时，大量的居民活期储蓄存款转为客户保证金。为了考虑这一影响，中国人民银行将这部分客户保证金计入M2。从机构来看，将客户保证金科目纳入统计，如果这部分资金被视为证券公司的负债，就是机构不纳入货币供应量统计（证券公司不属于货币供应量的机构统计范围），但是该机构的个别科目纳入货币供应量统计。如果客户保证金科目统计的对象是商业银行的负债，则机构纳入货币供应量统计（商业银行属于货币供应量的机构统计范围），但是该（同业类）科目经过统计规则修订之后转变为纳入货币供应量统计的科目。

第三，货币供应量是货币发行机构的负债，是持有者的资产。在货币供应量的统计中，始终是货币发行机构各种负债的合计，因此不可以将某一金融机构的资产和另一金融机构的负债相加得到货币供应量的统计值。这一点在货币供应量口径扩大时必须予以关注。例如，2011年10月开始，中国人民银行规定非存款类金融机构在存款类金融机构的存款纳入货币供应量的统计。以保险公司在商业银行的存款为例，对于商业银行来说这属于其负债，因为货币供应量统计口径的扩大，可以将该科目纳入统计，但只能从商业银行的负债方来计算。如果未来货币供应量统计口径进一步扩大，将保险公司纳入统计，这个时候就不能从保险公司的角度出发，将其在商业银行的存款（这是保险公司的资产）又纳入统计，因为机构之间的相互往来资金不可以纳入统计，否则会出现重复计算的问题。

总而言之，货币供应量在统计过程中要确保对象不重不漏。这涉及金融机构的范畴和负债科目的范畴的明确。对于机构而言，某一金融机构不可能既是

知识点：
广义货币供应量的迪维西亚指数

货币的发行人，又是货币的持有人。对于具体的科目而言，也不可以出现重复计算的问题。这是由于在现代金融体制下，某一机构的金融资产往往是另一机构的金融负债，在统计过程中必须贯彻要么从资产方统计，要么从负债方统计的原则，否则容易出现重复计算的问题。

7.3 社会融资规模

2010年年底，中央经济工作会议提出要保持合理的社会融资规模。2011年1月，时任总理温家宝指出，要综合运用多种货币政策工具，保持合理的社会融资规模和节奏。周小川行长也表示，人民银行要适应形势发展，从社会融资规模的角度考虑整个金融体系对实体经济的支持。2011年3月，《政府工作报告》提出"保持合理的社会融资规模"，同时要求"提高直接融资比重，发挥好股票、债券、产业基金等融资工具的作用，更好地满足多样化投融资需求"。此后，社会融资规模指标开始成为学界关注的焦点问题之一。

7.3.1 社会融资规模的构成

伴随着中国金融市场的发展，直接融资规模的不断扩大，尤其是2009年以来中国影子银行系统的不断膨胀，实体经济的融资渠道不再仅仅局限于商业银行的信贷规模，不少企业还可以从信托、保险、证券等机构变相获得融资。当商业银行通过表外业务渠道绕开贷款规模限制对企业进行融资时，如果还是以信贷规模作为货币运行的监测指标，或者将货币供应量作为货币政策的中介指标，宏观金融调控将出现较大的偏误。因此，在中国人民银行看来，需要选择一个新的指标更好地体现金融为实体经济服务的现实要求，社会融资规模指标便应运而生了。

按照中国人民银行的定义，社会融资规模是指一定时期内（每月、每季或每年）实体经济从金融体系获得的全部资金总额。这里的金融体系既包括金融机构，也包括金融市场。具体来看，社会融资规模由四个部分共十个子项构成：一是金融机构表内业务，包括人民币和外币各项贷款；二是金融机构表外业务，包括委托贷款、信托贷款和未贴现的银行承兑汇票；三是直接融资，包括非金融企业境内股票筹资和企业债券融资；四是其他项目，包括保险公司赔偿、投资性房地产、小额贷款公司和贷款公司贷款。在中国人民银行看来，随着我国金融市场发展和金融创新的不断深化，实体经济还会增加新的融资渠道，如私募股权基金、对冲基金等。在未来条件成熟的情况下，可将其计入社会融资规模。盛松成（2011）认为，社会融资规模将有可能替代货币供应量M2成为新的货币政策调控中间目标。中国人民银行已经公布2002年以来该指标的各构成项数据，经济学家们已经将该指标视为货币政策运行的监控指标之一。与货币供应量M2、信贷规模这些指标相比，社会融资规模指标具有哪些特征呢？

首先，社会融资规模是一个增量指标，也就是年度（月度或季度）新增额度指标。这个指标的性质与信贷规模指标是一样的。广义货币供应量是一个存量指标。从本质来看，这几个指标均属于数量型的指标。因此，中国货币政策的中间目标仍然是数量型的，尽管中国的利率市场化进程在不断推进，价格型的中间目标日益重要，但是在真正完成利率市场化之前，数量型的中间目标仍然是中国人民银行执行货币政策的抓手。其次，广义货币供应量指标是从金融机构的负债方来统计的，信贷规模（或者新增人民币贷款）则是从银行类金融机构的资产方来统计的，社会融资规模指标的统计思路可以认为是从实体经济的负债方来设计指标，但是从金融机构的资产方来统计，还包括从金融市场融资的统计指标。从企业的角度来看，广义货币供应量是统计居民和企业的货币类资产，社会融资规模是统计企业的资金来源。换言之，前者统计的是资产，后者统计的是负债。最后，社会融资规模指标的数据来源不再仅仅局限于中国人民银行，发改委、证监会、保监会、中央国债登记结算有限责任公司和银行间市场交易商协会都成为该指标的数据提供机构。从货币政策中间目标的性质来看，中国人民银行对该指标的控制程度有限，如企业通过股票市场筹集资金，这就超出了其控制范围，因此从货币政策中间目标的可控性原则出发，该指标更多地被视为监测指标。

7.3.2 直接融资与间接融资的差异

社会融资规模不仅反映间接融资的规模，而且反映直接融资的规模。直接融资和间接融资的差异都有哪些呢？所谓直接融资，就是投资方（资金富裕的一方）直接购买融资方（资金短缺的一方）发行的股票或者债券，完成这一过程的金融机构则向双方收取手续费。在未来，融资方向投资方支付股息或者利息。所谓间接融资，是拥有暂时闲置货币资金的一方将资金存放在银行等金融中介机构，然后由这些金融机构以贷款、贴现或购买资金短缺一方的有价证券，实现资金融通的过程。除了以上差异之外，直接融资与间接融资的差异还体现在以下几个方面：

第一，这两者对于货币供应量的影响是不同的。对于直接融资来说，不论是投资方还是融资方都在商业银行开户，其相互间的资金转移，并不影响货币供应量总额。对于间接融资而言，资金富裕方持有的资金是金融机构此前负债业务的结果，资金短缺方获得的新的资金是当时金融机构资产业务的结果。从对货币供应量的影响来看，直接融资不影响货币供应的总量，但是改变了其结构；间接融资则增加了货币供应的总量，同时改变了其结构。也可以认为直接融资仅仅是信用媒介的作用，而间接融资不仅有信用媒介的作用，还有信用创造的作用。具体过程如表 7-6 ～表 7-9 所示。

表 7-6　直接融资过程在资金供求双方资产负债表中的反映

资金短缺方企业资产负债表		资金富裕方企业资产负债表	
资　产	负　债	资　产	负　债
银行存款 +	企业债券（股票）　＋	银行存款　－ 企业债券（股票）　＋	

表 7-7　直接融资过程在商业银行的反映

资　产	负　债
	资金短缺方企业　　　　　　　　　　　　　＋ 资金富裕方企业　　　　　　　　　　　　　－

表 7-8　间接融资过程在资金供求双方资产负债表中的反映

资金短缺方企业资产负债表		资金富裕方企业资产负债表	
资　产	负　债	资　产	负　债
银行存款　　　　+（2）	向银行贷款　　　+（2）	库存现金　　　　-（1） 银行存款　　　　+（1）	

表 7-9　间接融资过程在商业银行的反映

资　产		负　债	
现金	+（1）	资金富裕方企业	+（1）
对企业贷款	+（2）	资金短缺方企业	+（2）

第二，直接融资和间接融资对金融工具的影响是不同的。间接融资将创造两轮的金融工具，金融机构在完成筹资过程中，创造（发行）了活期存款、定期存单等金融工具，在完成投资过程中，创造（发行）了贷款、债券等金融工具。直接融资只创造了一轮金融工具，如股票或者债券。

第三，直接融资和间接融资对金融风险的作用是不一样的。对于直接融资而言，投资者直接承担了融资者未来的信用风险；对于间接融资而言，金融机构通过自身的信用为筹资者提供了信用增级。

第四，间接融资可以缩小借贷双方的利差，便利资金从最终贷款人向最终借款人转移。为什么说间接融资可以实现这一目标呢？换言之，金融中介机构存在的理由是什么呢？

假设在不存在金融中介机构的情况下，某借款人的融资成本为10%，金额1 000万元。该借款者为筹得上述款项，必然产生一系列成本，如寻求贷款人（资金富裕方）和安排贷款的间接成本，假定这些成本为每年1%，因此通过该借款人获得这笔融资的真实成本为11%。贷款人提供资金获得的利率为10%，但是，贷款人将有可能发生一系列成本。这主要包括以下几个方面：第一，各贷款人将产生搜索成本。不同的贷款人为获得该借款人的借款信息需要花费成本；第二，各贷款人可以借出的资金规模可能与借款者希望得到的资金规模不一致，因此必须汇集若干个贷款人的资金，这涉及时间和精力。第三，管理这笔融资还将产生相关的费用，如涉及该项目风险问题、还款利息等。第四，各贷款人的借出资金与该借款人的资金需要不匹配会产生闲置资金。例如，某人可借出的资金为30万元，但是该借款人向某人的融资量仅为20万元，某人就闲置了10万元人民币。假设所有这些费用相当于年利率4%，从10%的利率中扣除之后，贷款者的净利率为6%。

借款人：

借款人的总成本	11%
减去寻求成本	1%
支付利率	10%

贷款人：

收取的总利率	10%
减去搜索、管理、汇集和分散化限制成本	4%
净利息收益	6%

综上所述，借款人总成本与贷款者净收益的差为 11%−6%=5%。现在，假设存在金融中介机构，该机构准备以 7% 的利率接受存款，同时以 9% 的利率发放贷款，借贷利差为两个百分点，用于弥补其费用支出并为之提供利润。最终，借款人能够以更低的利率融资——10%（加上搜索成本）而不是 11%，贷款人的净收益得以提高——7% 而不是 6%。因此，金融中介机构可以使融资效率更高，他们以更低的成本促进储蓄向投资转化，促进资金更便利地从最终贷款人向最终借款人转移。

7.4　本章小结

本章介绍了货币供应量的统计问题。理解货币供应量的统计要素包括三个方面：金融资产、货币发行者和货币持有者。这三者缺少任何一项都不构成货币统计的范畴。从全球范围来看，M0 层次的货币供应量是中央银行资产负债表负债方主要科目的汇总。狭义层次的货币供应量 M1 是存款性公司概览（资产负债表的合并报表）流动性较高科目的汇总；广义货币供应量是存款性公司概览（资产负债表的合并报表）负债方更多科目的汇总，其性质是发行机构的负债，是社会公众的资产。储蓄存款仅仅是广义货币供应量的一个子项。宏观经济学意义上的储蓄是个流量，是 GDP 的一部分。储蓄率则是反映流量性质的指标，是 GDP 中未被消费的部分与 GDP 的比率。社会融资规模是近年来中国人民银行推出的另一个金融统计指标，用以反映实体经济部门从金融体系获得的融资规模。经济学家对该指标的合理性仍存在不少争议。

第三部分

货币价格

第 8 章　货币的价格
第 9 章　货币价格之间的关系

第 8 章

货币的价格

什么是货币的价格？货币的价格主要包括通胀率、利率和汇率。通胀率反映的是货币与商品之间的关系，利率反映的是资金所有者让渡资金使用权的价格，（双边）汇率反映的是两种货币兑换的价格。从时点和时间段的角度来看，通胀率和利率是时段指标，汇率是时点指标。货币的这三个价格之间的关系如何？

8.1 通胀率

在中央银行的政策目标当中，保持物价稳定是目标之一。什么是物价稳定？这里有必要对物价的相关指标和影响因素进行分析。反映货币与商品关系的指标就是物价。从时间的角度来看有两个，一个是从时点上考虑的绝对的物价水平 P，另一个是从时间段上考虑的相对的物价水平 π（物价水平的变化率），这两者之间的关系是 $\pi=(P-P_{-1})/P_{-1}$。从预期的角度来看，也有两个指标，即对下一期物价的绝对水平的预期 P^E 和对下一期物价的相对水平的预期 π^E。

在现实生活中，反映通胀率的指标有很多，主要是消费者物价指数（consumer price index, CPI）、生产者物价指数（producer price index, PPI）以及 GDP 平减指数（GDP deflator）。剔除能源和农产品价格的波动，从消费者物价指数中衍生出核心消费者物价指数（Core CPI），也称核心 CPI。之所以剔除能源和农产品的价格，是因为此类商品的价格波动性大，容易受国际市场和天气因素的影响。一旦气候变化引起农产品价格上涨，导致 CPI 上涨，中央银行是否应该采取紧缩性的货币政策呢？面对供给下降导致的物价上涨，中央银行采取紧缩性的货币政策无法实现稳定物价的政策目标。中央银行在运用物价指数时，需要关注以下几个问题：

第一，恰当使用核心 CPI。为了得到核心 CPI，有的中央银行会剔除利率的变化，得到扣除抵押贷款利息的零售物价指数，例如英格兰银行就采用 RPIX（retail price index excluding mortgage interest payments）。还有的中央银行会在 CPI 的基础上剔除间接税的因素，如英格兰银行的 RPIY 指数，该指数为 RPIX 减去间接税（indirect tax）和地方政府税（local authority tax）的影响。有的中央银行公布的物价指数会剔除供给冲击首轮效应变化因素，如新西兰储备银行。不过请注意，部分国家的中央银行在运用核心物价指数时的效果并不好，尤其是部分发展中国家。这些国家大量进口粮食，或者大量进口石油，本币贬值使得这些商品的国内价格上涨，因此剔除了粮食和石油等商品之后的核心消费者物价指数更低，这与普通民众对通货膨胀的感受存在差距，进而有可能使得民众对政府政策心存疑虑。

第二，关注物价指数变化中的"翘尾因素"和"新涨价因素"。"翘尾因素"是指基期商品和服务项目价格变化对目标期同比价格指数的滞后（延伸）影响，即在计算同比价格指数过程中，基期商品价格上涨（下降）对目标期价格指数的影响。一般说来，基期价格上涨（下降）的时间早，则对下年指数的翘尾影响小；而基期价格上涨（下降）的时间晚，则对目标期指数的翘尾影响大。基期调价幅度越大，时间越晚，翘尾影响就会越明显。假设某一商品 2011 年前 9 个月价格均为每千克 100 元，10 月份上涨到 200 元，然后一直到 2012 年 12 月份都保持在 200 元。虽然 2012 年全年价格保持稳定，但如计算 2012 年前 9 个月的同比价格指数则为 200%，表明价格上涨一倍，这就是 2011 年 10 月份价格上涨对下一年前 9 个月价格指数的滞后影响，简称"翘尾因素"。"新涨价因素"是指由于本期商品和服务项目价格的上涨对本期物价指数产生的影响。以 CPI 为例，经济学家用 CPI 的同比指数反映年度价格总水平的变动程度，它就是"翘尾因素"和"新涨价因素"两个因素作用的结果。如某地 2012 年与 2011 年相比，CPI 为 103.0%，其中 2011 年价格上涨的"翘尾因素"影响总水平上涨仅 0.5 个百分点，那么 2012 年"新涨价因素"影响总水平上涨就是 2.5 个百分点。显而易见，"新涨价因素"的影响程度高达 83%。

第三，中央银行应该更多地关注环比指标。一般来说，国际社会通行的惯例是分析季节性调整之后的环比数据来判断经济活动的短期走势。中国的经济数据重视同比指标，同比指标最大的问题是无法得知最新的经济走势，因为基数可能会发生变化。如果物价出现如表 8-1 所示的两种情况，货币政策该如何选择呢？

表 8-1　物价水平的不同变化

			情形一				
时间	2013 年 1 月	2013 年 2 月	2013 年 3 月	2013 年 4 月	2013 年 5 月	2013 年 6 月	2013 年 7 月
CPI	100	100	100	100	100	100	100
时间	2013 年 8 月	2013 年 9 月	2013 年 10 月	2013 年 11 月	2013 年 12 月	2014 年 1 月	
CPI	100	100	100	100	100	105	

(续)

			情形二				
时间	2013年1月	2013年2月	2013年3月	2013年4月	2013年5月	2013年6月	2013年7月
CPI	100	105	105	105	105	105	105
时间	2013年8月	2013年9月	2013年10月	2013年11月	2013年12月	2014年1月	
CPI	105	105	105	105	105	105	

情形一的含义是2014年1月物价同比涨幅为5%，环比涨幅也为5%，表明近期物价有上涨趋势，可考虑采取紧缩性的货币政策导向。情形二的含义是2014年物价同比涨幅为5%，但是环比涨幅没有变化，表明可以考虑采取扩张性的货币政策导向。换言之，在情形一中没有翘尾因素，而在情形二中有翘尾因素的存在。与之相关的另外一个问题是中国人民银行应该关注春节效应。中国传统农历春节有时候在1月份，有时候在2月份，因此同比指数就会变得相当不稳定。采用季节性调整之后的环比指数可以消除这一问题。

第四，避免通货紧缩的出现。在人类发展的历史上，不仅出现过严重的通货膨胀，还出现过严重的通货紧缩。前者如第二次世界大战后期德国出现的恶性通货膨胀；后者如美联储诞生之前美国持续出现的通货紧缩（见本书前面介绍的美国童话故事《绿野仙踪》），还有新世纪以来日本经济面临的通货紧缩。日本近20年的经验表明，一旦通货紧缩成为经济主体预期的组成部分，一国经济就难以摆脱流动性陷阱和通货紧缩的威胁。实际上，不论是通货膨胀，还是通货紧缩，都是本国经济平稳发展的障碍。因此，保持低且稳定的物价涨幅是各国中央银行的首要目标。如何实现这一点呢？

各国中央银行在实现这一目标的过程中，有价格水平目标制（price level targeting）与通货膨胀目标制（inflation targeting）两种选择。两者有何差异呢？实际上，首先要明确物价水平和通胀率的差异。假设去年物价指数为100，今年仍然是100。此时通胀率为零。中央银行是否需要实现零通胀率才被认为是实现了物价稳定呢？不是的。各国中央银行在货币政策的实践中，往往是要求保持低且稳定（low and stable）的通胀率。如果一国中央银行被认为实行了价格水平目标制，则认为是在一个较长的时间跨度内，其基准不发生变化，尽管在这个过程中物价涨幅很高，但是到目标期，物价必须降至基期的水平。例如，在一个5年期的时间跨度内，中央银行要求实现物价保持在基期的水平。第1期价格水平为100，第2期为103，第3期为107，第4期为104，第5期为100。我们可以发现，虽然在中长期内该经济体保持了物价稳定，但是第4期和第5期出现的通货紧缩对该经济体的危害是不言而喻的。然而，对于通货膨胀目标制，其优势恰恰是避免通货紧缩的出现。例如，在一个5年期的时间跨度内，通胀率为3%符合该经济体合意目标。如果经济运行出现以下情形：第1期价格水平为100，第2期因为石油价格冲击价格水平为115，第3期为118，第4期为122，第5期为125.7，如何评价中央银行的绩效呢？显然石油价格冲击属于供给层面的冲击，但是中央银行并没有采取紧缩性的货币政策，并且在接下来的三期内，基本上保持了每年 3% 的通胀率涨幅。从第 5 期的物价水平来看，通胀目标制下的物价水平相对更高。也正因为如此，在通胀目标制中，通过基准的变化（基准不再是第 1 期的 100，而是第 2 期的 115），避免了出现通货紧缩。

不过，在零利率下限（zero lower bound，ZLB）的情况下，价格水平目标制可能更为货币当局所偏好。例如，加拿大中央银行已经考虑一旦触及零利率下限，就从通胀目标制转到价格水平目标制。价格水平目标制能通过减少触及零利率下限的机会，并在到达零利率下限时尽量减少其持续时间，从而调整经济行为人的预期。

8.2 利率

通常利率可以理解为让渡货币使用权的价格，同时利率也反映了货币的时间价值。因此，根据期限的不同，利率可以分为不同期限品种。中央银行根据宏观经济与金融形势，适时对利率水平和利率结构进行调整，进而影响社会资金供求状况，实现货币政策的目标，因此，利率政策是一国货币政策的重要组成部分。在发达国家的宏观金融间接调控过程中，中央银行利率是非常关键的利率指标。中央银行的存贷款利率构成了中央银行宏观调控模式——"利率走廊"模式的上下限水平。此外，在金融市场上，以国债利率为代表的无风险资产利率也是其他利率品种的基准，地方政府债券、公司债券等的利率水平是在同期限国债利率的基础上加点生成的。在市场经济国家，中央银行高度关注基准利率，通过调控基准利率影响其他性质的利率，达到控制通货膨胀、实现经济增长的目标。与宏观金融间接调控方式相对应的是发展中国家的宏观金融直接调控方式。在直接调控下，中央银行要么直接控制商业银行的利率，要么直接控制商业银行的资产或者负债额度，抑或是价格—数量双重控制。

8.2.1 利率的种类

一般而言，从金融机构资产负债表的角度来看，最主要的分类是资产方的利率和负债方的利率。还可以从期限的角度对利率进行分类，如短期利率、中期利率和长期利率等。从金融机构的角度来分类，大体可以分为中央银行利率、商业银行利率，以及以银行同业拆借利率、国债收益率为代表的金融市场利率三大类。从利率的影响力来看，经济政策的制定者、金融市场的参与者都非常关注基准利率。

中央银行利率主要包括中央银行的存款利率和贷款利率两个小类。前者如商业银行在中央银行法定存款准备金的利率、超额存款准备金的利率等。后者如商业银行向中央银行融资的利率，如再贴现利率、再贷款利率。中国人民银行近年来还推出了创新性流动管理工具，如常备借贷便利（standing lending facility，SLF）、中期借贷便利（medium-term lending facility，MLF）和抵押补充贷款便利（pledged supplementary lending，PSL）等。

商业银行利率是指商业银行对各类客户的存贷款利率。在商业银行负债方，有诸如储蓄存款利率、企业存款利率等；在商业银行资产方，有诸如商业银行对普通民众和企业的贷款利率等。长期以来，中国人民银行一直规定了商业银行的存贷款基准利率，这被视为中国宏观金融直接调控模式的重要组成部分。因此，实现人民币利率市场化也是中国金融改革的重要目标之一。在实现这一目标的过程中，中国人民银行通过不断扩大存贷款基准利率的波动范围来实现利率市场化。2015年10月人民币利率市场化迈过了最后一道坎，也就是中国人民银行对商业银行等机构不再设置存款利率浮动上限。这标志着中国利率市场化实现了阶段性的目标。

商业银行的贷款利率中，有一项重要利率，即贷款基础利率（loan prime rate，LPR）。在过去，这种性质的利率又被称为优惠利率，它是指金融机构对其最优质客户执行的贷款利率，而其他贷款利率可根据借款人的信用情况，考虑抵押、期限、利率浮动方式和类型等要素，在贷款基础利率基础上加减点确定。最优质客户是指金融机构客户类型中银行内部评级最优类，风险、运营和资本成本较低的非金融类企业客户。从商业银行的定价原则来看，贷款基础利率水平应涵盖本行资金成本、信用风险成本、税收成本、管理费用和最低资本回报。2013年10月25日，中国银行业的贷款基础利率集中报价和发布机制正式运行。全国银行间同业拆借中心为贷款基础利率的指定发布人。首批报价行共9家。每个工作日在各报价行报出本行贷款基础利率的基础上，剔除最高、最低各1家报价后，将剩余报价作为有效报价，以各有效报价行上季度末人民币各项贷款余额占所有有效报价行上季度末人民币各项贷款总余额的比重为权重，进行加权平均计算，得出贷款基础利率报价平均利率，并于每个工作日通过上海银行间同业拆放利率网对外公布。

目前，各家商业银行广泛采取分支行制度，在经营管理中内部资金的调度非常关键，因而设置了内部资金转移（funds transfer pricing system，FTP）利率。内部资金转移利率是商业银行根据外部定价基准和自身经营成本制定的资金价格，通过内部资金中心与本行的利润中心或者分支机构按此价格有偿转移资金，核算业务成本与收益，调控全行资产负债规模、结构等。简言之，内部资金转移利率是法人性质商业银行的内部资金价格。

金融市场利率是金融市场上各种金融产品的利率，包括短期利率（包括银行间拆借市场利率、银行间债券回购利率、短期票据市场利率、短期融资券利率、短期国债收益率）和中长期利率（中长期国债收益率、中期票据利率）。

在市场经济国家，金融市场利率在某种程度上具有基准利率的性质。所谓基准利率，就是在一国利率体系中起着基础性的作用，作为金融市场其他金融产品定价参照系的利率。作为固定收益类金融产品和其他金融产品定价的基础，以及货币政策操作的重要参考依据，基准利率的构建对于货币政策传导、健全金融产品定价机制、推动金融产品创新、完善金融机构内部转移定价，乃至整个金融体系的健康、稳定、有序发展都具有无可替代的作用。根据国际经验，西方发达国家采用的基准利率主要分为两种模式：一种是报价驱动型的基准利率，如伦敦同业拆借利率、欧洲银行同业拆借利率等；另一种是交易驱动型的基准利率，包括债券回购利率、短期国债利率和同业拆借利率，典型的如美国的三个月短期国债利率、联邦基金利率。当然我们也可以从事前与事后的角度来进行区分。报价驱动型的基准利率属于交易发生前的利率，交易驱动型的利率属于交易发生后的利率。2008年全球金融危机爆发之后，特别是雷曼兄弟公司倒闭之后，交易对手方的信用风险显著上升，这使得无担保的同业信用交易的成交量显著下降，有担保（抵押品）的同业融资规模迅速上升。换言之，报价驱动型的利率产品成交量显著下降。由于报价驱动型的基准利率还受到部分报价行的操控，所以受到英美等国监管当局的严厉处罚，各国货币当局正在考虑如何改进基准利率的设置。

8.2.2 银行同业拆借利率

银行同业拆借利率作为一项重要的金融市场利率，是属于银行同业之间融入融出资金的价格，其中融入资金的价格体现在金融机构的负债方，融出资金的价格体现在金融机构的资产方。它是银行同业间买卖超额准备金（储备资产之一）所形成的利率，在美国通常称为联邦基金利率（federal fund rate）。不少国家的中央银行选择银行拆借利率作为货币市场的基准利率，主要是因为中央银行是储备资产的最终提供者，也是金融系统储备资产唯一的提供者，所以在这个市场上中央银行具有完全的垄断力量。

1. 中国的银行同业拆借利率

2007年年初中国人民银行推出了一套新的货币市场基准利率，即上海银行间同业拆放利率（Shanghai interbank offered rate，SHIBOR）。根据《上海银行间同业拆放利率（SHIBOR）实施准则》的规定，SHIBOR是由信用等级较高的银行组成报价团自主报出的人民币同业拆出利率计算确定的算术平均利率，是单利、无担保、批发性利率，从统计性质来看，是截尾算术平均数，其性质非常类似于伦敦银行同业拆借利率（London interbank offered rate，LIBOR）。根据期限的不同，银行同业拆借利率可以分为隔夜、1周、2周、1个月、3个月、6个月、9个月和1年期等品种，不过，最具代表性的多是指无抵押的银行同业隔夜拆借利率。当某一金融机构在中央银行的头寸不足，无法实现及时清算的时候，该金融机构以其持有的债券资产作为抵押，可以向中央银行申请日间融资（intraday credit，daylight credit），在当日营业终了之前向中央银行偿还这笔贷款的本利和。目前，国内各种类型的金融机构基本上都可以参加银行同业拆借活动，不仅包括传统的（中资、外资）存款类金融机构及其授权的一级分支机构，还包括证券公司、保险公司、信托公司、金融资产管理公司、金融租赁公司、企业集团财务公司、汽车金融公司、保险资产管理公司等类型的金融机构。因此，货币政策的调整会直接影响该利率。同时，由于证券公司也可以参加该市场的交易，所以中国证券市场的波动也会对SHIBOR产生影响。在金融市场上，还有一种利率是**回购利率**。回购是融入资金的一方以债券作抵押，向对方借入资金，并且双方约定在一段时间之后，融入资金的一方再买回债券的操作。

它可以分为买断式回购和质押式回购。这两种回购在操作上存在差异，具体如下：第一，质押式回购中，逆回购方对标的债券没有处置权，而买断式回购中逆回购方在回购期内对标的券种拥有进行买卖和再次质押融资的权利；第二，质押式回购中票面利率归正回购方所有，而买断式回购中归逆回购方所有（回购期间如发生回购债券付息，则计算回购利率时应将上述付息算入资金成本）。目前，质押式回购交易在银行间市场的交易规模相对最大，其次是银行同业拆借，最后是买断式回购。然而，从同一期限的利率来看，往往是买断式回购的利率最高（这主要是由于买断式回购的交易规模小，流动性相对较差），质押式回购利率和银行同业拆借利率的水平相差无几。

在中国，1996年1月1日中国人民银行就建立起全国统一的银行间拆借市场，拆借期限最长4个月，将各期限成交利率按其交易量权重进行加权平均，生成了中国银行间同业拆借市场利率（CHIBOR）。5个月之后，中国人民银行于1996年6月1日放开银行间同业拆借利率上限，由拆借双方根据市场资金供求自主决定。可以说，CHIBOR基本上实现了市场化。为什么中国人民银行在十年之后推出了SHIBOR呢？从性质上看，SHIBOR与CHIBOR的差异主要体现为：SHIBOR仅仅是一种报价利率，而CHIBOR（包括质押式债券回购利率）则是成交利率，也就是说前者是交易成交之前的报价利率，后者是交易成交之后的实盘利率。如LIBOR也是报价利率，而不是实盘利率。在国际金融市场上，类似的银行同业拆借利率基本上都是报价利率，而不是实盘的成交利率。中国人民银行推出SHIBOR，有利于与国际金融市场的对接。此外，在期限上，也有利于中外利率的对比。

2. LIBOR及其丑闻

在国际金融市场上，以LIBOR为代表的利率非常关键。LIBOR是London inter bank offered rate的简称，是伦敦国际银行同业间从事欧洲美元资金拆借的利率，期限有7种，分别为隔夜、1周、1个月、2个月、3个月、6个月和1年，以3个月期或6个月期最为常见。LIBOR包含5种货币：英镑（GBP）、欧元（EUR）、美元（USD）、日元（YEN）、瑞士法郎（CHF）。每个交易日都会有35种不同的LIBOR报价，其中最常使用的是美元3个月期LIBOR。该利率过去由英国银行家协会（British Bankers' Association，BBA）负责监督并发布。根据LIBOR的规则，20家大型银行在伦敦时间每天上午11点向英国银行家协会提交拆入拆出利率的估计值，英国银行家协会删除占25%的最高利率和最低利率后，得出的算术平均值就构成了当天的LIBOR，这种平均数从性质上就是截尾算术平均数。从性质上看，LIBOR并不是通过实际交易得到的利率，而是一种报价利率。LIBOR被设计成报价利率，是为了便于报价成员行不存在相对应的实际交易情况下，也可以提交报价。同时，该利率也是报价行向市场提供的期望利率。然而，恰恰是这一点使得报价成员行对其进行操控。尤其是金融市场环境恶化的情况下，为了减轻交易对手方对自身流动性不足的担忧，报价行有意识地降低LIBOR。

从LIBOR变化出来的还有新加坡同业拆借利率（Singapore interBank offered rate,

SIBOR)、纽约同业拆借利率（New York interBank offered rate, NIBOR）、香港同业拆借利率（Hongkong interbank offered rate, HIBOR）等。2012年6月，英国巴克莱银行被曝涉嫌操纵伦敦同业拆借利率（LIBOR）和欧元同业拆借利率（EURIBOR）。此后，瑞士联合银行、花旗集团、苏格兰皇家银行、摩根大通、德意志银行等金融机构都被曝出涉嫌操纵LIBOR，并被美英等国金融监管部门处以巨额罚款。

自从1986年LIBOR诞生以来，LIBOR一直是金融市场非常重要的基准利率指标，直接影响利率期货、利率掉期、工商业贷款、个人贷款、住房抵押贷款以及其他金融衍生产品的定价和货币政策的制定。由于各家报价行都拥有规模巨大的基于该利率的金融衍生产品合约，若彼此相互勾结，联手影响LIBOR，LIBOR每变动1个基点，就可能在全球范围内造成数百万美元的利润或亏损。此外，在2008年全球金融危机期间，LIBOR曾被视为反映银行业健康水平的晴雨表而受到市场密切关注。在金融危机期间，银行间同业拆借市场的流动性会变得紧张，此时LIBOR上升将导致商业银行的融资成本上升，对流动性紧缺的商业银行来说将是雪上加霜。大型国际金融机构有意降低LIBOR报价，使得拆借市场最终将LIBOR维持在低位以降低融资成本。在2008年全球金融危机期间，3个月欧洲美元利率超过3个月LIBOR最高达195个基点，这表明金融机构提交的利率报价低于实际的市场美元融资成本。2012年，LIBOR被爆出操控丑闻，这严重打击了全球金融市场对LIBOR的信心。

3. LIBOR利率改革和SOFR利率推出

由于LIBOR利率被操控以及LIBOR的流动性显著下降（2008年国际金融危机之前，同业拆借量已经开始下降，危机之后出于对交易对手信用风险的担忧，同业拆借下降非常显著。银行间短期融资方式从信用拆借全面转向了回购操作。2016～2017年，3个月的LIBOR每日拆借规模中位数仅有10亿美元），因此2014年美联储成立了替代参考利率委员会，提出了改革LIBOR的思路。一是将LIBOR报价的金融机构范围不再仅限于银行间的无担保借贷，非银行金融机构和其他多样化的交易也可参与其中。二是充分利用金融衍生品形成多样的无风险利率来充当基准利率，取代LIBOR。2017年6月，美联储正式确定使用SOFR（secured overnight financing rate）作为LIBOR的替代利率，并推出基于SOFR的期货、利率互换等多种衍生工具。SOFR是美国隔夜回购市场全天成交利率按交易量加权的中位数，由纽约联储在第二天早上8点30分发布。美国的回购交易市场包括三方回购（tri-party）和双边回购（bilateral）。从是否通过FICC清算的角度区分，回购交易又可分为通过FICC清算的回购交易和不通过FICC清算的回购交易。用于SOFR计算的是不通过FICC清算的三方回购（tri-party excluding GCF）、通过FICC清算的三方回购（GCF）以及通过FICC清算的双边回购（cleared bilateral）。美联储在回购市场的交易不会被计算在内，以保证这个回购利率是由私人部门决定的。

SOFR改善了LIBOR最致命的两个缺陷。第一，SOFR不是通过报价，而是通过成交价计算的，这增加了该利率被操纵的难度；第二，回购是货币市场成交量最大的品种，

2008年之后更是占据了绝对份额，保证SOFR能最大限度地反映资金市场利率水平。美联储决定用SOFR取代LIBOR，与当年LIBOR取代国债收益率成为基准利率的原因一脉相承：SOFR比LIBOR更能代表目前银行间的融资成本。

2018年4月2日至2018年9月20日的SOFR如图8-1所示。

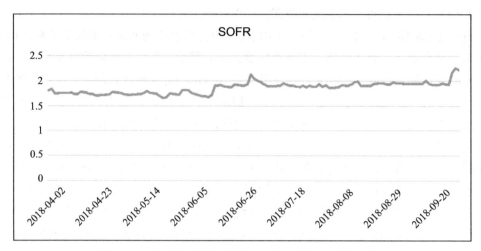

图8-1 2018年4月2日至2018年9月20日的SOFR
资料来源：https://apps.newyorkfed.org/markets.

8.2.3 国债收益率以及风险溢价

另一重要的金融市场利率是债券的收益率（rate of return）。对于债券而言，债券的票面利率与收益率的差异是很大的。债券收益率包括两部分，一部分是当年收益率，另一部分是资本收益率（rate of capital gain）。在各国中央银行的宏观调控中，国债收益率就是中央银行高度关注的监测指标之一。

2013年11月《中共中央关于全面深化改革若干重大问题的决定》提出："完善人民币汇率市场化形成机制，加快推进利率市场化，健全反映市场供求关系的国债收益率曲线。"什么是国债收益率曲线呢？国债收益率曲线是反映某一时点上不同期限国债到期收益率水平的曲线。由于国债属于无风险资产，其利率水平为一国金融体系提供了基础性的定价参考。换言之，地方政府债券、公司债券等债券的利率定价以同期限的国债利率为基础，在国债利率的基础上加点生成。此外，国债收益率曲线还可以作为预测未来利率、经济增长率和通胀趋势的工具，有助于货币政策通过预期渠道实现对实体经济的传导。

目前，中国的国债收益率曲线的构建还在不断完善的过程中。主要的问题体现为以下几个方面：第一，国债品种和期限结构不甚合理。中国的国债当中，中期国债的比重过高，1年期以下的短期国债和10年期以上的长期国债占比很低。第二，不同期限的国债的流动性不同。以换手率（二级市场国债现货交易额除以国债余额）为例，国债的换手率远低于公司信用债的换手率,也低于发达国家成熟市场的国债换手率。第三,国债的发行余额管理制度也制约了国债市场的发展。例如,国债发行仅仅考虑上一年国债余额和本年度的赤字规模,没有考虑财政支出状况和金融市场的变化因素,财政部更多地从本部门还本付息的角度考虑,没有顾及国债的金融功能,偏好发行中长期国债,短期国债发行规模不足。

2014年11月2日,中国财政部首次公布1年、3年、5年、7年、10年等关键期限国债收益率,2015年开始公布3个月、6个月等短期国债收益率,2016年10月公布了30年期国债收益率。其中,3个月期国债收益率是用于计算IMF特别提款权(SDR)利率的人民币代表性利率。从2016年6月开始,中国人民银行在官方网站也发布中国国债及其他债券收益率曲线。目前,公开发布人民币国债收益率曲线的机构有两大类:一类是市场中介服务机构,包括中央国债登记结算有限责任公司、外汇交易中心、中证指数公司等;另一类是国内外金融信息服务商等机构,如万得资讯(Wind)、新华08、汤森路透(Thomson Reuters)、彭博(Bloomberg)等。

在中国,货币市场、债券市场等市场利率可以依上海银行间同业拆借利率、短期回购利率、国债收益率等来确定,并形成市场收益率曲线。银行信贷市场可以参考的定价基准包括贷款基础利率(LPR)、中国人民银行公布的贷款基准利率。这就形成了金融市场上的两类基准利率,目前中国人民银行正在考虑如何实现"两轨合一轨"。

1. 风险溢价(risk premium)

如何理解风险溢价呢?假定在金融市场上分别存在公司债券市场和政府债券市场,$P_1^C = P_1^T$ 且风险溢价等于零。此时,公司债券违约风险的增加使得其需求曲线由 D_1^C 移动到了 D_2^C。同时,出于规避风险的考虑,投资者转向政府债券市场。政府债券的需求曲线由 D_1^T 移动到了 D_2^T。公司债券的均衡价格由 P_1^C 降到了 P_2^C,公司债券的均衡利率上升到了 i_2^C。在政府债券市场上,政府债券的均衡价格由 P_1^T 上升到了 P_2^T,均衡利率下降到了 i_2^T。i_2^C 和 i_2^T 之间的差别就体现为公司债券的风险溢价(P_2^C 小于 P_2^T,i_2^C 大于 i_2^T)。具体如图8-2所示。

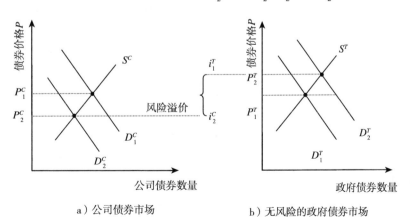

图 8-2 风险溢价

2. TED 利差

TED 利差，又称泰德利差（Treasury & EuroDollar Spread），是伦敦同业拆借美元利率与美国短期国债利率之差。TED 利差是国际金融市场常用的一个指标，主要反映国际金融市场流动性松紧和投资者风险偏好变化。在国际金融市场上，1 个月期和 3 个月期的 TED 利差运用较多，后者更为普遍。

美国国债利率以美国政府的信用为基础，在国际金融市场近似地被视为无风险利率。所以，3 个月的 LIBOR 美元利率与 3 个月的美国国债利率之差通常被视为国际金融市场上的市场利率与无风险利率的差。例如，如果美国 3 个月短期国债利率为 3.1%，同期欧洲美元利率为 3.5%，那么 TED 利差为 40 个基点（basis point）。当国际金融市场上投资者的避险情绪上升，或者资金供给紧张时，TED 利差会趋于扩大。反之，该利差将会趋于下降。一般而言，国际金融市场上 TED 利差一般在 10 到 50 个基点之间波动，长期来看，其平均水平为 30 个基点。

2005～2018 年的 TED 利差如图 8-3 所示。

3 个月的 TED 利差可以分解为：

$(LIBOR3 - TBILL) = (LIBOR3 - LIBOR0) + (LIBOR0 - TARGET) + (TARGET - TBILL)$

其中：$LIBOR3$ 为 3 个月期的 LIBOR 利率，$TBILL$ 为美国 3 个月期的国债利率，$LIBOR0$ 为隔夜的 LIBOR 利率，$TARGET$ 为美联储的目标利率（联邦基金利率）。

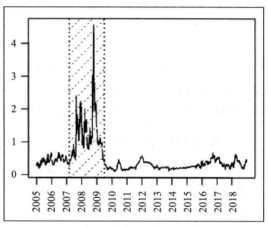

图 8-3　2005～2018 年的 TED 利差
资料来源：https://fred.stlouisfed.org/series/TEDRATE.

一般来说，在国际金融市场较为平稳的情况下，上式中的第二项差额基本保持不变，那么 TED 利差主要源于第一项和第三项因素。其中，第一项利差主要反映风险补偿因素（risk premium，也有人译作"风险溢价"）或者流动性补偿因素（liquidity premium），第三项利差主要反映美国货币政策的变化。如美联储希望执行扩张型的货币政策，通过降低联邦基金利率，可以迫使 3 个月期的美国国债利率接近于零。2007 年美国次贷危机转变为全球金融危机，TED 利差的变动恰好反映了危机的特性。当时 TED 利差扩大为 150～200 个基点。2008 年 9 月 17 日，TED 利差超过了 300 个基点，超过了 1987 年 10 月 19 日"黑色星期一"时的 TED 利差。2008 年 10 月 10 日，TED 利差达到 457 个基点。2013 年 10 月，由于国际金融市场担心美国国债可能出现违约，TED 利差第一次出现了负值。

知识点：
扭动操作

此外，名义利率与实际利率是许多金融学教材中常见的一对术语。在中央银行的宏观金融调控中，涉及的利率种类非常多，不过，主要都是针对名义利率而言的。伴随着金融工具的不断创新，实际利率可以通过抗通胀型长期国债（treasury inflation protected security，TIPS，也有人译作"通货膨胀保护国债"）观测得到。

不少国家的财政部都发行了抗通胀型长期国债，这实际上是一种指数债券，1997年1月15日由美国财政部首次发行，规模为70亿美元。此后，其他国家陆续发行，如英国、加拿大、澳大利亚和瑞士等国。1998年9月，美国财政部开始发行对小额投资者提供抗通胀风险的系列1储蓄债券。抗通胀型债券的特点是利息和本金偿付能够根据通胀率的变化进行相应的调整，换言之，这些债券为实际利率的度量提供了直接的方法。对货币政策制定者来说，这种债券的利率提供了非常有用的信息，意义更大。举例来说，在6月29日，10年期国债的利率为3.05%，同时10年期的TIPS的利率是1.65%。这意味着在将来10年期的通货膨胀率，就是这两个利率的差异，也就是1.40%。这是国际上衡量通胀预期的三种方法之一。另外两种方法分别是对居民进行问卷调查和对经济学家、专业预测机构进行问卷调查。对居民进行问卷调查方法在美国、欧盟、日本应用广泛，比如1946年以来美国密歇根大学ISR定期发布美国家庭对未来1年（短期）、5～10年（长期）通胀预期的月度抽样调查数据。还有就是对经济学家、专业预测机构进行调查。美国以经济学家为调查对象的Livingston预测法就是通过向许多经济学家询问他们对当前若干关键指标（包括通胀率）的预期，在分析加工的基础上得到通胀率的预测值。从1999年开始，巴西中央银行每周都进行经济学家调查。

8.3 汇率

汇率是货币在外汇市场上的价格。双边汇率是两国货币交换的比价，是用一种货币来表示另一种货币的价格，也可以认为是两种货币的兑换比率。因此，汇率的表示就有两种方法，既可以用甲国货币表示乙国货币的价格，也可以用乙国货币表示甲国货币的价格。这其中的差异在于何种货币作为计价的标准。

8.3.1 汇率的表示方法和变化率

通常汇率的标价方法有两种。价格表示法（price quotation），又称直接标价法（direct quotation）或者应付标价法（giving quotation），是指每单位外国货币的本国货币单位数，即以本国货币的数量变化表示外国货币价格的方法。2007年12月28日中国银行间外汇市场1美元兑7.3046元人民币就是采用直接标价法。在这一表示法下，外国货币的数额固定不变，本国货币的数额如果上升，则意味着外币升值，本币贬值。反之，本国货币的数额如果下降，则意味着外币贬值，本币升值。目前，大多数国家采用直接标价法，其中也包括中国。数量表示法（quantity quotation），又称间接标价法（indirect quotation）或者应收标价法（receiving quotation），是指每单位本国货币的外国货币单位数，即以外国货币表示本国货币价格的方法。现在，美国、英国、欧元区均采用间接标价法。读者会发现，第二种标价只是第一种标价的倒数。尽管采取哪一种标价方法取决于国际惯例，但是数值的增减在两种标价法下的经济含义却是相反的。数值的上升在直接标价法下是本币贬值的含义，但是在间接标价法下是本币升值的含义。通常将在各种标价法下数值固定不变的货币称为基础货币（base currency）或者基准货币（vehicle currency），在英文文献当中也称为 quoted，underlying，or fixed currency。将数量不断变化的货币称为标价货币（quotating currency），在英文文献当中也称为 terms currency 或者 counter currency。既然汇率是两种货币的交换比价，一种货币升值就意味着另外一种货币贬值。进一步来看，我们可否认为一种货币的升值幅度就是另外一种货币的贬值幅度呢？例如，人民币从 2005 年 7 月 21 日的 1 美元兑换 8.27 元人民币升值到 2013 年 9 月末的 1 美元兑换 6.14 元人民币，人民币升值幅度是多少呢？美元的贬值幅度是否就是人民币的升值幅度呢？正确的计算方法是：

$$人民币的升值幅度 = \frac{\frac{1}{6.14} - \frac{1}{8.27}}{\frac{1}{8.27}} \approx 35\%$$

$$美元的贬值幅度 = \frac{6.14 - 8.27}{8.27} \approx -26\%$$

以上计算结果的差异主要源于分母的不同。在两个公式中，分子的结果是相反数，分母却不同，一个是期初汇率，另一个是期末汇率。当然，在汇率变化幅度很小的时候，一种货币的升值幅度就是另外一种货币的贬值幅度，但是在变化幅度比较大的情况下，却不可以这么判定。

8.3.2 实际汇率及其含义

通常，名义汇率就是外汇市场的报价汇率。所谓实际汇率（real exchange rate），又称真实汇率，指名义汇率经由价格调整后的汇率。设直接标价法下的名义汇率为 S，实际汇率为 Q，则 $Q = S \cdot P_f / P_d$。式中，P_f 和 P_d 分别代表外国和本国商品的物价水平。如果一价定理（the law of one price）成立，那么 $P_d = S P_f$，即 $Q=1$。以 $Q = S \cdot \frac{P_f}{P_d}$ 为例，实际汇率的经济含义是如果 $Q > 1$，表示本国商品具有较强的竞争力；反之，本国商品的竞争力较弱。例如，一件衬衫在中国的价格为 100 元人民币，这件衬衫在外国的价格经过汇率折算后为 150 元人民币，其比率为 1.5。其含义就是美国 1 件衬衫相当于中国 1.5 件衬衫。显然，Q 值越大，本国衬衫的价格竞争优势就越显著。因此，名义汇率的含义是两国货币的兑换比率，实际汇率则是两国商品的兑换比率。为了对更长时间跨度的实际汇率进行分析，必须建立类似物价指数的实际汇率指数，此时往往简称为实际汇率，实际上它是一种指数。实际汇率变化幅度的计算公式如下：

$$\tilde{Q} = \frac{Q_1 - Q_0}{Q_0} = \frac{S_1 P_{f_1}}{P_{d_1}} \Big/ \frac{S_0 P_{f_0}}{P_{d_0}} - 1 = \frac{(1+\tilde{S})(1+\pi_f)}{1+\pi_d} - 1$$

$$\text{其中：} \frac{S_1}{S_0} = 1+\tilde{S}, \ \frac{P_{d_1}}{P_{d_0}} = 1+\pi_d, \ \frac{P_{f_1}}{P_{f_0}} = 1+\pi^f$$

如果 $\tilde{S}$，π_f 和 π_d 的变化率很小，那么实际汇率的变化率为：

$$\tilde{Q} = \tilde{S} + \pi_f - \pi_d$$

其含义为外币对本币实际汇率的变化率等于外币对本币名义汇率的变化率加上两国通胀率之差。这里需要注意两点：第一，只有当以上变量的变化率很小的时候，才可以去掉高阶无穷小项，分母才可以约等于1，否则上式是不成立的。第二，由于这里采用的是直接标价法，因此计算的是基准货币的实际汇率变化幅度，而不是本币的实际汇率变化幅度。要计算本币实际汇率的变化幅度，或者某种货币的实际汇率指数，必须将本币或者该种货币置于等号前面基准货币的地位，即采用间接标价法下的汇率。

8.3.3 有效汇率

通常所说的汇率，主要是指名义双边汇率，事实上一国与其他许多国家存在经济交易，因而就存在若干种名义双边汇率。往往是本国货币对某些国家的货币升值，对另外某些国家的货币贬值，如何考察本国货币对外的整体升贬值态势呢？这就要将本币与其他国家的双边汇率按照某一种指标进行加权平均，如进出口贸易额，最后得到的汇率指数就是有效汇率。因此，有时候有效汇率（effective exchange rate）也被称为贸易权重指数（trade-weighted index，TWI）。在本质上，有效汇率是一种指数，类似于股票指数、物价指数。例如，美元指数（US dollar index，USDX），也就是美元有效汇率指数，是反映美元与国际外汇市场其他主要货币相对比价的指标，它是按照一定的权重计算美元对一揽子货币的双边汇率的几何加权平均数。其衡量的是美元对货币篮子整体的价值变化程度，同时间接反映美国的出口竞争力和进口成本的变动情况。美联储就对外公布的美元名义和实际有效汇率，按不同货币篮子名义和实际有效汇率各自有三个指数，分别是包含所有贸易伙伴货币的广义指数（the broad index）、仅包含主要货币的主要货币指数（the major currencies index）以及其他重要贸易伙伴指数（other important trading partners index），以反映美元对不同贸易伙伴群体的竞争力。BIS公布的美元指数以2010年为基准年，即2010年的美元指数为100。若美元指数上升，表示美元相对于货币篮子整体升值，反映了美国的出口竞争力及进口成本的下降；反之，则表示美元相对于货币篮子整体贬值，美国出口竞争力与进口成本有所上升。根据一揽子货币的数量不同，BIS将美元指数分为广义（board）美元指数与主要货币（major currencies）美元指数。广义美元指数的货币篮子由 26 种货币构成，主要货币美元指数由 7 种货币构成，这 7 种货币分别是欧元、加拿大元、日元、英镑、瑞士法郎、澳元以及瑞士克朗。另外，按照是否剔除篮子货币的通胀率，美元指数又可以分为名义（nominal）美元指数和实际（real）美元指数，名义美元指数在计算时采用的是名义汇率，而实际美元指数采用的则是实际汇率。名义美元指数与实际美元指数之间的差额通常反映了美国与篮子货币之间的通胀率差异。

名义美元主要货币指数和实际美元主要货币指数如图 8-4 所示。

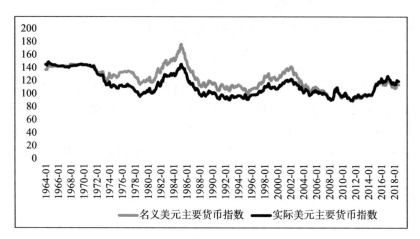

图 8-4

资料来源：BIS.

1. 名义有效汇率

所谓有效汇率，就是指某种加权平均汇率。它是一种货币相对于其他多种货币双边汇率的加权平均数。计算某国货币名义有效汇率的公式如下：

$$NEER_t = \sum_{i=1}^{n} W_i \frac{S_{it}}{S_{i0}}$$

或者，

$$NEER_1 = \prod_{i=1}^{n} \left(\frac{S_{it}}{S_{i0}} \right)^{W_t}$$

其中：S_{it} 代表 t 年某国货币对 i 国的名义汇率（间接标价法下的汇率），S_{i0} 代表基期某国货币对 i 国的名义汇率。S 采取间接标价法，有效汇率指数的含义则是指数升高，表示本币对外价值整体上升。W_i 表示 i 国的权重，各国权重之和为 1。名义有效汇率的计算既可以采用算术平均法，也可以采用几何平均法，其计算公式是：

$$x = \left(\prod_{i=1}^{n} x_i^{W_i} \right)^{1/\sum_{i=1}^{n} W_i}$$

这里有两个问题：第一，所谓其他多种货币，具体应该包括多少种货币？第二，权重如何确定?

在理论上,无疑是与本国有贸易往来国家的货币均需要纳入计算。在实践中,由于某些双边汇率缺失或者与某些小国双边汇率的数据缺乏可靠性,在计算有效汇率时通常选择主要的贸易伙伴国货币,如占本国对外贸易总额90%的各种货币均要考虑在内。不过这往往加大了计算的工作量,美联储在20世纪80年代就曾经在计算美元有效汇率时只是将十国集团和瑞士的货币包括在内。关于权重的问题,最常见的权重就是贸易权重,这又可以分为双边贸易权重和多边贸易权重。除此之外,还可以采取资本账户差额为权重。不论是贸易权重还是资本账户权重,均从流量角度来考虑。由于各国之间经济往来不仅仅反映为流量,各国经济存量还因为流量的变化而产生变化,因此还有经济学家从存量的角度来构造权重,这部分内容已经超出了本书的范围,有兴趣的读者可以参考其他专著。下面重点讲解贸易权重以及第三国效应。

(1)双边贸易权重(bilateral trade weight)。如果参考双边贸易额,那么以某国进出口总额占本国进出口总额的比例为权重,$W_i = \dfrac{X_i + M_i}{\sum_{i=1}^{n}(X_i + M_i)}$,其中:$X_i$ 和 M_i 为 i 国对本国的出口额和进口额。

(2)多边贸易权重(multilateral trade weight)。如果采用多边贸易权重,那么计算公式为 $W_i = \dfrac{X_i + M_i}{\sum_{i=1}^{n}(X_i + M_i)}$,其中:$X_i$ 和 M_i 为 i 国所有的出口额和进口额,分母表示贸易伙伴国所有的进出口总额(不含本国的进出口额)。

表8-2假设有4个国家,其中以A代表本国,纵向代表出口,横向代表进口。例如,A国从B国进口100亿元,A国向B国出口170亿元。如果计算双边贸易权重,那么B国的权重为 $\dfrac{170+100}{560+430}=27\%$,C国的权重为 $\dfrac{150+190}{560+430}=34\%$,D国的权重为 $\dfrac{200+180}{560+430}=38\%$。如果采用多边贸易权重,那么B国的权重为 $\dfrac{270+330}{270+300+320+330+350+340}=31\%$。其中:分子为B国的进口与出口总额,分母为B、C和D三国的进出口总额。C国和D国的权重以此类推,分别为34%和35%。

表8-2 四个国家之间的贸易状况

(单位:亿元)

出口 进口	A	B	C	D	合计
A		100	150	180	430
B	170		70	90	330

（续）

进口＼出口	A	B	C	D	合计
C	190	110		50	350
D	200	60	80		340
合计	560	270	300	320	1 450

这两种权重设计有何差异呢？即使本国与某国的贸易规模很大，但是并不意味着本国与某国的汇率变化对双边的贸易额乃至本国国民收入产生的影响必然大于本国与另一国汇率变化带来的影响。上面的分析表明，关键货币对本币汇率变化的重要性取决于该国在国际贸易中的地位，而不是本国与关键货币国家之间的贸易规模。为什么有时候需要采用双边权重，有时候采用多边权重？如果 A 国与 B 国的进出口贸易均为零，采用双边权重时，B 国的权重为零；但是在采用多边权重时，B 国的权重则肯定大于零。因此，双边权重更加注重本国与权重国（与本国有贸易往来的国家）之间贸易的密切程度；多边权重更加注重权重国（不一定与本国有贸易往来的国家）对外贸易的开放程度。

2. 实际有效汇率

为了能更综合地反映本国与其贸易伙伴国货物与服务的国际竞争力比价，IMF 等机构还编制了主要发达国家货币的实际有效汇率指数（real effective exchange rate，REER）。该指数通常被认为是度量货币国际竞争力水平的重要指标。简单地看，实际有效汇率是一种加权计算的实际汇率指数，是名义有效汇率剔除本国与贸易伙伴国的通货膨胀率（或者其他指标，如单位劳动成本）之后的汇率指数。计算公式如下：

$$REER = \sum_{i=1}^{n} W_i Q_i$$

或者，

$$REER = \prod_{i=1}^{n} Q_i^{W_i}$$

其中：W_i 表示 i 国对某国的贸易权重，各国权重之和为 1；Q_i 代表某国货币对 i 国的实际汇率指数。同样，W_i 可以表示为双边贸易权重，也可以表示为多边贸易权重。实际有效汇率的计算既可以采用算术平均法，也可以采用几何平均法。

实际有效汇率区别于名义有效汇率的重要原因就是增加了影响货币竞争力的通货膨胀因素。采用什么指标来反映通货膨胀因素呢？通常，反映通货膨胀走势的指标有消费者物价指数（CPI），还有批发物价指数（WPI）。前者的缺陷是 CPI 包括了非贸易品，例如房屋成本、抵押贷款利息支出和服务支出等，这就限制了其作为实际有效汇率缩减因子的作用。后者的缺陷是 WPI 所覆盖的商品范围更小，且各国 WPI 所涵盖的商品差异性较大。除此之外，还有出口品价格指数（export price index）。该指标看似非常合适，但也存在不足。主要是该指数只包括当前的可贸易品和服务，不包括潜在的可贸易品和服务。例如，进口替代品和出口替代品都可能成为可贸易品。单位劳动成本（unit labor cost）也可以作为缩减因子来构造实际有效汇率，这是因为劳动成本构成了总的生产成本的主体，反映了本国生产成本的基本走势。IMF目前公布的各国实际有效汇率指数就采用了上述计算方法。

8.4 本章小结

本章主要分析了货币的三种价格——通胀率、利率和汇率。通胀率反映的是货币与商品之间的关系，利率反映的是资金所有者让渡资金使用权的价格，（双边）汇率反映的是两种货币兑换的比价。有效汇率则是某种货币对其他货币整体价值的变化指数。这三类指标在货币政策的实施过程当中，有着不同的作用。通胀率以及通胀率的预期值是反映货币政策未来导向的重要指标。在市场经济条件下，利率的调整是货币当局调控经济的主要手段之一。利率的风险溢价部分反映了金融市场风险大小。汇率是开放型经济下一国经济竞争力大小的重要指标之一。一国政府不仅关注本币与世界主要货币之间的比价关系，更关注本币的实际有效汇率。

第 9 章

货币价格之间的关系

上一章介绍了货币的三种价格——通胀率、利率和汇率。这三种价格均是货币当局关注的重要指标。在均衡条件下,这三种价格两两彼此间又存在一定的平价关系。本章重点介绍这三类平价(效应)。

9.1 费雪效应

名义利率与实际利率之间的关系被称为费雪效应,最初由美国经济学家欧文·费雪(Irving Fisher,1867—1947)提出。费雪效应的具体推导如下:图 9-1 中的四个方框分别代表当期的货币 M_1、下一期的货币 M_2、当期的代表性商品 G_1 和下一期的代表性商品 G_2。相互之间的关系如下:

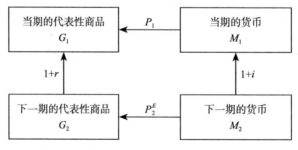

图 9-1 费雪效应关系图

(1)$M_1 = P_1 \cdot G_1$,按照 P_1 的价格水平来购买当期的代表性商品 G_1,总支出是当期的货币 M_1。

(2)$G_1(1+r) = G_2$,下一期的代表性商品 G_2 对当期的代表性商品 G_1 的回报率为 $1+r$。

（3） $M_1(1+i)=M_2$，当期的货币 M_1 到下一期变为 M_2，其回报率为 $1+i$。

（4） $M_2=P_2^E \cdot G_2$，按照 P_2^E 的价格水平（下一期的预期价格水平）来购买下一期的代表性商品 G_2，总支出是下一期的货币 M_2。由此我们可以得到下述关系式：

$$M_2 = P_2^E \cdot G_2$$
$$M_1(1+i) = P_2^E G_1(1+r)$$

因为 $M_1=P_1 \cdot G_1$，且令 $\dfrac{P_2^E}{P_1}=1+\pi^E$，所以上式可以化简为：

$$1+i=(1+r)(1+\pi^E)$$

因此我们就可以得到费雪方程式。

这就是著名的实际利率效应，也就是费雪效应。关于这一效应，需要注意几点：

第一，只有当实际利率 r 和预期通货膨胀率 π^E 均很小的时候，这两项的乘积才是高阶无穷小，其结果才可以被省略，只有在这种情况下上式可以简化为 $i=r+\pi^E$，否则不可以省略。例如名义利率为12%，预期物价上涨率为10%，根据以上公式，实际利率为1.8%，而不是2%。

第二，以上公式中的预期通货膨胀率 π^E 不可简化为通货膨胀率 π。这是因为通货膨胀率、预期通货膨胀率以及利率的时间跨度是不同的。名义利率通常是从现在时刻开始的未来一段时间内（比如说一年）的利率，预期通货膨胀率是从现在时刻开始的未来一段时间内（也假定为一年）的物价上涨率，而通货膨胀率则是从过去开始的某一时点到现在时刻（假定为过去的一年）的物价上涨率。因此，预期通货膨胀率不可简化为通货膨胀率。

第三，名义利率（i_d）和实际利率（r_d）反映的是从某一时点开始未来一段时间内的利率水平，实际利率是指名义利率扣除通胀预期后的利率水平。扣除的通胀预期要与名义利率的时间跨度一致。因此，也有经济学家从事前实际利率和事后实际利率来进行讨论。然而，不论从哪个角度，名义利率、实际利率和（预期）通胀率三者的时间跨度都必须是一致的。

9.2 购买力平价

购买力平价（purchasing power parity，PPP）是20世纪20年代由瑞典斯德哥尔摩大学（Stockholm University）经济学教授古斯塔夫·卡塞尔（Gustav Cassel）做出清晰阐述的。卡塞尔认为，本国对外币的需求是一种引致需求（derived demand），因为这些货币在外国市场上具有购买力，可以买到外国生产的商品和服务；外国之所以需要本币，则是因为本币在本国市场上具有购买力。因此，货币的价格取决于它对商品的购买力，两国货币的兑换比率由两国货币各自具有的购买力的比率决定。绝对购买力平价是经济学家们最早提出的汇率决定理论。在国际贸易过程中，经济学家们发现著名的一价定理，并逐渐引申出绝对购买力平价（absolute purchasing power parity）。假设忽略运输费用、保险费用和海关关税等支出，在自由贸易条件下，同一种商品在折算成同一种货币计价之后，在两国间的价格相同，这就是著名的一价定理（law of one price）的核心思想。按照一价定理，假设商品 j 在美国卖 1 美元，在中国卖 7 元人民币，而外汇市场上现实的双边汇率为 1 美元等于 6 元人民币，那么有：

$$P_d^j > SP_f^j$$

国家间的商品套购（commodity arbitrage）就是贸易商在美国买入这种商品并运到中国出售，即贸易商在美国以 1 美元的价格买入这种商品，运到中国出售，获得 7 元人民币，再按 1 美元兑换 6 元人民币的汇率换回 1.17 美元，每 1 美元净赚 0.17 美元。上述活动将导致以下情况：不断地进行商品套购使得美国商品的供给减少，该商品在美国的售价 P_f^j 上升；中国商品供给增加，该商品在中国的售价水平 P_d^j 不断下降；同时对美元的需求不断增加，导致美元汇率 S 不断上升。上述三个变量将同时发生变化，最终使得 $P_d^j = SP_f^j$。如果将单个商品换成一篮子商品，并且假定两国的一篮子商品的构成相同，那么这就是绝对购买力平价的思想。用公式来表示就是：

$$\sum_{j=1}^{n} w_d^j P_d^j = S \sum_{j=1}^{n} w_f^j P_f^j$$

其中：对于所有的商品 j 来说，$w_d^j = w_f^j$。$\sum_{j=1}^{n} w_d^j P_d^j$ 就相当于本国的一般物价水平，$\sum_{j=1}^{n} w_f^j P_f^j$ 为外国的一般物价水平。

然而，绝对形式的购买力平价在现实中比较难以成立，这是由运输费用、信息不完全以及关税和其他形式的贸易保护导致的。然而，经济学家认为即使存在上述扭曲，作为绝对购买力平价的弱形式（weaker form）——相对购买力平价（relative purchasing power parity）也仍然成立。如果令 π_d 和 π_f 分别表示 t 期本国和外国的通货膨胀率，则有：

$$P_{d_t}/P_{d_{t-1}} = 1 + \pi_d$$

$$P_{f_t}/P_{f_{t-1}} = 1 + \pi_f$$

其中：P_{d_t}，$P_{d_{t-1}}$ 分别为本国 t 时刻和 $t-1$ 时刻的物价水平；P_{f_t}，$P_{f_{t-1}}$ 分别为外国 t 时刻和 $t-1$ 时刻的物价水平。

由此可以得到：

$$\frac{S_t - S_{t-1}}{S_{t-1}} = \frac{\pi_d - \pi_f}{1 + \pi_f}$$

其中 $\frac{S_t - S_{t-1}}{S_{t-1}}$ 为汇率在 t 期的变化率，令其为 $\tilde{S}$，且当外国通胀率 π_f 不太高时，上式可简化处理为：

$$\tilde{S} = \pi_d - \pi_f$$

该式表明，汇率的变化等于两国的通货膨胀率之差。如果本国通货膨胀率高于外国的水平，则 $\tilde{S}$ 值为正，即本币贬值，外币升值。这意味着，本国与外国的通货膨胀率之差恰好反映了外币的升值幅度。以汇率变化 $\tilde{S}$ 表示纵坐标，向上表示本币贬值，向下表示本币升值；本外币通货膨胀率之差 $\pi_d - \pi_f$ 为横坐标，向左表示本国通胀率低于外国通胀率，向右表示本国通胀率高于外国通胀率。相对购买力平价线就是一条过原点的45°线。图 9-2 的上半部分表示 $\tilde{S} > \pi_d - \pi_f$，即外币的购买力较强；图 9-2 的下半部分表示 $\tilde{S} < \pi_d - \pi_f$，即本币的购买力较强。假设以中、美两国为例来分析相对购买力平价。若中国通货膨胀率高出美国通货膨胀率3%，根据相对购买力平价，人民币应该贬值3%，即图中相对购买力平价线上的 E 点。偏离这条线的点，如 A 点，表示美国通货膨胀率较中国通货膨胀率高 3%，按照相对购买力平价原理，人民币应该升值3%，但出现了人民币贬值2%的结果，这表明相对于人民币，美元的购买力提高。B 点表示中国通货膨胀率较美国高3%，人民币应该贬值3%，但是却出现了人民币升值1.5%的结果，这表明相对于美元，人民币的购买力提高。

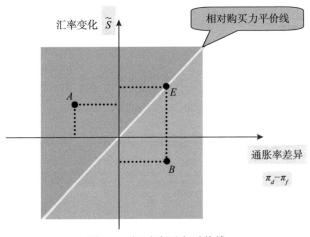

图 9-2　相对购买力平价线

相对购买力平价理论比绝对购买力平价理论的应用价值更大，因而更富有意义。它从理论上避开了"一价定理"关于绝对价格水平 P_d 和 P_f 的问题，着力分析其相对变化水平 π_d 和 π_f。相对购买力平价的政策含义也非常明显：本国通货膨胀率相对较高，那么本国货币就应该贬值。反之，如果本国物价涨幅相对较低，本国货币就应该升值。

9.3　利率平价

所谓利率平价理论（the theory of interest rate parity），就是揭示利率与汇率之间变化关系的理论。国际经济领域的经验事实表明：这种密切关系是通过国家间的套利性资金流动而产生的。如果说购买力平价理论主要分析汇率水平的长期变化趋势，那么利率平价理论更多的是从短期来分析汇率的变化走势。该理论的核心思想可追溯到19世纪下半叶，并在20世纪20年代由凯恩斯等人予以完整阐述。利率平价理论可以分为抵补的利率平价（covered interest rate parity, CIP）和非抵补的利率平价（uncovered interest rate parity, UIP）。如果投资者将一笔资金投资一年期存款，他既可以在本国投资，也可以在外国投资。后者会涉及汇率问题，即当他将本币资金兑换成外币（涉及即期汇率），一年后投资获得的本利和必须兑换成本币（该投资者事先按远期汇率卖掉其外币的本利和），其投资外币的最终收益与投资本币的收益相比较，如果前者更高，资金从本国流向外国；反之，资金从外国流向本国。当两者的收益相等时，资金不发生流动。这就是抵补利率平价理论的核心思想。

抵补利率平价理论的推导如图9-3所示。

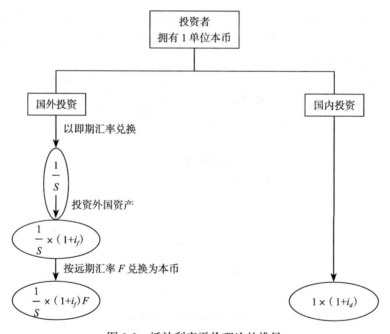

图9-3 抵补利率平价理论的推导

假定本国金融市场上一年期存款利率为i_d，外国金融市场上一年期存款利率为i_f，即期汇率为S（直接标价法）。如果资金投资于本国，则一单位本币资金的本利和为：

$$1\times(1+i_d)=1+i_d$$

如果投资于外国金融市场，具体分为三个步骤：第一，先将一单位本币资金兑换成外币；第二，将外币在外国金融市场上投资于一年期存款；第三，将投资于外币的本利和按远期外汇汇率（F）兑换成本币。因此，一单位本币资金投资于外国金融市场最终的收益为：

$$\frac{1}{S} \times (1+i_f) \times F$$

如果 $1+i_d = \frac{F}{S} \times (1+i_f)$，市场上的资金流动将实现均衡。读者可考虑投资者拥有一单位外国货币的情况。将以上公式进行整理，可以得到以下等式：

$$\frac{F}{S} = \frac{1+i_d}{1+i_f}$$

$$\frac{F-S}{S} = \frac{i_d - i_f}{1+i_f} \approx i_d - i_f$$

如果外国利率 i_f 较小，该公式的含义就是外币的升贴水率等于两国利差。具体来说，抵补的利率平价理论就是认为当本国利率较高，本币远期贴水；当本国利率较低，本币远期升水。如果令外币的升贴水率 $[(F-S)/S]$ 为 y，两国利差 (i_d-i_f) 为 x，抵补的利率平价就是过原点的 45° 直线 $y=x$，这条直线又称为利率平价线。其中，横坐标的左侧方向表示外国利率高于本国利率，右侧方向表示本国利率高于外国利率。纵坐标向上的方向表示外币升值，本币贬值；向下的方向表示外币贬值，本币升值。

利率平价线如图 9-4 所示。

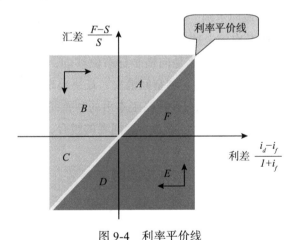

图 9-4 利率平价线

请注意，抵补的利率平价理论揭示的是一种均衡状态，即在利率平价线上资金转移无法实现利润。

利率平价线上面的区域，投资外国金融市场将获得利润，本国资本将流出，也就是资本外流区域；利率平价线下面的区域，投资本国金融市场将获得利润，外国资本将流入，也就是资本内流区域。具体来看，利率平价线、横坐标和纵坐标可以将整个平面分成 A、B、C、D、E 和 F 六个区域。在 A 区，外币出现升水，本币利率高于外币利率。然而，外币的升水幅度要大于本币高于外币的利差幅度。此时如果按照 i_d 的价格借入本币到国外投资，可以获得汇差收益，损失利差收益，但汇差收益要高于利差损失，投资者的最终收益为 $\frac{F-S}{S} - \frac{(i_d - i_f)}{1 + i_f}$。在这种状态下，本国资金会出现外流。在 B 区，一方面远期外币出现升水，另一方面外币的利率要高于本币利率，此时借入本币在国外投资，不仅可以获得汇差收益，而且可以获得利差收益，其收益之和为 $\frac{F-S}{S} - \frac{(i_d - i_f)}{1 + i_f}$，而持有本币则会受到双重损失。在这种情况下，国内资金会大量转移至国外。在 C 区，外币利率要高于本币利率，外币在远期出现贴水，但投资外币的利差收益要大于其汇差损失，其最终收益为 $\frac{F-S}{S} - \frac{(i_d - i_f)}{1 + i_f}$，仍然会出现国内资金转移至国外的现象。

在资本自由流动的情况下，处于 A、B 和 C 区域的利率与汇率组合点，将导致本国资金流向外国（也有可能是套利者借入本国资金，然后投资外国），这必然造成本国资金供给的减少，由此导致本国利率的上升 $i_d \uparrow$（本国货币市场的变化，如图 9-5 所示），相应地资金大量流入外国，导致外国利率的下降 $i_f \downarrow$（外国货币市场的变化，如图 9-5 所示）。两国利率的上述变化使得利差扩大 $(i_d - i_f) \uparrow$。与此同时，本国资金流向外国，对外币的即期需求增加，必然导致本币贬值 $S \uparrow$（即期外汇市场的变化，如图 9-5 所示）；投资结束后，资金再流回本国，因而对本币远期需求增加，这将导致本币远期汇率的升值 $F \downarrow$。即期和远期汇率的上述变化使得汇差缩小 $(F-S) \downarrow$（远期外汇市场的变化，如图 9-5 所示）。因此，利差变化是向横坐标右侧移动，汇率变化是向纵坐标下方移动，这一系列变动必将导致资金的套利空间消失，最终出现均衡状态。从政策含义来说，只有当本币高于外币的利差扩大（外币高于本币的利差缩小），或者本币远期贬值率缩小（即期汇率上升，远期汇率下降），或者是这两者的组合，才能改变本国资金外流的局面。

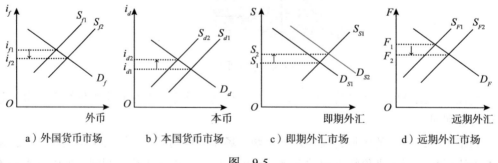

图 9-5

在 D、E 和 F 区，资本流动所受的影响恰恰与 A、B 和 C 三个区域相反，但最终都表现为资本内流。就政策含义来说，只有当本币高于外币的利差缩小（外币高于本币的利差扩大）或者本币远期贬值率扩大（即期汇率下降，远期汇率上升），或者是以上方法的组合，才能改变外国资金内流的局面。具体如图 9-6 所示。

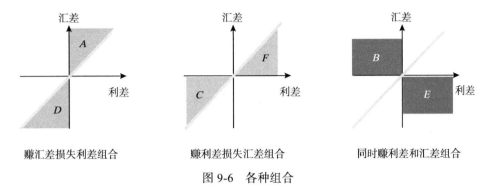

图 9-6 各种组合

假设经济主体对未来汇率的预期有相当的准确性。现在该经济主体要将一笔本币资金进行投资，可以在以下两个策略中进行选择：

（1）投资国内资产，利率为 i_d。

（2）投资国外资产，即在即期外汇市场上以汇率 S 将本币兑换成外币，投资国外资产，假定利率为 i_f，在投资期结束后将外币本利按照预期即期汇率 S^E 兑换成本币。

非抵补利率平价理论的推导如图 9-7 所示。

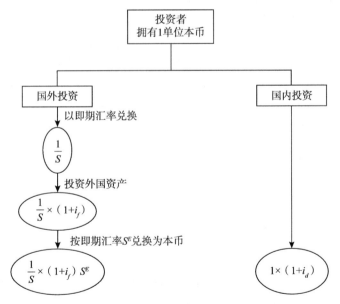

图 9-7 非抵补利率平价理论的推导

当以下公式成立时，这两种策略对投资者无差异：

$$1+i_d = \frac{S^E}{S}(1+i_f)$$

其中：S 为初始时刻的即期汇率，S^E 为下一时刻即期汇率的预期，i_d 和 i_f 分别为从初始时刻到下一时刻的本国利率和外国利率。

整理后可以得到：

$$\frac{S^E - S}{S} = \frac{i_d - i_f}{1 + i_f} \approx i_d - i_f$$

令 $\frac{S^E - S}{S} = \tilde{S}^E$（汇率的预期变化率），则 $i_d - i_f = \tilde{S}^E$。

其经济含义为两国利率之差等于双边名义汇率预期变化率，这就是非抵补的利率平价（uncovered interest rate parity），有时候也写作 open interest rate parity。这一平价关系在有的教材当中又被称为国际费雪效应（International Fisher Effect）。理解非抵补的利率平价需要注意以下几点：

第一，非抵补的利率平价与抵补的利率平价之间的差异。在抵补的利率平价当中，四个变量在即期是完全确定的，但是非抵补的利率平价的四个变量只有三个是确定的，还有一个是预期值。如果运用非抵补利率平价原理来分析即期汇率的变化，其影响因素有三个，分别是本国利率、外国利率与下一时刻汇率的预期值。这三个因素任意一个变化都将影响即期汇率。例如，当国内外利率相等，当投机者预期本币在下一阶段发生贬值，那么他们将在即期外汇市场上买进外汇，并预期能够获利。如此将推高即期汇率和远期汇率，并接近下一期即期汇率的预期值。

第二，非抵补的利率平价对资本流动性（mobility）的隐含要求。非抵补的利率平价的成立要求完全的资本流动性，即如果资本可以随时随地没有任何延迟地以任何数量转化为偏好的资产形式，那么资本就具有完全的流动性。如果资本不具有完全的流动性，这意味着可能存在较高的交易成本，如政府存在对资本流动的行政性管制。

第三，非抵补的利率平价还显示出对市场参与者风险偏好的要求。只有本国债券提供的收益率（i_d）与外国债券的收益率（$i_f + \tilde{S}^E$）相同，非抵补的利率平价才会成立，这要求市场参与者是风险中性的（risk neutrality）。由于外国资产的实际收益通常会受到不可估计的违约风险的影响，因此外国资产要求的回报率就应该更高，这中间的差异就是风险溢价（risk premium，RP），这就使得非抵补的利率平价均衡条件变为：

$$i_d = i_f + \tilde{S}^E + RP$$

因此，非抵补的利率平价不成立，既有可能源于资本的不完全流动性，也可能源于资本的不完全替代性。对于后者，其确切含义是尽管资本是完全流动性的，但是本国资产与外国资产不是完全替代的（源于参与者风险的偏好）。换言之，对于完全的资产替代性而言，完全的资本流动性是一个必要条件，而非充分条件。当资本存在不完全的流动性，且存在不完全替代性，那么在短期内 $i_d \neq i_f + \tilde{S}^E + RP$。简而言之，资本的流动性和替代性是两个相关但含义并不相同的术语。

资本流动性与替代性的关系如表 9-1 所示。

表 9-1 资本流动性与替代性的关系

资本流动性		资本替代性	
		完全替代性	不完全替代性
资本流动性	完全流动性	$i_d = i_f + \tilde{S}^E$	$i_d = i_f + \tilde{S}^E + RP$
	不完全流动性	不可能出现	$i_d \neq i_f + \tilde{S}^E + RP$

第四，在政府刻意维持本币汇率稳定，而市场不相信政府的这一承诺时，运用非抵补的利率平价理论来维持该平价时，本国利率将发生急剧的变化。例如，当市场预期本币汇率在未来一个月内贬值10%，即 $\tilde{S}^E = 10\%$，如果外国利率保持在年利率5%，根据非抵补的

知识点：
实际利率平价

利率平价公式，$\left(1 + \frac{1}{12} \times i_d\right) = \left(1 + \frac{1}{12} \times 0.05\right) \times 1.1$，可以求得 $i_d = 1.255$，即本国年利率将上涨至125.5%。当市场预期本币汇率在一个月内升值10%，即 $\tilde{S}^E = -10\%$，如果外国利率仍然保持在年利率5%，$\left(1 + \frac{1}{12} \times i_d\right) = \left(1 + \frac{1}{12} \times 0.05\right) \times 0.9$，可以得到 $i_d = -1.155$，这意味着国内存款人非但不能从国内银行那里获得利息，还必须对国内银行支付高达115.5%的年利率。所以说，要实现非抵补利率平价的成立，国内利率必须出现大幅度的变化。然而，实际上这种情况很少发生。

【立德树人小故事】 1947年各解放区货币的统一

在人民币问世之前，我党领导下的财经工作会议决议中就有对货币统一的记载。可以说，人民币的统一和问世，是先固定各解放区的兑换比价，然后再统一发行人民币的。1947年10月24日，中共中央华北财经办事处成立，统一领导华北各解放区的财经工作。对于各解放区货币的兑换比价，按照1947年5月货币财经会议的决定予以执行。

（1）晋察冀边币与冀南银行币兑换比价为10∶1（1948年4月15日开始执行）。

（2）晋察冀边币与冀南银行币和北海银行币兑换比价为10∶1∶1（1948年10月5日开始执行）。

（3）西北农民银行币与冀南银行币和晋察冀边区银行币兑换比价：西北农民银行币与冀南银行币兑换比价20∶1，西北农民银行币与晋察冀边区银行币兑换比价2∶1（1948年11月20日开始执行）。

（4）冀南银行币与华中银行币兑换比价1∶1。

（5）冀南银行币与陕甘宁贸易公司流通券兑换比价1∶20。

（6）冀南银行币与陕甘宁边区银行币兑换比价 1∶400。

按照以上兑换比价，各解放区货币可以相互流通。

资料来源：薛暮桥，杨波. 总结财经工作 迎接全国胜利——记全国解放前夕两次重要的财经会议 [M]. 北京：中国财政经济出版社，1996.

9.4 各种平价的相互关系

综上所述，货币的价格包括利率、通胀率和汇率。利率是货币的时间价值，它又可以再分为名义利率（i_d）和实际利率（r_d），反映的是在某一时点上未来一段时间内的利率水平；反映货币与商品之间的比价的指标从时间的角度来看有两个，一个是从时点上考虑的绝对的物价水平 P，另一个是从时间段上考虑的相对的物价水平 π（物价水平的变化率），这两者之间的关系是 $\pi = (P - P_{-1})/P_{-1}$。此外，以当前为基期，从预期的角度来看，也有两个指标，即对下一期物价的绝对水平的预期 P^E 和对下一期物价的相对水平的预期 π^E。双边汇率是两国货币交换的比价，它又可以再分为名义汇率（S）、实际汇率 Q（$Q = SP_f/P_d$）、预期汇率（S^E）、远期汇率（F），双边汇率可以进一步扩展为有效汇率。以上三组指标分别为货币市场、商品市场和外汇市场的指标。从时点和时间跨度来看，在 t 时刻两国货币的价格分别有双边名义汇率（S）、当期绝对价格水平 P_d 和 P_f；在 t 到 $t+1$ 的时间段内，分别有两国利率 i_d 和 i_f；在 $t-1$ 到 t 的时间段内，分别有两国通胀率 π_d 和 π_f。同样，两国的预期通胀率 π_d^E 和 π_f^E 反映了从 t 到 $t+1$ 的时间段内物价的预期变化率。在 t 时刻，有两国货币间的远期汇率 F，也有该时刻的预期即期汇率 S^E。

利率、通胀率和汇率这三个价格存在各种均衡关系，名义利率、即期汇率与远期汇率之间有利率平价（t 到 $t+1$ 的这段时间），名义汇率与两国物价水平之间有绝对购买力平价（反映在 t 时刻），名义汇率的变化率与两国通胀率之间有相对购买力平价（$t-1$ 到 t 的这段时间）和事前购买力平价（t 到 $t+1$ 的这段时间）。在本国范围内，名义利率、实际利率与预期通胀率之间就是费雪效应（t 到 $t+1$ 的这段时间）。在两国范围内，货币市场、外汇市场和商品市场有效性同时实现，这就是实际利率平价，反映的是两国实际利率相等的平价关系（t 到 $t+1$ 的这段时间）。

各种平价公式一览表如表 9-2 所示。

表 9-2　各种平价公式一览表

平价原理	相关市场	公式
绝对购买力平价	商品市场和外汇市场	$P_d = SP_f$
相对购买力平价		$\tilde{S} = \pi_d - \pi_f$
事前购买力平价		$\tilde{S}^E = \pi_d^E - \pi_f^E$

(续)

平价原理	相关市场	公式
抵补的利率平价	货币市场和外汇市场	$\dfrac{F-S}{S}=\dfrac{i_d-i_f}{1+i_f}\approx i_d-i_f=f$
非抵补的利率平价（国际费雪效应）		$\dfrac{S^E-S}{S}=\dfrac{i_d-i_f}{1+i_f}\approx i_d-i_f$
费雪效应	商品市场和货币市场	$r_d=i_d-\pi_d^E,\ \ r_f=i_f-\pi_f^E$
实际利率平价	商品市场	$r_d=r_f$
无偏估计	外汇市场	$F=S^E$

从 t 时刻到 $t+1$ 时刻的各种均衡关系如图 9-8 所示。

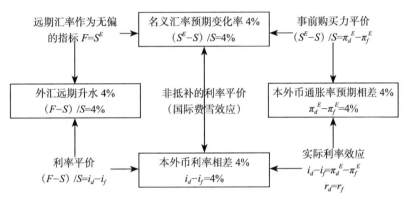

图 9-8　从 t 时刻到 $t+1$ 时刻的各种均衡关系

9.5　本章小结

本章主要分析了货币的三种价格之间的平价关系。通胀率和利率之间的关系反映为费雪效应，通胀率与汇率之间的关系反映为购买力平价，利率与汇率之间的关系反映为利率平价。经济运行如果能够维持这三种平价的成立，是经济实现均衡的一个重要表现。货币的这三种价格，既可以从时间跨度的角度来理解，也可以从时点的角度来理解。

第四部分

货币政策的目标与工具

第 10 章 货币政策目标
第 11 章 货币政策工具

第 10 章

货币政策目标

什么是货币政策目标？一般来说，中央银行的货币政策目标包括最终目标、中间目标和操作目标。货币政策的最终目标一般包括四个方面：物价稳定、经济增长、充分就业和国际收支平衡。货币政策的中间目标包括两类：一类是数量型指标，如广义货币供应量、信贷总额等；另一类是价格型指标，如短期利率、汇率（或汇率指数）或者通胀率预期等指标。货币政策的操作目标主要包括两大类：一类是价格型目标，另一类是数量型目标。不论哪种类型的操作目标，都与中央银行资产负债表有关，是央行的资产或负债方的某个科目。前者的典型指标如银行同业拆借利率，后者的典型指标如基础货币。

10.1 货币政策框架

什么是货币政策框架（monetary policy framework）？货币政策框架就是中央银行进行货币政策决策的名义锚以及其他一系列依据和标准。货币政策的名义锚，通俗地说，就是中央银行进行货币政策调整的依据，主要是量化的货币政策的中间目标。货币政策的名义锚主要有两大类：一类是货币的数量，即不同层次货币供应量的年增长率；另一类是货币的价格，这又可以分为货币的对内价格和对外价格，前者是通货膨胀率或者是对未来通货膨胀率的预期，后者是本国对外币的汇率或者是汇率指数。货币政策框架一般包括货币政策目标、货币政策工具和货币政策的传导机制三个部分。其中，货币政策的传导机制类似于一个黑箱。

10.1.1 IMF 对货币政策框架的分类

IMF 对货币政策框架进行了分类，具体如下。

第一类：汇率锚（exchange rate anchor）。中央银行将汇率作为货币政策的名义锚或中间目标，货币政策操作就是为了将汇率维持在事先宣布的水平或幅度以内，并承诺随时准备按既定的牌价买入或卖出外汇。实施汇率锚的货币政策框架的中央银行通常会采用有波幅（或无波幅）的钉住汇率制度或者是爬行钉住汇率制度，极端的情况是采取货币局制度（如香港的联汇制）或者实施货币联盟的汇率制度。

第二类：货币总量锚（monetary aggregate anchor）。中央银行运用各种货币政策工具来实现某一货币总量的目标增长率，货币目标总量是货币政策的名义锚或中间目标。这类货币总量包括基础货币，M1 或者 M2 等。中国的货币政策采取的就是货币总量锚。

第三类：以通货膨胀为目标的框架（inflation targeting framework）。在该框架中，中央银行公开宣布中期通货膨胀率目标以及中央银行实现该目标的制度承诺。其他主要特征还包括：增加与公众和市场的沟通，保持货币政策的透明度；详细阐明货币政策制定者的计划和目标；加强中央银行对实现通货膨胀目标的问责制。货币政策的调整取决于对未来通货膨胀率的预测值相对于事先宣布的通货膨胀率目标的偏离，通货膨胀预测值（明确或隐含地）充当货币政策的中间目标。英国、新西兰、加拿大、澳大利亚等国都采用这一框架。

第四类：其他类型的货币政策框架。其他类型的货币政策框架包括多元的政策目标，通常是通货膨胀目标或者货币供应量目标再加上一个汇率目标。

从全球范围来看，在人类社会进入信用货币时代之前，各国中央银行制度尚处在初创阶段，其货币当局的政策空间有限。只有在信用货币时代，各国货币当局才有可能通过调整货币总量或者

知识点：
欧洲中央银行的成立及其意义

改变货币的利率、汇率来调节经济运行，从而形成真正意义上的货币政策。这其中的标志性事件就是 1929～1933 年的大萧条，以英国为首的西方国家先后放弃了金本位，或者实施变形了的金本位，开始通过调整货币的对内对外比价来刺激经济。与此同时，凯恩斯宏观经济理论问世，为货币政策成为主要的需求管理工具奠定了理论基础。本节将介绍中国货币政策框架的特征。

【立德树人小故事】 清朝混乱的银两制度与《马关条约》涉及的镑亏

清政府没有规定银两的形制。一般来说铸造的银两形似马蹄，又称为马蹄银。重五十两左右的叫作元宝，称十两为中锭，五两三两为小锭。由于全国各地银两的成色、重量不一，因此又有实银和虚银之分。实银是实有其物，无论其名称、形式、大小、重量、成色如何。如北京的十足银、天津的白宝银、上海的二七宝银、汉口的公估二四宝银等。虚银只规定其名称、重量和成色，并没有实物白银，它是实银的价值符号。典型的虚银如上海的规元（又称九八规元）、天津的行化、汉口的洋例和北京的公砝等，其中上海作

为近代中国的金融中心，当地使得的规元影响最大。

清道光咸丰年之前，上海与牛庄（现辽宁海城）的大豆贸易货款结算以"西班牙洋"作为结算货币，"西班牙洋"也叫作"本洋"或"规元"，当时人们只把本洋当作正统银元。1821年墨西哥推翻西班牙殖民统治后，继续铸造本洋，到1840年左右才停止铸造，加上鸦片贸易中的本洋外流，因此在上海流通的本洋数量锐减，本洋的价格出现了大幅飙升，难以胜任本位货币的职能。于是，上海饼豆业推出以上海二七宝银折算使用的办法。其法是：二七宝银实重五十两，加升水二两七钱五分，含实银五十二两七钱五分，再行"九八升算"，即除以98%，含实银五十三两八钱二分六厘，被称"九八规元"。

按照当时的惯例，白银的货币单位是两，但是北京的一两白银与上海的一两白银并不是相同的重量。重量标准叫作"平"，当时清政府全国各地"平"有几百种，最为常见的有五种：①库平，②漕平，③广平，④关平，⑤公砝平。库平是清政府向民众征收税赋和财政支出的货币重量单位。漕平是清政府征收漕粮折色所用的银两单位。库平和漕平在中央和地方的标准不完全相同。广平又称司马平，是清政府对外贸易所用的货币重量单位。关平是征收进出口关税的货币重量单位。公砝平是官定的货币重量单位，在清代全国汇兑最为通行。票号、钱庄异地汇兑多用公砝平。

这五种平的相互关系如下：

关平1两 = 581.55格令（在中国古籍当中，格令被称为英厘）

广平1两 = 579.85格令

库平1两 = 575.80格令

漕平1两 = 565.65格令

京公砝平1两 = 555.70格令

白银的成色也是纷繁复杂。在文献中经常看到足银、纹银、标准银等术语。纯银的成色是1 000‰，足银的成色在990‰以上，纹银的成色在930‰以上，标准银的成色在900‰以上。库平银就是清政府康熙朝规定的财政收支银两的成色标准，即每1 000两纹银须含有935.374两纯银。但是，库平银的成色不仅中央与各省不同，即使一省之内也有不同。《马关条约》中的中国赔款就涉及上述这个问题。根据《马关条约》的规定，清政府赔款日本军费库平银2亿两，威海卫的驻军费150万两，赎辽费3 000万两，合计23 150万两。条约签署之后，日本驻华公使林董很快与清政府总理衙门商谈具体的赔款事宜，涉及两方面的细节：一是日方以库平银成色不足为由，提出要"库平实足"。所谓"库平实足"，实际上是要另行规定库平银的成色。二是赔款币种问题。如前所述，库平银的标准成色为935.374，即每千两纹银含有935.374两纯银。但是，日本驻华公使林董以"库平实足"为借口，要求中国所赔之库平银成色必须达到988.890‰，即每1 000两含纯银988.890两。与按清政府通行的康熙库平银成色标准相比，赔款需要多付1 325万两。

此外，林董还要求总理衙门用英镑在伦敦支付清政府甲午战败的赔款。总理衙门当时提出两点：①银价折合英镑的价格应该按照交款之日的市价计算；②采用中国惯例规银升库平银的方法，再折合英镑支付。但是，这两点遭到了林董的拒绝。19 世纪末 20 世纪初，金价上涨、银价跌落是整体态势，因此白银与英镑（金）的兑换比率虽偶有波动，但英镑的势头总体上是升值的。林董提出，库平银换成英镑的汇率用 1895 年 6~8 月三个月的伦敦市价（白银兑换黄金）的平均值计算。余款利息也按照这个汇率标准折算。按照这个平均汇价，对于日后清政府的实际付款（银两）来说，意味着清政府要付出更多的白银，债务负担更重，此即为"镑亏"。这项规定使得清政府多付给日本库平银 1 494 万两。这两项相加约为 2 819 万两库平银（戚其章，2009）。经过近代史上的甲午战争，中国半殖民地程度进一步加深。

10.1.2　中国的货币政策框架特征及面临的挑战

我们如何归纳中国的货币政策框架呢？简言之，中国经济转型背景下的政策框架特征基本上可以概括如下。1978 年以来，中国经济正在经历三大重要转变：一是传统的计划经济向现代的市场经济转变；二是欠发达的城乡二元经济向发达的混合经济转变；三是封闭经济向开放经济转变。整体上看，这三大变化使中国的经济改革既具有经济转轨国家的鲜明特征，又具有发展中国家的若干经济表现，同时还具备外向型经济的某些特点。这是总结我国现行的货币政策框架的出发点。正是在这种背景下，我国现行的货币政策框架呈现出体制转型、经济发展和外向型经济体货币政策框架的若干特征。与其他经济领域的改革不同，1978 年以来中国宏观金融调控领域的改革始终交替存在着两股力量：一是金融领域的体制性改革。宏观金融从直接调控向间接调控的体制转变，这一趋势体现为价格型调控工具发挥越来越明显的作用，数量型和行政干预的成分逐渐降低。二是经济周期决定了货币政策的松紧变化。改革开放以来我国经济周期的特征进一步强化，用以熨平经济波动的货币政策也出现周期性地松紧调整。总之，中国的金融改革以市场化、规范化、自由化为主要特征。在经济萧条时期，为刺激经济发展，中央银行加速推进金融自由化措施，金融管制程度明显下降，频频采用非常规的政策措施（如大幅度降低法定存款准备金率、连续降息等）来刺激国内需求；在经济繁荣时期，通货膨胀压力加大，紧缩性的货币政策基本体现为金融机构运作规范性的加强和窗口指导的频繁出台，一定程度上以行政管制为主要特征。因此，体制性改革和政策的周期性调整既存在相互促进和协调的一面，也存在彼此冲突和矛盾的一面。

2014 年上半年之前，中国货币政策的框架可以归纳如下：以人民币币值稳定为货币政策的首要目标、以广义货币供应量为中间目标（伴之以监控社会融资总量）、以商业银行超额准备金稳定并兼顾货币市场利率稳定为操作目标的货币政策目标体系；货币政策工具在人民币升值阶段以频繁采用法定存款准备金率和发行中央银行票据为显著特征，在人民币贬值阶段以中央银行提供的各类再贷款为显著特征；商业银行存贷款利率以渐进方式实施的利率市场化和已经实现市场化的货币市场利率为特征的利率管理制度；以市场供求为基础、参考一篮子货币进行调节、有管理的人民币浮动汇率制度；从全额结售汇制度转向自由结汇制度、经常账户完全可自由兑换、资本账户仍然受到少部分管制的国际收支制度。2013年推出的宏观审慎监管制度配合货币政策操作，以实现金融稳定为目标。宏观审慎监管制度还在持续改进当中。2011年以来，中国人民银行引入宏观审慎监管，将防范和化解系统性金融风险作为重要的工作内容。2015年10月，人民币利率市场化改革取得了突破性进展，中国人民银行不再规定商业银行存款利率的波动上限。2015年"8·11"人民币汇率报价机制改革之后，人民币汇率形成机制的市场化改革方向没有发生变化，但是人民币汇率变化在美元加息、美元指数走强、2018年中美贸易战背景下变得扑朔迷离。

10.1.3　中国的货币政策框架面临的挑战

综上所述，中国的货币政策框架更多地具有转型经济的特征。在试图兼顾不同目标的约束下，达到目标的过程中存在内生性的问题——货币政策目标的锚是货币总量还是汇率？1997年亚洲金融危机爆发之后，IMF对中国汇率制度的划分归结为传统的固定钉住安排，对中国货币政策框架的分类是货币总量锚。2005年7月中国开始了人民币汇率制度改革，在2006年IMF的年报当中，进行了特别说明，IMF认为从2005年7月末到2006年4月末，人民币汇率更加富有弹性，但是人民币对美元的波动幅度不足2%（以3个月为一个周期），因此仍然将人民币汇率制度归类为传统的固定钉住安排。在2009年2月公布的新的货币政策框架分类当中（截至2008年4月30日），中国的货币政策框架修改为采用汇率锚，同时选择了爬行钉住的汇率制度。即使到2018年，中国人民银行仍然公布各层次货币供应量的增长率以及社会融资规模的增长率。这显示出中国货币当局仍然是以数量型的锚为主。然而，在现实当中，中国的货币政策更多地受制于人民币汇率水平。在人民币升值期间，货币政策需要避免人民币的过快升值为操作导向；在人民币贬值期间，货币政策需要避免人民币的过快贬值为操作导向。因此，人民币广义货币供应量的预期目标往往无法实现。

中国货币政策框架还面临金融周期的挑战。传统的货币政策以物价稳定为目标，更多地以维持实体经济稳定为导向，货币政策旨在平抑经济周期波动。然而，伴随着金融业的发展，货币政策受到了越来越多的来自金融周期的挑战。所谓经济周期，一般指经济活动水平扩张与收缩的交替波动。宏观经济理论侧重考虑资本、劳动、技术进步等实际经济变量对经济周期波动的影响，认为在市场竞争环境下，通过价格的灵活调整，就可以实现资源的有效配置，物价稳定在较大程度上代表了宏观经济的稳定。因此，货币政策的主要目标就是通过逆周期的调节方式来平抑经济周期的波动，维护物价稳定。然而，20世纪90年代日本泡沫经济的破灭和2008年全球金融危机的爆发，这些惨痛的教训都表明：货币当局仅仅维持物价稳定，如果忽略了资产价格和金融市场的稳定，必定会使整个经济遭受巨大的冲击。2008年国际金融危机的爆发促使各国进一步关注金融周期的变化，各国央行也逐渐认识到：只关注以物价稳定等为代表的经济周期来实施宏观调控显然已经不够，中央银行需要有效应对系统性金融风险。相对于经济周期而言，金融周期主要是指由金融变量扩张与收缩导致的周期性波动。中国人民银行在2017年第三季度的《中国货币政策执行报告》中指出：金融周期最核心的两个指标是广义信贷和房地产价格，前者代表融资条件，后者反映投资者对风险的认知和态度。这两者之间存在自我强化的顺周期关系。如果经济周期和金融周期同步叠加，整个经济扩张或收缩的幅度都会被进一步放大；相反，如果经济周期和金融周期不同步，两者的作用方向可能不同甚至相反，会导致宏观调控政策的冲突和失效。因此，中央银行仅借助货币政策工具难以有效平衡好经济周期和金融周期调控。

根据国内外的经验，中央银行需要引入宏观审慎政策加以应对金融周期的问题，加强系统性金融风险防范。例如，英国将货币政策、宏观审慎政策和微观审慎监管职能集中于央行，在已有货币政策委员会之外，设立了金融政策委员会负责宏观审慎管理；欧元区也逐步建立了以欧央行为核心、欧央行和各成员国审慎管理当局共同负责的宏观审慎政策框架，把宏观审慎政策和货币政策更紧密地结合在一起（中国人民银行，2017）。中国也开始了货币政策和宏观审慎政策的实践。2011年中国人民银行正式引入差别准备金动态调整机制，其核心是金融机构的信贷扩张应与经济增长的合理需要及自身的资本水平等相匹配，不能盲目扩张和过度加杠杆。从2016年起，中国人民银行将差别准备金动态调整机制"升级"为宏观审慎评估体系（MPA），将更多金融活动和资产扩张行为纳入宏观审慎管理，实施逆周期调节。此后，宏观审慎管理的范围不断扩大，如差别化住房信贷政策、跨境资本流动、表外理财、同业存单等指标纳入MPA考核。

10.2 货币政策的最终目标

货币政策的最终目标也往往被认为是中央银行的主要职责。在不少国家，都是通过对中央银行立法，来规定本国中央银行的主要职责或者是最终目标。随着经济发展和各国国情的不同，各国中央银行的职责也在不断扩展和延伸。在不同的时期，各国中央银行最终目标的侧重点不同。

20世纪20年代之后，成立中央银行形成了一股世界潮流，大部分国家先后成立中央银行。在饱受两次世界大战过程中恶性通货膨胀的痛苦之后，各国政府都将保持物价稳定作为中央银行最主要的职责之一。20世纪60年代，国际收支失衡困扰西方各国，除了物价稳定之外，保持国际收支平衡也成为各国中央银行的目标之一。因此，不少教科书将货币政策的最终目标归纳为以下四点：物价稳定、经济增长、充分就业和国际收支平衡。布雷顿森林体系崩溃之后，全球进入了浮动汇率时代。理论上，在浮动汇率条件下，各国国际收支会自动实现平衡。然而，现实情况是汇率波动幅度显著加剧之后对各国经济产生了负面影响，即使是实行浮动汇率制度的国家，其中央银行也都试图稳定本国货币与关键货币之间的汇率，更遑论采取钉住汇率制度的国家了。因此，汇率稳定也成为各国中央银行的职责之一。然而，伴随着历次金融危机的出现，尤其是日本 20 世纪 90 年代泡沫经济的破灭，各国中央银行逐渐认识到仅仅保持物价稳定不足以使得本国经济平稳运行，各国中央银行还必须保持金融体系的稳定。因此，价格稳定和金融稳定成为世纪之交各国中央银行共同追求的目标。21 世纪之初，从美国次贷危机演变而成的全球金融危机，再次深刻地揭示了危机前占主导模式的货币政策目标存在的缺陷，这主要体现在两个方面：第一，在短期内以通胀率（点目标或者区间目标）来定义价格稳定的目标；第二，在分析价格稳定的风险时，很大程度上忽略了金融和货币因素变化，主要依据实体经济层面的指标，如短期通胀率和经济增长率等指标的预测值来调整货币政策的走势。

10.2.1 价格稳定与金融稳定

什么是价格稳定？通常来说，价格稳定就是以 CPI 为代表的物价涨幅保持相对稳定。然而 2008 年全球金融危机以来，世界各国的物价水平一直保持在低水平。此外，世界各国经济运行还出现了一系列的新现象，如通胀回落（disinflation）、持续低通胀（persistently low inflation）和通货紧缩（deflation）。通胀回落是指经济体的通胀率逐年回落，但物价的绝对水平仍然在缓慢上升。持续低通胀是指通胀率连续保持在刚刚超过零的低水平上。通货紧缩是指经济体出现了负的通胀率，绝对价格水平在下降。这里还涉及一个理论问题，就是价格稳定是不是意味着通胀率为零？为什么各国中央银行不设定一个恒定的物价水平，或者以零通胀率作为货币政策的目标呢？一般来说，中央银行的理由包括以下几个方面：

第一，物价指数的计算方法会使得统计结果出现偏误。中央银行一般以消费者物价指数作为衡量价格稳定的重要指标。当物价指数采用帕氏指数时，会忽略对产品质量提升的调整，经济学家将这种偏误称为质量变化偏误（quality change bias）。例如，随着时间的推移和企业竞争的加剧，汽车性能发生了显著的改变，增加了许多新的功能（比如安全气囊、电动座椅和日间行车灯等）。因此，即使汽车的价格保持不变，但是其性能已经远远提升了。统计专家认为，帕氏指数往往会低估产品质量改善带来的因素，结果通胀率就会被夸大。尤其是出现新产品时，这个问题更为严重。平均来看，世界各国消费者物价指数每年会因此高估 0.5%～1%。当物价指数采用拉式指数（基期加权指数）时，也就是计算目标期的物价指数时，由于权重固定在基期，当某种产品价格上涨时，人们往往会选择价格低且产品性能相似的替代品，采用拉式指数计算出来的物价指数也会出现高估，这被经济学家称为替代偏误（substitution bias）。同样，由于各类发明创造的出现，各种新产品频频产生，固定在基期的拉式加权指数会忽略这些新产品，由此导致新产品偏误（new products bias）。除此之外，由于物价指数还包含农产品、能源等产品的价格，而农产品价格和汽油等能源产品价格分别容易受到自然灾害与欧佩克产量限制因素的影响，这些外部冲击（external shock）都超出了中央银行货币政策的控制能力，因此，部分国家的中央银行采用核心通胀率指标（即剔除农产品和能源产品）。简言之，物价统计方法存在的上述一系列偏误，有可能使得货币政策调控出现失误。

第二，物价和工资存在负增长的刚性。如果物价保持绝对稳定，即零通胀率，这就意味着有的产品价格上涨，有的产品必须价格下降。大多数经济学家认为，企业都不愿意接受产品价格的下降，工人不愿意接受工资的下降，价格和工资的下降刚性意味着零通胀率必然会导致持续的高失业率和产能过剩。相反，货币政策以较低的正的通胀率为目标意味着接受部分企业的产品价格和工人的工资涨幅虽然低于目标通胀率，但是会高于零通胀率，因此经济调整的痛苦会相对更小。

第三，零通胀率将降低持有现钞的机会成本，产生挤出效应。现钞的收益率为零。正常情况下，人们会持有最低数额的现钞以满足日常的交易需要，通过持有其他资产获得更高的回报。然而，当通胀率接近于零时，利率和其他资产的名义收益率也会下降，这降低了人们持有现钞的机会成本。由于现钞既安全又方便，在零通胀率和低利率的背景下，人们更愿意持有现钞，而不愿意持有风险高、收益也高的其他资产（如股票和债券），这对应的是企业的资本（权益资金和债务资金）。企业获得的资金减少，相应地未来的产出就会下降。因此，低通胀率也就挤出了投入生产中的资本，其方式与高利率的政府债务挤出企业的生产性资本的方式非常相似。

第四，利率零下限。传统上，中央银行通过调控短期名义利率来实现价格稳定和经济增长。然而影响经济运行的是实际利率，即名义利率减去预期通胀率。在经济衰退期间，一国往往会出现通货紧缩，即物价负增长。即使是名义利率为零，此时的实际利率仍然大于零，通货紧缩非常严重的情况下实际利率可能较高。实际利率很高将抑制企业扩大投资，而只有实际利率较低的情况下，才可能刺激企业增加投资，实现经济扩张。在实际利率为负的情况下，更是如此。因为名义利率无法小于零，所以只有当未来预期的通胀率为正的时候，实际利率才可能为负。因此，在经济低迷时期，维持正的通胀率可以使中央银行采取宽松的货币政策以实现经济增长的目标。在债务水平高的国家，通胀率的意外下降会降低总需求，因为借款人面临的实际利率会上升，其实际债务负担会加重——这种现象称为"债务型通缩"（debt deflation），并且去杠杆化（deleverage）会更难以实现。在通缩状态下，负债人的实际偿债负担会进一步严重。尽管债权人的财富在债务型通缩状态下会增加，但他们增加的支出无法抵消债务人因为损失而减少的支出，这意味着债务型通缩对经济会产生净的负面影响。通货紧缩往往伴随着抵押品价值（包括房价）下降，这可能导致经济主体的所有者权益下降或变为负值，提高成本违约，经济形势进一步恶化。通胀率很低但仍然大于零的情况下，经济运行即使能够避免通缩陷阱（deflation trap），也有可能存在显著的经济成本。通胀率长期低于目标水平可能使经济主体认为中央银行愿意在较长时期内接受低通胀率，从而

知识点：
什么是金融稳定（financial stability）

实际上会使中期通胀预期降到虽然为正但低于目标的水平。这种低通胀环境的主要代价是货币政策的有效性下降。低通胀率会限制货币政策应对需求疲软的能力。在经济严重衰退时，实际利率必须大幅下降，以恢复充分就业，并使产出回到潜在水平。通胀处于正常水平时，中央银行可以通过下调名义政策利率来实现上述目标，但当经济处在低通胀率、低名义利率环境中时，中央银行几乎没有空间降低实际利率，即使是利用非常规工具，以至于有学者提到了"直升机撒钱"的方式。

10.2.2　中国货币政策最终目标含义的演变

1993年国务院通过了《关于金融体制改革的决定》，这其中规定了我国货币政策的最终目标是"保持货币的稳定，并以此促进经济的增长"。何谓货币的稳定？经济增长的合理速度又是多少？时任中国人民银行副行长戴相龙（1994）对此的解释是，经济增长达到8%～9%，物价控制在5%以下就是一个合理的目标。

与国务院《关于金融体制改革的决定》中关于货币政策最终目标的规定不同，我国1995年通过的《中国人民银行法》第三条明确规定：货币政策目标是保持货币币值的稳定，并以此促进经济增长。这中间显著的变化就是增加了"币值"两字。中国人民银行条法司对这一条款的解释是，"将中国人民银行的货币供应量控制在客观容许的限度内，通过调节货币供应量，并保持国际收支平衡，为国民经济的发展创造一个良好的货币金融环境，从而促进经济的增长"。这一解释回避了"币值"一词的解释，实际上是对实现币值稳定方式（通过控制货币供应量）的解释。戴相龙（1995）在《依法履行中央银行职责》一文中提到了币值与物价的关系。他解释说："币值是否稳定是通过物价反映的，而物价又是通过国民生产总值平减指数、零售物价指数、消费物价指数、批发物价指数等反映的。"他进一步解释了"币值稳定"的含义，即物价在短时间内不要有大幅度波动，即使有波动，也要控制在社会、居民可以承受的范围内，而不是要求物价固定不变……"'九五'时期，最好使零售物价增长比国民生产总值增长幅度低2～3个百分点。"1996年戴相龙在《当前金融工作急需研究的几个问题》一文中解释说："整个'九五'计划期间，物价增长比经济增长低2个百分点，这是比较合适的，如果能做到这样，也可以说是币值基本稳定。"我们从中不难发现，截至亚洲金融危机爆发之前的这一段时间内，也就是在我国为通货膨胀所困扰的背景下，中国人民银行对"币值稳定"的理解是从抑制通货膨胀的角度出发，仅仅停留在物价稳定方面。

从国务院《关于金融体制改革的决定》到《中国人民银行法》，货币政策目标的表述仅仅从"货币稳定"改为"币值稳定"，文字表述略有不同，但从其解释来看都集中于物价的稳定方面，在当时实际上还暗含这样的意义，即根据弗里德曼的货币数量说，货币供应量的稳定增长最终会带来物价的稳定，因此要实现我国物价的稳定，必须控制货币供应量的增长。从操作层面来看，我国自1994年开始公布各层次货币供应量的统计数据，并将货币供应量M2作为货币政策的中间目标，这主要是由于当时中国人民银行无法控制信贷总量，或者即使控制了信贷总量，也无法实现物价稳定，货币当局就寄希望于通过货币供应量的涨幅来实现这一目标。这使得我国经济学家乃至中国人民银行的官员在论及我国货币政策的最终目标时，这两种提法混用，不加区分。1998年之后我国货币当局对"稳定货币币值"的理解可以分为三个阶段。

第一阶段（1998～1999年3月）：从"对内币值稳定"跨越到包括"人民币汇率稳定"在内。亚洲金融危机之后，戴相龙行长的讲话开始增加有关人民币汇率的内容。如1998年在《为建立现代金融体系、金融制度和良好的金融秩序而努力》的讲话中，戴相龙提出："在合理控制国内货币供应的同时，要保持国际收支平衡，保证人民币汇率稳定。"国家外管局前领导李福祥1998年也撰文写道："（我国）货币政策的目标是稳定人民币币值，并以此促进经济增长。这就决定了我国当前的汇率政策的目标是稳定人民币汇率，维护国际收支平衡。"可以说，1998年货币当局对币值稳定的理解从过去的仅仅是物价稳定（抑制通货膨胀的角度），开始增加保持人民币汇率稳定的内容。与此同时，国内通货紧缩的程度继续加重，国内学者对通货紧缩的定义、根源以及对策进行了热烈的讨论，然而此时货币当局仍然不承认我国出现了通货紧缩。如1999年3月11日戴相龙回答记者关于我国当时是否出现通货紧缩现象的提问时，他认为通货紧缩有两个明显的标志：一是物价连续下跌，二是货币供应量连续下降，与之相伴的是经济衰退及经济连续两个季度出现负增长。我国目前没有这些征兆，因此我国不存在通货紧缩。他用货币供应量涨幅高于经济增长率的数据来加以说明（见1999年3月12日《金融时报》的报道）。可以说，我国货币当局对稳定人民币名义汇率的关注要早于对国内通货紧缩的认识。

第二阶段（1999年4月～2002年）："对内币值稳定"开始包括"反通货紧缩"的要求。1999年4月3日，朱镕基总理答《华尔街日报》记者提问时说，1993年我国面临的困难是通货膨胀，而我国现在面临的困难是通货紧缩，是物价不断下跌。这标志着我国政府开始正式确认通货紧缩问题的严重性。防范通货紧缩逐渐成为中央银行的中心任务。从此，币值稳定又增加了防范通货紧缩的含义。之后，货币当局对稳定币值的解释基本从对内对外两个角度来解释，并且强调对内要防止和克服通货紧缩。此外，值得关注的是中国人民银行货币政策司前司长戴根有对我国中央银行货币政策目标的解释是："保持人民币币值稳定，对内指保持物价总水平稳定，对外指保持人民币实际有效汇率稳定。"他对实际有效汇率稳定进行了详细的阐述。他认为："实际有效汇率稳定是保持一国国际收支平衡的基本条件，外汇市场供求每天都在发生变化，特别是在中国这样外汇市场机制并不健全的国家，放任人民币汇价每天随供求任意波动，不利于实体经济运行。中央银行在外汇公开市场操作，应以熨平短期名义汇率剧烈波动、保持长期实际有效汇率基本稳定为目标。"

第三阶段是2003年以来，人民币对内币值既出现过通胀压力，也出现了通货紧缩的局面，但是人民币对内币值不再成为货币当局关注的主要方面。人民币的对外币值（人民币与美元的汇率）经历由稳定、升值转为贬值三个阶段。在法律层面，货币当局没有对货币政策的最终目标进行任何的修改，但是在实际执行过程中，中国人民银行对货币政策最终目标的理解趋于多元化。

就人民币对内币值而言，我们可以从 CPI 和 PPI 的变化趋势来分析。以 CPI 为例，2003 年以来，国内经济大致在 2007 年 3 月开始面临通货膨胀的压力，2008 年 4 月，CPI 达到 8.5% 的水平，通胀压力较为显著。一直到 2008 年 10 月，通胀压力持续了 20 个月（以 CPI 大于 3% 作为衡量标准）。2008 年 9 月全球金融危机爆发之后，CPI 旋即下降，并且陷入了通货紧缩。2009 年 2 月到 10 月，CPI 同比一直为负数。全球金融危机爆发之后，总需求的下降也使得中国受到了显著冲击。在经历了 9 个月的通货紧缩之后，CPI 一直保持正数。除了 2011 年 3 月到 10 月 CPI 高于 5% 之外，CPI 一直低于 5% 的水平。以 PPI 为例，自 2003 年以来，中国两度被通货紧缩所困扰。第一个阶段从 2008 年 12 月到 2009 年 11 月，PPI 同比 12 个月为负。第二个阶段从 2012 年 3 月到 2016 年 8 月，PPI 同比持续 54 个月为负。

就人民币对外币值而言，以人民币兑美元汇率（月度平均值）作为代表，人民币对外币值经历稳定、升值和贬值三个阶段。稳定阶段是从 2003 年一直到 2005 年 6 月，人民币兑美元在 8.27 的水平上基本保持不变。2005 年 7 月人民币汇改之后，人民币整体上处于升值态势，人民币兑美元的汇率水平从 8.27 上升到 6.10。不过，2008 年全球金融危机爆发之后的一段时间内（从 2008 年 7 月到 2010 年 5 月），人民币兑美元汇率水平保持在 6.82～6.83 的水平上下波动（持续了 23 个月）。此后，人民币再次出现升值态势，并在 2014 年 1 月出现了升值的最大值 6.1043。贬值阶段是从 2014 年 2 月一直到 2016 年年底，虽有小幅反弹，但人民币进入了贬值通道。这中间涉及 2015 年"8·11"人民币中间价报价改革。

CPI 和美元兑人民币如图 10-1 所示。

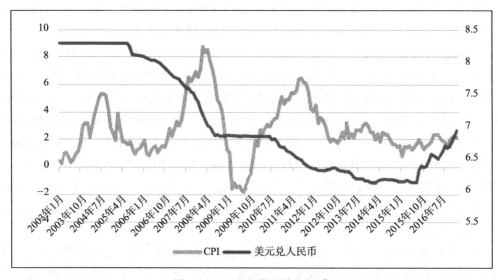

图 10-1　CPI 和美元兑人民币

PPI 和美元兑人民币如图 10-2 所示。

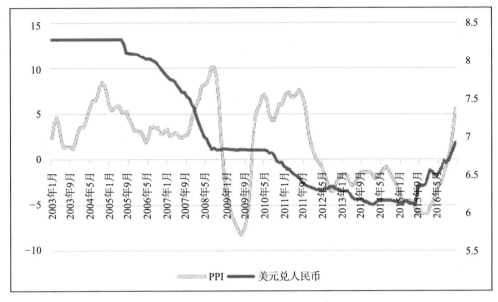

图 10-2　PPI 和美元兑人民币

周小川（2006）认为中国的货币政策应该采取多目标制，他具体从两方面来解释：一方面，中国经济处于转轨阶段，若干资源类商品、服务品、生产要素的价格正处于市场化的过程中，这将对货币价格和数量带来额外的影响，中国如发生币值不稳定，很可能源于转轨特性，而不一定是货币数量和货币价格所引起；另一方面，低收入发展中国家的中国将经济增长和就业视为重要目标，"虽然央行最主要的职能是稳定货币、保持低通胀，但中国目前还要采用多目标制，既关注通胀，又要考虑经济增长、国际收支平衡、就业等问题，特别是要推动金融改革。"易纲（2007）在就"稳健的货币政策实施情况"接受中央政府网在线专访过程中也就人民币币值稳定的含义进行了解释。所谓币值稳定，第一，控制通货膨胀，就是对内的购买力要稳定。第二，保持人民币的汇率在合理均衡水平上的基本稳定，就是对外也要比较稳定。然而，他没有进一步解释人民币合理均衡汇率的具体含义以及指标问题。

2008 年全球金融危机爆发以来，周小川先后多次提到中国的货币政策需要考虑多重目标。例如，2009 年 12 月 22 日周小川在"2009 中国金融论坛"上表示，中国货币政策需要考虑多重目标，目前要围绕通胀、经济增长、就业、国际收支四大目标考虑政策制定。中国人民银行在制定货币政策时还会考虑对资源价格、能源价格、住房、公共交通等资源配置改革给予支持。资源价格改革可能会伴随一定的通胀，但今日的通胀将为明日的结构优化和低通胀打下基础。周小川在 2011 年《建立符合国情的金融宏观调控体系》一文中，继续提出，"由于我国经济结构的特殊性和复杂性，中央银行在货币政策决策和实施过程中不能只盯住币值稳定目标，还要兼顾经济增长、充分就业、国际收支平衡等多个目标，并根据一段时期内宏观经济运行中的主要矛盾和突出问题，有所侧重，有所强调，及时调整政策取向。"2012年11月20日，周小川在新浪金麒麟论坛上谈及金融宏观调控时就指出："优化货币政策目标体系，更加突出价格稳定目标，关注更广泛意义的整体价格水平稳定，处理好促进经济增长、保持物价稳定和防范金融风险的关系。"2012年11月26日，周小川发表的《新世纪以来中国货币政策主要特点》一文更是提到，"中国的货币政策具有多重目标：一是维护低通胀；二是推动经济合理增长；三是保持较为充分的就业，维持相对低的失业率；四是维护国际收支平衡。防通胀一直是中央银行最主要的任务和使命，在货币政策中分量最大。"2016年6月24日，周小川在IMF中央银行政策研讨班上以"把握好多目标货币政策：转型的中国经济的视角"为题进行发言，明确表示，"中国政府赋予央行的年度目标是维护价格稳定、促进经济增长、促进就业、保持国际收支大体平衡。从中长期动态角度来看，转轨经济体的特点决定了中国央行还必须推动改革开放和金融市场发展，这么做的目的是为了实现动态的金融稳定和经济转轨，转轨最终是为了支持更有效、更稳定的经济。"他进一步指出，货币政策的目标重叠、目标冲突、目标加总及其权重以及模型的选择等问题都需要考虑如何解决。综上所述，中国人民银行在货币政策的具体操作过程中，一直都是多目标的。只是在不同时期，各个目标的优先地位、权重和各个目标之间的冲突并不相同。伍戈和刘琨（2015）对中国采取的"多目标、多工具"的货币政策框架以及规则体系进行了系统分析和实证检验。他们认为随着中国经济结构改革的深化，以及汇率利率市场化、资本项目可兑换进程的推进，中国货币政策的规则（体系）仍在演进之中，并可能不断趋近"不可能三角"的"角点解"。

10.2.3 "货币币值稳定"与"经济增长"的关系

《中国人民银行法》第三条规定："货币政策目标是保持货币币值稳定，并以此促进经济增长。"如何理解"货币币值稳定"？在1998年之前，我国经济运行的常态是通货膨胀，因而货币政策的任务是控制通胀率。不论是货币当局还是学术界，对"稳定币值"的理解仅仅是从抑制通货膨胀的角度来实现物价的稳定。1997年7月亚洲金融危机爆发后，中国人民银行对"稳定币值"的理解增加了人民币名义汇率稳定的含义。此后，由于国内通货紧缩的加剧，中国政府对物价稳定的解释又增加了防范通货紧缩的含义。所以，综合来看，人民币币值的稳定包括两层含义，一是对内币值的稳定，二是对外币值的稳定。前者的实质就是物价稳定，它包括两层含义，既要抑制通货膨胀，又要防止通货紧缩。对外币值的稳定主要表现在人民币汇率水平上，对此又有两种不同的认识：第一种认识是人民币名义汇率（即人民币对美元的名义汇率）的稳定，即中国政府承诺的人民币汇率不贬值、不升值；第二种认识以戴根有（2001）为代表，指保持人民币实际有效汇率稳定。对我国货币政策最终目标理解的多重性产生了以下问题：在发生外部冲击的情况下，我国中央银行首先应该解决对内币值的稳定还是对外币值的稳定呢？换言之，人民币物价稳定和汇率稳定，何者更为优先呢？到目前为止，不论是货币当局还是有关的学者,均没有明确这一顺序。

我国货币政策最终目标的分解如图 10-3 所示。

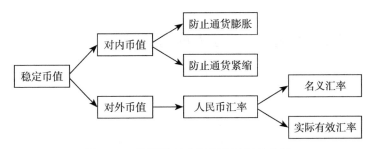

图 10-3　我国货币政策最终目标的分解

国内学者对我国货币政策目标的讨论还集中表现在"币值稳定"与"经济增长"关系方面,这主要有两条思路。

第一条思路是从"币值稳定"与"经济增长"之间的关系入手,探讨货币当局首先应该实现的目标是"币值稳定"还是"经济增长"。在 1995 年我国中央银行立法的过程中,国内学者对此讨论得非常多。1998 年我国出现通货紧缩之后,这个问题的讨论再次引起关注。从整体上看,这一思路的讨论呈现出以下特征:在经济繁荣阶段或者说经济运行以通货膨胀为主要特征时,扩张性货币政策对"币值稳定"与"经济增长"两个目标产生的作用是矛盾的,经济学家们争论的问题是是否执行扩张性货币政策的问题,即货币政策的松紧方向问题。占主流的意见是保持物价稳定为货币政策的首要目标,即使是要实现经济增长,也必须以物价稳定为前提,如 1997 年之前和 2002 年以来的这段时间。在国内经济衰退期间,如 1998 年以来出现的通货紧缩时期,由于扩张性货币政策同时有利于"币值稳定"与"经济增长"的实现,经济学家们争论的问题是扩张性货币政策的力度问题。

第二条思路则以谢平以及周小川等央行官员为代表。谢平(2000)认为中国货币政策实质上面临多目标约束,而不仅仅是《中央银行法》所规定的"币值稳定"与"经济增长"两个目标,这些目标有:物价稳定、促进就业、确保经济增长、支持国有企业改革、配合积极的财政政策扩大内需、确保外汇储备不减少、保持人民币汇率稳定。周小川(2011)认为,"币值稳定在货币政策目标中占首要地位,其科学性和实效性也被我国金融宏观调控实践所证明。但是由于我国经济结构的特殊性和复杂性,中央银行在货币政策决策和实施过程中不能只钉住币值稳定目标,还要兼顾经济增长、充分就业、国际收支平衡等多个目标,并根据一段时期内宏观经济运行中的主要矛盾和突出问题,有所侧重,有所强调,及时调整政策取向。"多目标思路的解释准确地描述了我国货币当局在当时面临的窘境,即使我国中央银行的约束目标仅仅是

知识点:
"币值稳定"与"货币稳定"的混用

"币值稳定",由于对其理解的不同和内涵的丰富性,同样会对我国货币政策的执行形成多重约束,更遑论多目标对中央银行货币政策的影响了。

10.2.4 "币值稳定"目标多重性引发的问题

如上所述,不论是货币当局还是国内学者,他们对我国货币政策最终目标的理解和解释都是多维度的。如果我们将"币值稳定"从对内价值稳定和对外价值稳定两个方面细分,可以构成如下组合,如表 10-1 所示。

表 10-1　我国货币政策内外币值目标的组合

		本币对内价值（国内物价）	
		通货膨胀	通货紧缩
本币对外价值（汇率）	本币升值	Ⅰ 通货膨胀 本币升值	Ⅱ 通货紧缩 本币升值
	本币贬值	Ⅲ 通货膨胀 本币贬值	Ⅳ 通货紧缩 本币贬值

组合 Ⅰ 是经济运行同时出现通货膨胀和本币汇率升值的状况,此时货币当局无论是执行紧缩性的货币政策还是扩张性的货币政策都无法同时解决通货膨胀和汇率升值的问题。紧缩性的货币政策可以抑制通货膨胀,但利率的上升会增加本币升值的压力。扩张性的货币政策无法控制通货膨胀,但是有助于缓解汇率升值的压力。我国在 1994～1997 年和 2003～2008 年这段时间出现了这种情况。组合 Ⅱ 是经济运行同时出现通货紧缩和汇率升值的状况,货币当局可以采取扩张性的货币政策,同时实现反通货紧缩和抑制本币汇率升值的目标。这一组合在中国表现得并不显著,2009 年出现了近 10 个月的通货紧缩,但是人民币对美元汇率基本保持稳定。组合 Ⅲ 是经济运行同时出现通货膨胀和本币汇率贬值的状况,与组合 Ⅱ 类似,货币当局可以采取紧缩性的货币政策同时实现这两个目标。我国自 1994 年以来未出现过这种组合。组合 Ⅳ 是经济运行同时出现通货紧缩和汇率贬值的状况,与组合 Ⅰ 类似,货币当局单独依靠货币政策无法同时解决这两个问题。紧缩性的货币政策可以解决汇率贬值问题,但利率的上升会进一步恶化通货紧缩的形势。扩张性的货币政策会加剧汇率贬值问题,但是有助于解决通货紧缩的压力。我国在 1998～2002 年这段时间出现过这种组合。必须指出的是,不论是《中国人民银行法》还是我国货币当局的解释说明,都没有明确提到物价稳定与人民币汇率稳定的优先次序,因此在某种经济运行状态下,如在人民币汇率钉住美元

知识点:
"三元悖论"与"二元悖论"

期间，两者就可能出现冲突，典型的如"米德冲突"，政府单独采用支出增减政策无法同时实现内外经济均衡，这在理论上就揭示了稳定汇率与稳定物价在一定条件下是不相容的。

10.3 货币政策的中间目标

从理论上来看，货币政策的中间目标包括两大类：一类是数量型的中间目标，如各层次的货币供应量、信贷总量等；另一类是价格型的中间目标，如通胀率预期值、短期利率、汇率等。从预期的角度来看，包括前瞻性（forward looking）的指标，如通货膨胀预期值，以及回顾性（backward looking）的指标，典型的如货币供应量指标。20世纪80年代以来，主要工业化国家的中央银行普遍采用短期利率替代了货币供应量作为中间目标，其中包括以下几个原因：第一，以 M2 为代表的数量型指标与经济增长、物价稳定等目标的相关性弱化，这使得中央银行即使实现了数量型指标的涨幅也无法实现物价稳定等目标。第二，由于金融创新的不断推出，货币需求日益变得不稳定，也愈发难以预测，中央银行强行控制数量型指标不仅将使得市场利率发生大幅度的波动，而且中央银行也面临在短期内无法有效控制基础货币的难题。第三，中央银行首先确定政策利率（以银行同业拆借利率为代表的短期利率）的目标值或者目标区间，在调整政策利率之后，中央银行的政策意图可以有效地向中长期利率（包括债券收益率、商业银行的存贷款利率）和实体经济传导。中长期利率由市场决定，包含了市场对央行未来的政策利率、通胀率的预期因子。下面首先分析价格型的中间目标。

10.3.1 价格型的中间目标

从价格型目标来看，货币政策的中间目标不外乎前面章节提到的货币的三种价格——利率、汇率和通胀率。然而，这三个目标的地位是不同的。

就通胀率而言，物价稳定是货币政策的四大最终目标之一，不少国家的中央银行将下一年度的通胀率目标作为货币当局最主要的政策目标，因此，在某种程度上，低而稳定的通胀率既是货币政策的最终目标，又是货币政策的中间目标。就利率而言，将利率直接作为货币政策中间目标的做法较为罕见，特别是考虑到既有宏观金融的直接调控模式，又有宏观金融的间接调控模式。对于宏观金融的直接调控模式而言，利率实际上退化为一种政策工具。例如，处于转型发展阶段的中国人民银行的宏观金融调控中，就仍然采用中央银行基准利率的做法，即由中央银行直接规定了商业银行对客户的存贷款基准利率，同时允许商业银行在此基础上继续浮动。对于宏观金融的间接调控模式而言，很少有中央银行将维持何种利率水平作为中间目标。由于利率有中央银行的利率和商业银行的利率之分，如果将中央银行直接确定商业银行的存贷款利率水平作为中间目标,这显然有违宏观金融的间接调控模式。如果中央银行通过政策工具直接锁定自身资产或负债的利率,此时的利率就退化为操作目标了。当然,也有例外的情况。如第二次世界大战时期的美联储,将货币政策的目标定位于维持美国国债利率和价格,以降低美国政府在战时的融资成本。第二次世界大战结束后,美联储维持这种做法直到 1947 年 7 月(第二次世界大战胜利约两年后)。此后美联储说服财政部取消了短期的 90 天期国债 0.375% 的买进利率。在 1947 年 8 月,财政部同意美联储取消为期 9～12 个月的短期国债 0.875% 的买进利率。就汇率指标而言,尤其是针对那些采取硬钉住汇率制度(如货币局制度)的中央银行,此时该国的货币政策就是汇率政策。所有的货币政策操作全部以实现汇率稳定为首要目标。此时货币政策的中间目标退化为操作目标。

10.3.2　数量型的中间目标

从数量型指标来看,货币当局确定货币政策的中间目标往往是从整个银行体系资产负债表中提取指标,如从负债方提取的指标——货币供应量,从资产方提取的指标——信贷总量。随着时间的推移,数量型指标的有效性常常受到质疑,因为金融机构可以创设与该指标类似的金融资产(或者负债),但是在不受货币当局监控的中间目标的指标统计口径之内。

以中国为例,在货币供应量指标推出之前,对商业银行的信贷总量控制采取贷款限额管理制度,中国人民银行发现,虽然管住了金融机构的贷款限额,但是企业还可以从信托公司等其他金融机构获得融资,于是转而控制金融机构的负债方的指标——货币供应量。然而,经过一段时间之后,货币供应量指标的有效性也颇受质疑,因为中国的广义货币供应量很少实现预期值。从本质来看,这个指标主要从金融机构资产负债表的负债方汇总,并加上其他机构的统计数据。1996 年以来,中国人民银行确定了中国货币政策的中间目标——广义货币供应量 M2。在中国人民银行推出广义货币供应量指标之后,经过多次修订,该指标都有哪些特征呢？伴随着中国金融市场的快速发展,新的融资工具大量出现,直接融资占比不断提高,融资渠道日益多元化,货币当局只控制信贷规模已经不足以反映实体经济获得的融资规模,因此 2010 年中国人民银行推出了社会融资规模指标,并且认为社会融资规模与货币供应量是一个硬币的两面。该指标推出之后,不少经济学家认为该指标存在重复计算的问题。为什么广义货币供应量指标实施以来,基本上会偏离中国人民银行年初的计划值？是因为货币供应量指标存在重复计算的问题,还是因为该指标存在其他内生性问题？

简言之,不论中央银行货币政策的数量型中间目标选择何种指标,也不论这些指标存在怎样的不足,我们可以发现,中央银行货币政策的数量型中间目标总是在银行体系资产负债表资产方—负债方—资产方的循环转移过程中。

中国的货币供应量指标为什么无法实现预期目标

根据 IMF 金融规划(financial programming)的原理,有公式 $M=D+R$,可以确定货

币供给的规模和增长速度。其中，M 代表广义货币供应量；D 代表国内信贷，包括整个银行体系对国内机构，如企业和个人的贷款，以及对政府的各种债权；R 代表以本币计价的外汇储备。将公式以增量形式表示就是 $\Delta M=\Delta D+\Delta R$。以增长率形式来表示，可以写成：

$$\frac{\Delta M}{M} = \frac{\Delta D}{D}\frac{D}{M} + \frac{\Delta R}{R}\frac{R}{M}$$

其中：$\frac{\Delta M}{M}$ 是广义货币供应量增幅（中间目标值），等式右侧第一项是贷款增幅及其比重的乘积，右侧第二项是外汇储备增幅及其比重的乘积。外汇储备 R 以本币计价，其大小取决于两个因素，一是人民币汇率 S，二是外汇储备的规模 F。

$$R = S \cdot F$$
$$\Delta R = \Delta S \cdot F + S \cdot \Delta F$$

因此上式可以表示如下：

$$\frac{\Delta M}{M} = \frac{\Delta D}{D}\frac{D}{M} + \left(\frac{\Delta S}{S} + \frac{\Delta F}{F}\right)\frac{R}{M}$$

如果采用货币供应量增长率作为货币政策的中间目标，这一目标能否实现就要看等式右侧的各个变量是内生变量还是外生变量，而这取决于本国所采取的汇率制度。在固定汇率制度下，$\frac{\Delta S}{S}=0$，$\frac{\Delta F}{F}$ 的变化取决于经济主体对汇率的预期水平，这是货币当局不可控的。即使货币当局可以控制 $\frac{\Delta D}{D}$，$\frac{\Delta M}{M}$ 仍然是不可控的。在浮动汇率制度下，在理论上，$\Delta F=0$（尽管在现实中并非如此），货币当局如果能够控制 $\frac{\Delta D}{D}$，也就意味着 $\frac{\Delta M}{M}$ 可控。简言之，货币供应量指标在固定汇率制度下是内生性的，是不可控的；在浮动汇率制度下是外生性的，是可控的。显然，中国货币供应量能否实现预期目标取决于中国人民币的汇率政策。众所周知，1997 年东南亚金融危机爆发之后，到 2005 年 7 月人民币的汇率改革为止，人民币兑美元汇率长期保持稳定，外汇储备的变化是经济体系内生的，超出了货币当局的控制范围，因此货币供应量显然是不可控的。2005 年人民币汇率形成机制改革之后，一直到 2014 年年末，人民币对美元汇率累计升值 35.26%，人民币名义有效汇率升值 40.51%，实际有效汇率升值 51.04%。从变化幅度来看，我们可以认为人民币汇率是有变化的，不是钉住美元的汇率制度。按照 2010 年中国人民银行的提法，人民币汇率制度是"以市场供求为基础、参考一篮子货币进行调节、有管理的浮动汇率制度"。然而，从另外一个数据来看，2005 年 7 月末中国外汇储备为 7 327 亿美元，2013 年 9 月末达到 3.82 万亿美元，涨幅达到 420%——较之汇率的涨幅，显然不在一个数量级。虽然不可以认为人民币采取的是钉住汇率制度，但是政府干预的痕迹还是比较明显的。中国人民银行可以控制人民币每年的涨幅（$\frac{\Delta S}{S}$），但是最终却无法控制 $\frac{\Delta F}{F}$（从经济学的基本原理来看，控制了外汇的价格，就无法控制外汇的供求缺口；反之，亦是如此）。即使中国人民银行可以控制 $\frac{\Delta D}{D}$，但是最终却无法控制 $\frac{\Delta M}{M}$。因此，从最终来看，货币供应量的目标值必然落空。如表 10-2 所示，自从 1994 年以货币供应量为中间目标以来，在大多数年份里，中国人民银行实现货币供应量预期目标的年份较少，不少年份实际值与预期值的差距较大。

表 10-2 1994～2016 年中国货币供应量增长率与年度信贷增加额的预期值和实际值

(%)

年份	M2 预期增速	M2 实际增速	M1 预期增速	M1 实际增速
1994	24	34.5	21	26.2
1995	23～25	29.5	21～23	16.8
1996	25	25.3	18	18.9
1997	23	17.3	18	16.5
1998	16～18	15.3	17	11.9
1999	14～15	14.7	14	17.7
2000	14	12.3	14	16
2001	13～14	14.4	15～16	12.7
2002	大约 13	16.8	大约 13	16.8
2003	大约 16	19.6	大约 16	18.7
2004	大约 17	14.6	大约 17	13.6
2005	15	17.6	15	11.8
2006	16	16.9	14	17.5
2007	大约 16	16.7	—	21.1
2008	—	17.8	—	9.1
2009	大约 17	27.7	—	32.4
2010	大约 17	19.7	—	21.2
2011	大约 16	13.6	—	7.9
2012	大约 14	13.8	—	6.5
2013	大约 13	13.6	—	9.3
2014	大约 13	12.2	—	3.2
2015	大约 12	13.3	—	15.2
2016	大约 13	11.3	—	21.4

注："—"表示数据缺失或者中国人民银行没有公布相关数据。
资料来源：各期《货币政策执行报告》以及各年份的《政府工作报告》。

因此，在中国人民币汇率制度没有发生根本性变化之前，货币供应量是属于内生性质的。如果货币供应量和新增贷款同时作为货币当局的政策目标，或者说是监控目标，也就是从存款类金融机构的负债和资产两方同时对相应的科目增长率做出规定，这必然导致不能够同时实现预期目标的可能性。从这个角度分析，由于指标的内生性，货币供应量作为中国货币政策的中间目标的确不合适。这是选择货币政策中间目标新指标的充分理由，但是要强调的是，货币供应量指标的统计原理本身并不存在重复计算的缺陷。

10.3.3 选择中间目标的原则

通常来说，中央银行一般根据什么原则来选择货币政策的中间目标变量呢？从各国中央银行的实践来看，一般包括以下几点：

第一，中央银行能够及时统计中间目标变量的结果。中央银行必须能够及时对中间目标变量的结果进行统计。如果货币当局没有对中间目标变量的统计数据，中央银行将无法及时根据统计结果实施新的调控。从价格型的中间目标来看，中央银行可以非常迅速地得到利率和汇率水平的统计结果，物价水平（CPI）的统计结果则有一定的时滞。从数量型的中间目标来看，如货币供应量的统计数据，同样由于时滞的缘故，中央银行不可能立即得到统计结果。此外，数量型中间目标还需要进行季节性调整。因此，从统计的及时性和准确性来看，价格型的中间目标变量（如利率）似乎比数量型的中间目标变量更具有优势。然而，影响经济的是实际利率水平，中央银行在目前仍然无法统计到该指标，因此还很难断言这两类指标孰优孰劣。

第二，中央银行能够控制中间目标变量。中央银行必须对中间目标变量具有很强的控制力。如果中央银行无法对中间目标变量实施有效控制，那么当该中间目标变量偏离目标值或者目标区间，中央银行将无法实现最终目标。对比来看，虽然中央银行有能力对货币供给施加强有力的影响，但是还有其他经济主体的决策（社会公众以及商业银行）会影响货币供应量。同样，中央银行可以直接控制短期的名义利率，但是中央银行无法控制实际利率水平，因为中央银行不能控制预期通货膨胀率。因此，学术界还是无法明确利率与货币供应量作为中间目标何者更优。不管是哪类指标，虽然中央银行都无法完全控制，但中央银行都必须对其具有较强的影响力，这也是不争的事实。

第三，中间目标变量对最终目标具有很强的预测性。中央银行通过中间目标变量，可以对最终目标进行预测，预测结果相对准确，且有很强的稳定性。一般来说，中间目标和最终目标之间不仅要有相关性，而且这两者之间必须存在因果性。假设一国的巧克力月销售量与该国的月度物价水平高度相关，中央银行是否可以通过控制巧克力月销售量来实现物价稳定这一最终目标呢？显然，这两者仅仅具有某种相关性，而不具有因果性。进一步而言，即使中央银行可以从某个变量的变化预测最终目标的结果，也不意味着中央银行就必然选择该变量作为中间目标，因为中央银行还必须关注预测结果的准确性和稳定性。如果通过某个变量得到最终目标变量的预测结果准确性不高且波动幅度很大，这类变量也不适合作为中间目标。近年来，学术界对于哪一类中间目标变量与最终目标变量（通胀率、失业率以及产出水平）的关系更为稳定一直存在着争议。从各国中央银行的操作实践来看，它们更偏好价格型的中间目标——短期利率。以加拿大为例，加拿大中央银行曾经以货币供应量为中间目标，但是由于货币周转速度变化非常大，不得不放弃货币供应量指标——我们没有放弃货币总量，是它们抛弃了我们（We did not abandon the monetary aggregates, they abandoned us）。

10.4 货币政策的操作目标

一国货币政策的操作目标大体可以分为两类，一类是价格型的操作目标，另一类是数量型的操作目标。前者如短期利率（银行同业拆借利率、短期国债回购利率）、汇率（或者汇率指数）。后者如超额准备金、借入准备金、非借入准备金、基础货币等。

10.4.1 价格型的操作目标

从西方国家中央银行主流操作目标的选择来看，一般采用价格型的操作目标。根据各个国家金融体系和历史背景的不同，操作目标的具体选择又有小小的差异。如美联储选择联邦基金利率，欧洲中央银行选择主要再融资利率（main refinancing rate），英格兰银行选择14天期的国债回购利率。在那些采用通胀目标制的国家当中，操作目标几乎都是短期的货币市场利率，并且中央银行通过运用各种货币政策工具，可以直接影响这些指标。纵观世界主要发达国家的中央银行，为什么它们都选择短期利率，尤其是选择银行间隔夜利率作为操作目标？为什么它们不选择较长期限的利率呢？Bindseil（2004）对此进行了解释。他认为如果中央银行选择某个时间跨度较长的利率作为操作目标，这会导致短期利率出现跳跃性的调整，且短期利率的时间序列性质以及收益率曲线会发生变化。反之，中央银行如果选择短期利率作为操作利率，则不会影响中长期利率的时间序列性质，收益率曲线也不会发生变化。我们可以分两种情况来讨论。假定利率期限结构预期假说（expectation hypothesis of the term structure of interest rate）成立，以公式表示如下：

$$i_{30,t} = \sum_{i=0}^{29} i_{1,t+i} / 30$$

其中：$i_{30,t}$ 和 $i_{1,t}$ 分别表示在 t 天的30天期利率和隔夜利率。

第一种情况：中央银行选择以30天期的利率作为目标利率；第 t 天中央银行把该利率从5%降至4%，这对于在第 t 天的隔夜利率意味着什么？以第 $t-1$ 和第 t 天为起点的90天期期限的利率重叠了29天，在第 t 天和第 $t-1$ 天的30天期的利率之差就转化为第 $t-1$ 天和第 $t+29$ 天的隔夜利率的差异，也就是：

$$i_{1,t-1} - i_{1,t+29} = 30(i_{30,t-1} - i_{30,t})$$

假设 $i_{1,t+29} = 4\%$，这就意味着 $i_{1,t-1} = 34\%$，虽然较长时间跨度的目标利率水平出现了下降，但是隔夜利率在调整日的前一天却产生了短暂的大幅攀升，并且 34% 的利率水平也是无法想象的。

第二种情况：如果中央银行选择隔夜利率作为目标利率，且隔夜利率设定为 5%，第 t 天中央银行将该利率降为 4%，那么 30 天期的利率将会在第 $t-29$ 天下降 0.33%。换言之，在这种情况下，30 天期的利率会以平滑的方式进行调整，如此可以避免金融市场的动荡。

价格型的操作目标模式一般有两类：一类以美联储的公开市场操作为代表，另一类以利率走廊模式为代表。以美联储为例，美联储以某一利率水平（联邦基金利率）为目标，放弃对基础货币供给的控制，通过改变基础货币的供给以满足商业银行对基础货币的需求。由于中央银行是基础货币的最终提供者和唯一提供者，所以在这个市场上中央银行具有完全的垄断力量。一般来说，中央银行主要是通过买卖国债来调整商业银行的超额准备金，从而将操作目标控制在其目标范围之内。20 世纪 80 年代中期美联储放弃货币供应量目标后，将政策目标重新转向货币市场利率，并于 1994 年正式确立以联邦基金市场利率为目标的货币政策框架。在美联储的货币政策框架中，联邦公开市场委员会是美联储货币政策的决策机构，担负着制定货币政策、指导和监管公开市场操作的重要职责。具体操作方面，美联储根据金融机构日均存款情况计算法定存款准备金水平（计算周期为两周，以周一作为考核期末时点），并以此对金融机构的法定准备金水平进行考核（以上一个计算期作为考核依据，以周三作为考核期末时点，考核持续期为 17 天），这样对储备头寸的管理成为影响流动性和市场利率的重要手段。同时，美联储作为同业拆借市场的最大参与者，对市场流动性情况进行密切跟踪和预测，并围绕政策利率目标开展操作。

所谓利率走廊模式，就是中央银行规定了商业银行在央行的贷款利率与存款利率，形成了商业银行之间同业拆借的利率上下限。如果某家商业银行在中央银行的准备金充裕，可以拆借给其他的商业银行，拆借利率在这个上下限之间波动。以欧洲中央银行为代表的中央银行就是采用的这种操作模式。近年来，中国人民银行一直在探索"利率走廊"机制，2016 年在摸索发挥 SLF 作为利率走廊上限的作用。

知识点：
在中国，利率到底是货币政策目标还是政策工具

10.4.2 数量型的操作目标

数量型的操作目标模式是指中央银行以控制一定数量的储备资产（可以是基础货币、超额准备金、借入准备或者非借入准备等）为目标，放弃对货币市场利率的控制，通过储备资产价格的变化来改变商业银行对储备资产的需求。

采用数量型操作目标的中央银行，在发达国家当中比较典型的是日本银行。日本银行的主要目的就是刺激国内经济，将日本经济从泡沫经济破灭之后的萧条中拉出来。

2001年3月，日本银行采用新的操作框架，将其操作目标从无抵押的银行同业隔夜贷款利率（the uncollateralized overnight call rate）转向了金融机构在日本银行的往来存款账户余额（the outstanding balance of the current accounts held at the bank），该账户余额类似我国金融机构在中央银行的存款准备金账户（包括法定存款准备金和超额存款准备金）余额。这标志着日本的货币政策也进入了所谓的"量的缓和"（quantitative easing）时期。自采用这一数量目标以来，日本银行不断提高其上限标准，旨在为国内经济复苏提供足够的流动性。2001年3月，日本银行确定的上限为5万亿日元，经过几次调整，到2005年7月这一目标已提高到"30万亿至35万亿日元"的上限。在这种操作模式下，无抵押的银行同业隔夜贷款利率基本上接近于零，最低为0.001%，甚至比"零利率政策"时期（1999年2月到2000年8月）还要低。日本银行当时明确承诺这一货币政策操作模式将一直维持下去，直到年消费物价指数稳定地高于零的水平。很显然，日本银行采用这一政策操作模式就是为了使日本尽快摆脱通货紧缩的困扰。2006年3月9日，日本银行宣布结束持续了5年之久的极其宽松的货币政策，引入新的货币政策操作框架，改变货币市场操作目标，即从银行往来存款账户的未清偿余额转向隔夜信用拆借利率。这标志着在全球金融危机爆发之前世界主要发达国家采用数量型操作目标的终结。

10.4.3 负利率政策及其影响

2014年6月5日，欧洲中央银行举行议息会议后宣布，下调欧元区主导再融资利率（main refinancing rate）10个基点至0.15%，下调隔夜存款利率（rate on the deposit facility）10个基点至−0.1%，同时下调隔夜贷款利率（rate on the marginal lending facility）35个基点至0.4%，该决议从6月11日起生效。其中，主导再融资利率是欧洲中央银行向银行体系提供大额流动性的利率水平，隔夜存款利率是欧洲中央银行向商业银行支付的隔夜存款利率，隔夜贷款利率是欧洲中央银行向商业银行提供隔夜贷款的利率。通常，欧洲中央银行将主导再融资利率和隔夜存款利率维持0.25个百分点的差额，以保证欧元区银行同业拆借市场的正常运行。为了刺激欧元区经济复苏，欧洲中央银行必须首先下调主导再融资利率，该利率降至0.15%，为了维持0.25个百分点的利差，隔夜存款利率将首次步入负利率时代。在此之前，也就是2012年7月，欧洲中央银行就已经将隔夜存款利率降为零。欧洲中央银行是世界主要经济体中首个实施负利率政策的中央银行。欧洲中央银行在当日还决定进一步采取增强流动性的货币政策措施，包括实行一系列有效期约4年的定向长期再融资操作，预计总共将向市场注入4 000亿欧元（约合5 436亿美元）的流动性；同时，欧洲中央银行表示将加紧筹备资产支持证券市场购买计划，在此框架内欧洲中央银行将能购买私人部门证券化资产。欧洲中央银行这一揽子刺激政策旨在促使欧元区内商业银行向家庭及非金融部门提供更多的信贷，帮助欧元区通货膨胀率回到2%的水平。欧洲中央银行的这一举措并不意味着普通民众的储蓄存款也会是负利率，普通民众也无须担心要向商业银行支付利息。欧洲中央银行将欧元区隔夜存款利率下调至负值的政策举措备受市场关注，这意味着欧元区商业银行在欧洲中央银行存放的资金（准备金）将支付"罚金"。欧洲中央银行的上述政策出台后，欧美股市全线上扬，其中德国 DAX 指数创出历史新高。但是，也有经济学家认为商业银行并不会因此增加对实体经济的放款，而是有可能缩减其资产负债表规模。从欧洲中央银行的政策意图来看，这是迫使商业银行增加信贷供给，但却未必能创造信贷需求。所以说，这种方式会适得其反，带来难以预料的后果，部分经济学家并不看好刺激政策的长期成效。

欧洲中央银行不是第一家实施负利率的中央银行。瑞典中央银行和丹麦中央银行都曾经进行过负利率的试验。2009 年 7 月 8 日，瑞典中央银行将商业银行准备金存款利率从零降至 −0.25%。其目的是对商业银行在中央银行的准备金存款收取利息以刺激商业银行发放贷款。这一操作持续了 1 年多的时间，在 2010 年 9 月 7 日，瑞典中央银行重新将该利率上调为零。2014 年 7 月 9 日，瑞典中央银行再次实施负利率政策，瑞典中央银行重新将该利率下调至 −0.5%，10 月 29 日，又将该利率降至 −0.75% 的水平。负利率的水平一直持续至今。2012 年 7 月，为了避免国际资本的大量涌入，丹麦央行将其对银行业的主要存款利率下调至 −0.2%。当时欧洲主权债务危机持续恶化，AAA 评级的丹麦成为投资者的避风港，丹麦克朗对欧元持续升值，丹麦出口受阻。丹麦中央银行此时实施存款负利率政策有两个目标，一是鼓励商业银行更多地向私人部门提供信贷，二是通过实施负利率政策让丹麦克朗相对贬值。丹麦克朗稍有贬值后，在 2013 年 1 月 25 日，丹麦中央银行将其主要存款利率上调 10 个基点，至 −0.1% 的水平。2014 年 4 月丹麦中央银行将其主要存款利率从 −0.1% 上调至 0.05%，从而结束了为期近两年的负利率。丹麦的负利率试验虽然实现了让丹麦克朗相对贬值的效果，但并没有刺激商业银行扩大信贷。2014 年 9 月 4 日，丹麦中央银行为维持丹麦克朗钉住欧元的汇率水平，宣布将其主要存款利率下调 0.1 个百分点，从 0.05% 降至 −0.05%。进入 2015 年 1 月以来，丹麦中央银行连续三次下调利率水平。1 月 19 日，丹麦中央银行将其主要存款利率从 −0.05% 降至 −0.2%。1 月 22 日，丹麦中央银行将其主要存款利率从 −0.2% 降至 −0.35%。1 月 29 日，丹麦中央银行再次将存款利率从 −0.35% 降至 −0.5%。丹麦中央银行此轮连续降息，主要起因是瑞士中央银行在 2015 年 1 月 15 日取消欧元兑瑞郎的汇率下限，导致丹麦克朗相对升值。为了保持丹麦克朗钉住欧元汇率的稳定，丹麦中央银行采取连续降息的政策措施。丹麦是当前欧洲汇率机制 II（ERM2）唯一成员。根据欧洲汇率机制 II，丹麦中央银行需将丹麦克朗维持在中间平价汇率的 2.25% 区间内；而在实际操作中，丹麦中央银行通常将丹麦克朗兑欧元维持在更窄的区间内。

这里提到的负利率都是指名义的负利率，而不是用名义利率减去通胀预期率之后的实际利率。针对的业务对象不是普通民众和企业在金融机构的存款，而是针对金融机构在中央银行的存款。负利率政策实施之后，对货币政策的影响具体如何，还有待于进一步考察。不过，根据日本银行的经验，负利率政策对银行同业拆借市场的交易形成了较大的冲击。从利率走廊来看，日本银行给出的负利率（假如是 −0.2%）要比银行同业拆借市场的负利率（假如是 −0.1%）更低。假定银行 A 向银行 B 拆入一笔资金，银行 B 反而要向银行 A 支付一笔利息（0.1%），与此同时，银行 A 拆入这笔资金后，存放在日本银行并要支付 0.2% 的利息。无论是对拆入方银行还是对拆出方银行来说，这都不是一笔理想的交易。因此，负利率政策直接导致了短期的银行同业借贷规模迅速下降。

10.5 本章小结

综上所述，货币政策框架一般包括货币政策目标、货币政策工具和货币政策的传导机制三个部分。货币政策框架的差异主要在于采用不同的货币政策的名义锚。货币政策的名义锚，用通俗的语言来表达就是中央银行进行货币政策调整的依据，主要是量化的货币政策的中间目标。各国货币政策的最终目标往往由《中央银行法》予以规定，一般是对各种目标的定性表述。货币政策的中间目标和操作目标，大体可以从数量型指标（目标）和价格型指标（目标）两个角度进行区分。从指标预期的角度来看，则可以大体分为前瞻性指标和回顾性指标。从数量型指标来看，货币政策的中间目标与整个银行体系的资产负债表相关，如货币供应量、信贷总量；操作目标与中央银行的资产负债表相关，如超额准备金、借入准备和非借入准备等。从价格型指标来看，货币政策的中间目标和操作目标涉及的指标包括三类：利率、汇率和（预期）通胀率。低而稳定的通胀率既是货币政策的最终目标，又是货币政策的中间目标。对于利率而言，在宏观金融的直接调控模式下，利率实际上退化为一种政策工具。在宏观金融的间接调控模式下，很少有中央银行将维持某种利率水平作为中间目标，利率往往就退化为操作目标了。对于汇率指标，在硬钉住汇率制度（如货币局制度）下，作为中间目标的汇率指标退化为操作目标。在典型的浮动汇率制度下，本币对关键货币的汇率水平的重要性排在本国通胀率水平之后，有可能被善意地忽视了。只有当汇率变化将严重影响本国物价稳定时，中央银行才会动用政策工具进行汇率干预。

第11章

货币政策工具

所谓货币政策工具，就是指由中央银行完全控制的，与货币政策的中间目标联系紧密的各种措施、手段和方法，这些中间目标包括短期利率、各层次的货币总量（基础货币、M1、M2、M3 等）以及信贷总量。各国中央银行通过控制这些中间目标或中间变量来影响国民收入、失业率以及价格水平等宏观经济变量。例如，中央银行希望刺激处于衰退中的经济，就需要降低利率，提高货币供应量的增长率。为实现这一目标，中央银行必须采用相关的货币政策工具以使宏观经济变量朝着合意的方向变动。纵观世界各国中央银行，其使用的一般性货币政策工具包括三种：法定准备金率（reserve requirement）、公开市场操作（open market operation）和再贴现率（discount rate）。除此之外，还有若干选择性的政策工具，如消费者信用控制、证券市场信用控制以及道义劝告和窗口指导等。周小川（2011）认为："一国中央银行使用什么样的货币政策工具来实现政策目标，并不存在最优或者普适的模式，要根据不同时期的经济发展水平、宏观调控的现实需要及经济主体对政策的敏感性等多种因素确定。"2003 年以来，中国人民银行频繁使用中央银行票据、差别存款准备金率等新型政策工具。21 世纪以来，尤其是 2008 年国际金融危机爆发之后，以美联储为代表的中央银行还设立了各种形式的融资便利，向银行体系提供流动性。例如，美联储传统的政策工具包括公开市场操作、再贴现率和法定存款准备金率。2008 年国际金融危机爆发后，美联储增加了以下几项政策工具，如对法定存款准备金和超额存款准备金付息（interest on required reserve balances and excess balances）、隔夜准备金回购协议（overnight reverse repurchase agreement）以及定期存款便利（term deposit facility）。除此之外，美联储还设立了若干种融资便利，直接向信贷市场上的借款人和投资者提供流动性。伴随着美国经济的逐步复苏和金融市场的恐慌情绪的消散，美联储终结了部分政策工具的使用。

在中国人民银行的网站上，列出的货币政策工具包括以下六项：公开市场操作、存款准备金、中央银行贷款、利率政策、常备借贷便利、中期借贷便利。这其中较为特殊的一项政策工具就是利率政策。中国人民银行的利率政策就是中央银行直接调整商业银行的存贷款基准利率，商业银行在基准利率的基础上上浮基准利率或者下浮基准利率水平。在发达的市场经济国家，中央银行很少直接控制商业银行对客户的存贷款利率水平，但是中央银行调整银行间同业拆借利率的做法是当前中央银行宏观金融调控最主要的政策工具。中国人民银行的利率政策是非常具有中国特色的政策工具，在中国宏观金融调控从直接调控向间接调控转变过程中扮演了非常重要的角色。伴随着中国利率市场化进程的不断推进，商业银行基准年利率的波动幅度会越来越大，以至于央行宣布调整的商业银行基准利率仅仅起到政策信号的作用。但是，存贷款基准利率这个工具在未来将逐渐退出中国人民银行的货币政策工具箱。理论上，不论何种货币政策工具都需要满足以下功能：第一，中央银行通过运用货币政策工具，能够在整体上向整个金融体系提供储备货币，满足商业银行对准备金的需求；第二，货币政策工具应该起到促进各家商业银行与中央银行之间产生相互依赖的作用，尤其是在普通民众的现金需求受到金融创新的影响出现了大幅下降的背景下（彼得·博芬格，2013）。

11.1 法定存款准备金制度

一般来说，法定存款准备金制度就是商业银行等存款性金融机构按照其负债方各项存款的一定比率，在其准备金账户中（资产方）保留一定比率的被认可的无息或低息资产，这笔无息或低息的资产就是法定存款准备金，这一比率就是法定存款准备金率。法定存款准备金往往被认为是对存款机构征收的一种"税"，减少了商业银行的利差收入规模。由于全球范围内银行业竞争的不断加剧，法定存款准备金率有逐渐下降的趋势，甚至在有的国家降至零的水平，有的国家甚至取消了法定存款准备金的要求，如新西兰、加拿大和澳大利亚等国家。但是在中国，这一比率却在21世纪的前10年中不断上升，最高达到21.5%的水平。

11.1.1 主要功能

目前，法定存款准备金制度的功能主要体现在两方面：

第一，调控金融体系流动性松紧。法定存款准备金制度实际上是资产方存款准备金科目余额与负债方存款类科目余额的比率，该比率的提高，将导致商业银行超额准备金余额的下降，使得整个银行体系的流动性下降。反之，该比率下降，将扩大整个银行体系的流动性规模。由于这一政策工具巨大的杀伤力，各国中央银行都非常谨慎地使用这一政策工具。从世界范围来看，法定存款准备金率的这一功能正逐渐弱化。

法定存款准备金率提高对中央银行和商业银行的影响如表11-1所示。

表 11-1 法定存款准备金率提高对中央银行和商业银行的影响

中央银行资产负债表		商业银行资产负债表	
资　产	负　债	资　产	负　债
	法定准备金　　+	法定准备金　　+	
	超额准备金　　−	超额准备金　　−	

第二，缓解货币市场短期利率波动。例如，在欧洲中央银行成立之初，关于在欧元区内是否实行法定存款准备金制度就存在激烈的争论。以英国为代表的一方认为，存款准备金制度会有损于欧元区金融机构的竞争力；而以德国为代表的另一方则认为存款准备金制度还必须保留，因为在欧元问世之初的转轨时期，存款准备金制度会使金融机构对中央银行基础货币保持需求，并且使得这种需求保持在一个相对稳定的水平上，从而缓解货币市场短期利率的波动，进而便于货币当局对货币供应量的控制。欧洲中央银行最终采取了这一制度，欧元区各商业银行根据法定存款准备金率的规定计算每日的月平均储备率来确定最低的储备额，这便于商业银行平抑临时性的流动性短缺。由于这一做法增加了欧元区各家商业银行的经营成本，遭到了它们的普遍反对，为平息这一矛盾，欧洲中央银行决定对最低准备金支付利息。

11.1.2　主要内容

各国法定存款准备金制度的实践涉及各个方面，主要包括以下几点：

第一，对缴存法定存款准备金机构类型的规定，即何种金融机构属于缴存法定存款准备金的机构范畴？如在中国，主要是针对银行类金融机构征收法定存款准备金，证券公司和保险公司不属于缴存法定存款准备金的金融机构。此外，大型集团公司下属的财务公司（拥有公司集团下属企业的存款）也属于需要缴存法定存款准备金的金融机构。

第二，存款准备金的计提方式的规定，即金融机构持有的法定存款准备金在核算的时候是采取滞后型准备金记账体系（lagged reserve accounting system）还是即时型准备金记账体系（contemporaneous reserve accounting system）？金融机构持有的法定存款准备金数额是采取时点法还是平均法计算？在对此进行分析之前，我们必须了解两个概念——准备金计算期（reserve computation period）和准备金维持期（reserve maintenance period）。计算期和维持期一致，就是同期型的；计算期和维持期不一致，就是滞后型的。以美联储的法定存款准备金制度为例，准备金计算期是两周，从星期二开始，并于14天后的星期一结束。准备金维持期比计算期要推迟30天。1998年7月之前，美联储采取的是即时型准备金记账体系，此后改为滞后型的准备金记账体系。在准备金维持期内，持有的法定存款准备金数额必须达到或超出法定准备金目标。中央银行对维持期内每日的平均余额还是维持期期末当日余额达到法定准备金数额的目标之分就是平均法和时点法的差异。不少国家的中央银行采取滞后型准备金记账体系，可以使得金融机构在达不到法定存款准备金要求的情况下，有充分的时间来筹集资金，满足法定存款准备金率的要求。实际上，美联储1998年7月之前实施的所谓即时型准备金记账体系，也有计算期和维持期两天的滞后。

知识点：
法定存款准备金维持期的时点法和平均法

第三，对缴存法定存款准备金负债类型的规定，即何种类型的负债属于缴存法定存款准备金的资金来源？如对存款性负债是采取周期内的平均余额还是采取周期末的时点余额？在中国，商业银行的存款类负债（即金融机构对居民个人和企业的负债）是缴存法定存款准备金的主要对象，也就是说，金融机构的"一般存款账户"中的负债余额是缴存的主要对象，而银行同业存款类负债原则上不属于这一范畴。2011年，中国人民银行发布了《关于将保证金存款纳入存款准备金交存范围的通知》（2011银发209号文），要求金融机构将银行承兑汇票、信用证、保函等业务的保证金存款纳入存款准备金的缴存范围，这表明中国人民银行进一步加大了缴存法定存款准备金的范围。在具体操作层面，中国人民银行采取了分步到位的做法。以工行为例，保证金存款分为三个阶段计入一般性存款的基数，即在这三个阶段分别按照20%、60%和100%的水平计入一般性存款。对于银行同业存款而言，例外的是，保险公司在商业银行的存款，在中国目前的规则之下，对商业银行来说属于一般性存款，需要缴存法定存款准备金。

第四，法定存款准备金率的调整，如法定存款准备金率是单一型的，还是有差别型的？征收法定存款准备金是否存在免缴额度？除了本币之外，外币是否实施法定存款准备金制度？外币的存款准备金率如何？中国在采取法定存款准备金制度之初，就针对不同性质的存款征收不同水平的法定存款准备金率，即按存款种类核定存款准备金比率，企业存款为20%，储蓄存款为40%，农村存款为25%。然而，很快中国人民银行便实行单一型的存款准备金率。美联储对各家缴存法定存款准备金的金融机构，一定限额以下的存款实行免缴制度。例如，美联储对1万美元以下的存款免征法定存款准备金，这非常类似于个人所得税的免征额。在中国，外币实施存款准备金制度，现在外币的存款准备金率统一为5%。以美联储为例，美联储对存款类金融机构缴纳法定存款准备金的负债进行了具体规定，主要包括净交易性存款账户（net transaction account）、非个人定期存款（nonpersonal time deposit）和欧洲货币负债（eurocurrency liability）。从1990年12月27日开始，非个人定期存款和欧洲货币负债的法定存款准备金率降为零。法定存款准备金率取决于净交易性账户的余额。1982年的《加恩—圣杰曼存款机构法》（Garn-St. Germain Depository Institutions Act of 1982）实行了200万美元的免征额。根据该法律确定的公式，免征额每年都将调整。

美联储对法定存款准备金率的规定如表11-2所示。

表 11-2 美联储对法定存款准备金率的规定

负债类型	法定存款准备金	
	准备金率（%）	何时开始执行
1. 净交易性存款账户		
0～1 450 万美元	0	2015 年 1 月 22 日
1 450 万～10 360 万美元	3	2015 年 1 月 22 日
超过 10 360 万美元	10	2015 年 1 月 22 日
2. 非个人定期存款	0	1990 年 12 月 27 日
3. 欧洲货币负债	0	1990 年 12 月 27 日

资料来源：http://www.federalreserve.gov/monetarypolicy/reservereq.htm.

从 2004 年开始，中国人民银行开始实行差别存款准备金率制度。确定差别存款准备金率的主要依据是：金融机构资本充足率，金融机构不良贷款比率，金融机构内控机制状况、发生重大违规及风险情况，金融机构支付能力明显恶化及发生可能危害支付系统安全的风险情况四项指标。确定差别存款准备金率的方法是，根据资本充足率等 4 项指标对金融机构质量状况进行分类；根据宏观调控的需要，在一定区间内设若干档次，确定各类金融机构所适用的差别存款准备金率。该制度的目的是制约资本充足率不足且资产质量不高的金融机构的贷款扩张。2008 年以来，中国人民银行逐渐由过去的对所有金融机构执行单一的存款准备金率改为对不同类别的金融机构执行差异化的存款准备金率。例如，对大型金融机构执行的准备金率高于中小金融机构，对农村法人金融机构执行更为优惠的存款准备金率，这体现了中国人民银行差别对待的政策导向。到 2011 年 11 月，中国人民银行对大型金融机构的法定存款准备金率已经达到 21.5%，中小金融机构的法定存款准备金率达到 18%。这是 1998 年我国法定存款准备金制度改革以来，法定存款准备金率上调的最高水平。此外，伴随着银行理财产品的增加，中国人民银行已经将表内理财产品纳入缴存准备金的存款范畴。还有，中国人民银行配合财政部实施国库现金定期存款制度，即将财政部存放在中央银行的政府存款中的部分存款在各家商业银行之间进行招标，投标利率高的商业银行获得这笔存款，此时，中标的商业银行也需要为这笔存款缴存法定存款准备金。

第五，对缴存法定存款准备金资产类型的规定，即除了金融机构在中央银行的存款之外，是否将库存现金、短期债券等资产用作缴存法定存款准备金的资产？对于大多数国家的中央银行来说，缴存法定存款准备金的资产类型主要是在央行的存款。然而，美联储还把库存现金计算在内。

第六，对金融机构持有法定和超额存款准备金的利息补偿规定，即对法定存款准备金和超额准备金余额是否给予一定的利息补贴？这两者分别按何种利率水平对金融机构予以利率补偿？中央银行对法定和超额存款准备金支付利息的理由又是什么呢？在中国，中国人民银行对金融机构的人民币法定存款准备金按 1.62% 计付利息，超额存款准备金按 0.72% 计付利息。此外，按照 2005 年 1 月开始执行的《金融机构外汇存款准备金管理规定》第五款的规定，中国人民银行对金融机构缴存的外汇存款准备金不计付利息。在美国，美联储是否对准备金支付利息呢？多年以来，美联储对法定存款准备金是不支付利息的，因为美国国会认为这会影响美联储的净利润。然而，美联储一直请求美国国会允许其为准备金存款支付利息。2006年《金融服务管制放松法》（Financial Services Regulatory Relief Act）授权美联储从2011年10月1日开始对存款机构的准备金余额支付利息，2007年美国次贷危机爆发后，美国国会通过了《2008年经济稳定紧急法案》（Emergency Economic Stabilization Act），决定从2008年10月1日开始，美联储对法定存款准备金和超额存款准备金支付利息。一般来说，各国中央银行均对超额存款准备金支付利息。中央银行向超额准备金支付利息的第一个解释是该做法可以减少对存款的有效税收，由此可以提高经济效率。从商业银行来看，其持有超额准备金的机会成本是商业银行将这部分资金贷出之后获得的利息收入减去从中央银行获得的利息收入。如果中央银行不对这部分超额准备金支付利息，那么商业银行的机会成本势必较高。商业银行为了降低成本，就需要对这部分超额准备金进行短期投资以降低成本。如果中央银行对此支付利息，那么商业银行的短期投资交易将大幅下降。中央银行支付超额准备金利息的第二个解释是超额存款准备金利率相当于为银行同业拆借利率设置了一个利率下限，使得银行同业拆借利率的波动幅度有所控制。在有些国家，该利率构成了中央银行对各种存款便利的利率底线，也是不少国家中央银行利率走廊的下限。

第七，违反缴存制度的相关罚则及其他规定等。我国的存款准备金制度还有一个特征就是经批准后可以动用以保储蓄存款的支付。自1997年实行以来，针对地方性中小金融机构出现的支付风险和保证及时兑付个人储蓄存款以防止区域性金融风险发生，在经中国人民银行批准后，金融机构可以动用法定存款准备金用以支付居民的储蓄存款兑付。中国人民银行2004年银发第302号文件《中国人民银行关于加强存款准备金管理的通知》规定了金融机构动用法定存款准备金的审批权限、使用条件、申请程序、最高限额、期限和用途以及专户管理等方面。该制度的实质内容是经营出现支付困难的金融机构在申请批准后，最多可以动用其缴存的全部法定存款准备金。对于外币存款准备金，中国人民银行规定："金融机构出现严重支付困难申请动用外汇存款准备金，应当报经中国人民银行或中国人民银行授权的分支行批准。"2017年年末，中国人民银行建立了"临时准备金动用安排"。其目的是满足春节前商业银行因现金大量投放而产生的临时流动性需求，保持货币市场平稳运行。具体来说，对于现金投放中占比较高的全国性商业银行来说，在春节期间出现临时流动性缺口的情况下，可临时使用不超过两个百分点的法定存款准备金，使用期限为30天。

第八，与其他政策工具的配合使用。2018年中国人民银行增加了法定存款准备金率工具与其他政策工具的协调使用。例如，2018年4月17日，中国人民银行决定，从2018年4月25日起，降低大型商业银行、股份制商业银行、城商行、非县域农商行以及外资银行人民币存款准备金率1个百分点，共释放资金近1.3万亿元，同时要求相关商业银行归还所借央行的中期借贷便利（MLF）共9 000亿元。两者相抵，净释放资金近

4 000 亿元。释放的这部分流动性与 4 月中下旬企业缴税形成对冲后，银行体系流动性的总量基本没有变化。企业纳税将导致商业银行企业存款下降，超额准备金同时下降（资产和负债同时下降）。对于中央银行来说，其过程是财政存款增加，超额准备金下降（资产方一增一减）。

从 20 世纪 90 年代开始，新西兰、澳大利亚、比利时、科威特、挪威、瑞士、英国、墨西哥等国先后实行了零准备金制度。然而，进入 21 世纪以来，中国人民银行仍然将法定存款准备金作为非常重要的货币政策工具。伴随着中国经济进入新常态，中国人民银行向金融体系注入流动性渠道发生转变，货币政策也将出现"新常态"（new normal），法定存款准备金制度将如何变化，我们拭目以待。

【立德树人小故事】 王莽失败的货币改革

中国历史上王朝兴替，内部改革不少都涉及币制问题，下面重点介绍王莽执政过程中的币制改革。公元 7～14 年，王莽连续四次实施币制改革，平均两年一次。与此同时，他五次下诏重申货币改革的命令和禁止民间私铸货币的严酷刑法。频繁的币制改革没有促进社会的进步，反倒加速了其政权的覆灭。王莽的货币改革大体分为两个阶段，代汉之前和代汉之后。代汉之前也就是"居摄"时期，进行了两次改革；代汉之后，也就是他掌握政权之后，全面推行他的改革思想，实行宝货五品制度，但是很快他又废除宝货制度。

第一次币制改革在居摄二年（公元 7 年），王莽尚未称帝，但开始铸造大钱——"大泉五十""契刀"和"错刀"。"大泉五十"重 12 铢，每枚大泉相当于 50 枚五铢钱。钱币从这个时候开始称为"泉"。"契刀"和"错刀"上端如圆形方孔钱，下面有柄，虽然称为"刀"，但是并无刀的形状。"契刀"上文字为"契刀五百"，一枚"契刀"相当于五铢钱 500 枚。"错刀"上铸有文字"一刀平五千"，其中"一刀"两个字系黄金嵌入铜内，故俗称"金错刀"，值五铢钱 5 000 枚。以"大泉五十"为例，一枚"大泉五十"只重 12 铢，可以换取 50 枚五铢钱。这 50 枚五铢钱重 250 铢，至少可以铸造"大泉五十"20 枚。这 20 枚"大泉五十"又可以兑换 1 000 枚旧的五铢钱。如此循环往复，民间财富就被洗劫一空。同时他宣布，"禁列侯以下不得挟黄金，输御府受直，然卒不与直。"换言之，王莽规定黄金收归国有，不予兑换。

第二次币制改革在始建国元年（公元 9 年）正月，王莽篡汉的一个月前。由于汉朝国姓是刘姓，刘的繁体字"劉"由"卯""金""刀"三个字组成，而当时流通的货币"契刀""错刀"和"五铢"都与"刘"字有关，继续使用五铢钱，等于就是在他的头上悬着一把"金刀"，他迷信地认为是不吉利的。因此王莽以"废刘而兴王"的理由，从形式上彻底消灭一切与刘氏汉朝相关的遗迹，废除"契刀""错刀"和汉五铢钱。货币改用"大泉五十"和新铸的"小泉直一"。"小泉直一"制重 1 铢，"大泉五十"与"小泉直一"的兑换关系为 1∶50。这大大高估了"大泉五十"的价值。货币制度上的混乱使得百姓无法使用这两种并行的铸币，就暗地里使用五铢钱。为了防止老百姓私自铸造货币，王莽下令禁止民间采铜烧炭，并强制禁止五铢钱的流通。违禁的百姓被发配到边疆地区。

第三次币制改革是在始建国二年（公元10年），这次的货币改革称为"宝货制"。此时的王莽已经大权在握。简单地讲，宝货制内容为五物、六名、二十八品。五物是指金、银、铜、龟、贝五种币材。六名为金货、银货、龟货、贝货、泉货、布货六大钱币类型。二十八品指不同币材、不同形态、不同兑换比率的二十八品钱币，分别为黄金一品、银货二品、龟货四品、贝货五品、泉货六品、龟宝十品。所谓"品"，可以近似地理解为现代货币制度的进位制（价格标准）。但是，当时各个品级之间的兑换价格不像现代社会的进位制这么简单易算。以龟货为例，龟货分为四品，即"元龟"长尺二寸，直钱二千一百六十（价值为2 160枚五铢钱）；"公龟"九寸，直钱五百（价值为500枚五铢钱）；"侯龟"七寸以上，直钱三百（价值为300枚五铢钱）；"子龟"五寸以上，直钱百（价值为100枚五铢钱）。以上规定表明：即使是同一币材的钱币，各品之间的兑换关系也很复杂。结果这造成了货币流通的极大混乱，致使"农商失业，食货俱废，民涕泣于市道"（《汉书·食货志》）。如此复杂的币制，老百姓无法遵行，实际流通的仍是"大泉五十"和"小泉直一"两品。其后果是民间盗铸成风，触法犯禁者不可胜数。为了禁止盗铸，王莽实施了连坐制度——一家盗铸，五家连坐，没为官奴婢。然而，严刑峻法事实上并没有挡住盗铸的风潮，这种混乱的货币制度先后持续了四年。

第四次币制改革在天凤元年（公元14年），王莽废除宝货制，改变金银龟贝的作价，废除大小泉，改行"货泉"与"货布"。"货泉"圆形方孔，铭文上从右至左，分别是"货"和"泉"。"货泉"制重5铢，与"大泉五十"等值，与之并行流通，六年之后将"大泉五十"废除。"货布"不是圆形钱币，而是布型钱币，其形状与战国时期的"平首方足布"很像。其铭文从右至左分别是"货"和"布"，制重25铢，1枚"货布"可以兑换25枚"货泉"。"货泉"与"货布"二品并行，其实是对西汉五铢钱制度的恢复。王莽特意在"货布"的头中央铸造一支圆形小孔，名曰"圆好"。对王莽来说，能够苟延国祚，便是圆好。

王莽当政之后，实施货币改制的首要原因在于西汉后期发生了严重的社会危机——贫富分化严重。豪强富商占有了社会上大部分的财富，兼并土地、买卖奴隶。许多农民失去土地，一部分沦为奴婢，一部分形成流民，这一方面使得朝廷的税源下降，另一方面流民聚众山林，或为盗贼，或起义造反，威胁了朝廷政权。王莽掌权之后，开始思考如何解决这一社会危机。他认为最直接的办法就是掠夺富人手中的财富。如何实现这一点呢？在他看来，货币改制是可行的办法。一枚错刀按法律规定可以兑换5 000枚五铢钱，一个乌龟壳则可以兑换2 000多枚五铢钱，这绝不是普通平民可以换得起的。他认为通过这种币制改革就可以使得富人手中的钱币大幅缩水，这样富人自然就没有钱币兼并土地、收买奴婢、放高利贷了。然而，币制改革不仅仅涉及富人，普通百姓的财富也被劫掠一空，其受损的程度更大。因此，在这场币制改革的社会财富重新分配过程中，王莽几乎没有得到支持者，其货币改革失败也就在情理之中了（石俊志，2012）。根据货币流通规律，王莽币制改革失败的原因如下：

第一，王莽屡改币制，大量发行大钱，实施通货膨胀政策。所谓"铸大钱"，就是金属本位货币条件下政府实施通货膨胀政策的手段。大钱就是钱币的名义价值高，但实际价值低的铸币。当政府出现收不抵支的情况，为了解决政府收支缺口，往往就会采取两种货币发行方式，一种是政府变相减少铸币的重量（"铸大钱"），另一种是政府发行纸币（后面章节介绍）。铸大钱就是政府重新铸造一种新的铸币。旧铸币假设含铜量为3克，新铸币的含铜量为30克。政府规定：新旧铸币的官定比价是1∶100。从含铜量的对比来看，新旧铸币的比率是1∶10。假设1斤大米是10个旧铸币（30克铜）。对于卖家而言，不论在哪种铸币制度下，他都希望卖出1斤大米就可以获得30克铜。在新铸币制度下，1斤大米的卖价为1个新铸币，如果使用旧的铸币，需要支付100个旧铸币。对于买家来说，在旧铸币制度下，1斤大米要支付10个旧铸币，在新铸币制度下，按官价要支付100个旧铸币。这相当于在新铸币制度下，同样的商品，其价格是原来的10倍。因此，新铸币的结果就是通货膨胀。当然，在中国封建社会，不只有王莽执政时期采取这种政策，实际上遇到财政收不抵支的统治时期，历朝历代的政府都会采取类似的政策。

第二，王莽废旧币而不予兑换，收缴黄金"而不与值"。这就相当于王莽政权在收回旧币以及黄金的同时没有给百姓兑付新的货币，这无疑是赤裸裸地掠夺。王莽屡次铸大钱直接引发了老百姓的私铸泛滥。由于私铸的利润高昂，老百姓纷纷铤而走险盗铸大钱。为此，王莽政权采取严刑峻法。王莽把盗铸的人判处死刑，把诋毁新货币制度的人迁徙到边远地区，官吏以及左邻右舍，知情而不举报，实施连坐制度。据史料记载，地皇二年（公元21年），犯罪的男子用槛车送往京都，随行的家属则用铁锁锁住头颈，总数达到10万人，死伤者最终占百分之六七十。

第三，在宝货制的推行中，王莽滥用币材，采用五种币材，规定了六种钱币类型和二十八个品类。这当中没有主辅币之分，并且实行了复杂的兑换比率，这非但没有便利百姓的日常交易，反而使得交易更为复杂。从理论上分析，这种货币制度与货币的价值尺度职能相矛盾。

11.2 公开市场操作

公开市场操作（也译作"公开市场业务"）就是在公开市场上买卖证券，这是西方国家中央银行进行宏观金融调控最基本的政策工具，是中央银行对金融机构的流动性进行调控的主要工具。该政策工具最初由美联储创造。在公开市场操作问世之前，再贴现窗口几乎是当时各国中央银行唯一的政策工具。中央银行的主要收入也来源于通过再贴现渠道获得的利息收入。20世纪20年代早期的一次严重衰退中，再贴现的规模急剧下滑，这减少了美联储的利息收入。为了弥补收入的下降，获得稳定的利息流，12家联邦储备银行纷纷购买美国政府债券。结果这些债券的利率迅速下降且信贷状况变得日渐乐观。公开市场业务这种新的政策工具就诞生了。在美联储体制诞生之初，12家联邦储备银行并不进行政策协调，因此也就不存在全国统一的货币政策。1923年美联储批准由5名联邦储备银行"行长"组成一个委员会（公开市场操作委员会），协调各家联邦储备银行的证券买卖。1928 年，该委员会将全部 12 家联邦储备银行行长都包括在内。各家联邦储备银行保留以自己的账户进行公开市场操作的权力，也可以选择不加入该体系进行证券买卖交易。《1935 年银行法》（Banking Act of 1935）结束了这种糟糕的状况。该法对 1913 年《联邦储备法》进行了大量修正，其通过改变公开市场操作委员会的构成，将公开市场操作的权力从各家联邦储备银行转移到了在华盛顿的美联储手中。以美联储为例，中央银行公开市场操作分为两类：一类是动态的公开市场操作（dynamic open market operation），其目的是中央银行主动改变银行体系准备金的规模；另一类是防御性的公开市场操作（defensive open market operation），其目的在于抵消其他会影响银行准备金率因素的活动的影响，比如财政部在美联储的存款的变动。在公开市场操作中，中央银行自主决定买卖政府债券、政府机构证券以及其他证券的数量和时间，进而影响短期利率、银行准备金，并渐次影响储备货币的规模和货币总量以及社会公众对上述指标的预期。

11.2.1 现券交易

现券交易是指中央银行在公开市场操作中单向地买入或卖出债券，大多属于一次性操作（outright operation），其目的是使金融机构的流动性在较长时期内发生改变，同时也反映了货币政策走向的改变。现券交易又可以分为现券买入和现券卖出。前者向金融市场注入流动性，后者则相反。此外，中央银行的卖出现券交易很大程度上受制于其掌握的债券资产数额。

现券交易对超额准备金的影响如表 11-3 所示。

表 11-3　现券交易对超额准备金的影响

中央银行资产负债表			
资　产		负　债	
国债	+（1） -（2）	超额准备金	+（1） -（2）

注：（1）表示现券买入，（2）表示现券卖出。

11.2.2 回购交易

回购交易是中央银行为了平衡货币市场上临时性或偶然性因素所造成的流动性短缺而采取的以债券为抵押的融资操作，目的是维持货币市场利率的稳定。从回购交易对债券的要求来看，可以分为质押式回购和买断式回购。所谓质押式回购，也称封闭式回购，其特征是在回购期间债券的所有权及处置权不发生转移，但是债券被存入在登记托管和结算机构开设的专用证券账户并冻结，作为履行交易的保证，不能用于其他用途。融出资金的一方对交易的债券也无权动用。相反，如果融出资金的一方可以动用，则称之为买断式回购。目前，我国主流的交易模式是质押式回购，2004 年买断式回购开始试行，此后交易规模不断扩大,但是质押式回购的交易量仍然占主体。从对金融市场流动性影响的角度分析,中央银行的回购交易又可以分为正回购操作和逆回购操作。其中,正回购为中央银行向一级交易商卖出有价证券,并约定在未来特定日期买回有价证券。在中央银行资产负债表上表现为资产方不发生变化,但其拥有的债券被锁定(即质押式回购),负债方则表现为金融机构的准备金存款下降,"卖出回购"科目增加。正回购到期,中央银行负债方的金融机构准备金存款增加,卖出回购科目下降。因此说,正回购操作的实质是中央银行以债券为抵押从市场收回流动性的操作,正回购到期则是中央银行向市场投放流动性的操作。

正回购操作对超额准备金的影响如表 11-4 所示。

表 11-4　正回购操作对超额准备金的影响

中央银行资产负债表	
资　产	负　债
	超额准备金　　　　　　　　　－(1)
	＋(2)
	卖出回购　　　　　　　　　　＋(1)
	－(2)

注:(1)表示实施正回购,(2)表示正回购到期(未考虑利息问题)。

逆回购为中央银行向交易商买入有价证券,并约定在未来特定日期将有价证券卖回给交易商。在中央银行资产负债表上表现为资产方的"买入返售"科目增加(央行所拥有的债券并没有增加,但商业银行相应的债券被锁定),中央银行负债方的金融机构准备金存款增加。逆回购到期,中央银行的资产负债双双下降。逆回购操作的实质是中央银行向市场上投放流动性的操作,逆回购到期则是中央银行从市场收回流动性的操作。

逆回购操作对超额准备金的影响如表 11-5 所示。

表 11-5　逆回购操作对超额准备金的影响

中央银行资产负债表	
资　产	负　债
买入返售　　　　　　　　　　＋(1)	超额准备金　　　　　　　　　＋(1)
－(2)	－(2)

注:(1)表示实施逆回购,(2)表示逆回购到期(未考虑利息问题)。

11.2.3　发行中央银行票据

2003 年以来,在我国的公开市场操作当中,发行中央银行票据日益成为货币当局最为依赖的一项政策工具。从中央银行控制银根的角度分析,发行中央银行票据是紧缩性的操作,中央银行票据到期则为扩张性的操作,而后者对金融市场流动性的扩张性作用常常被忽略。

发行中央银行票据对超额准备金的影响如表 11-6 所示。

表 11-6　发行中央银行票据对超额准备金的影响

中央银行资产负债表	
资　产	负　债
	超额准备金　　　　　　　　　－（1）
	＋（2）
	中央银行票据　　　　　　　　＋（1）
	－（2）

注：（1）表示中央银行票据发行时，（2）表示中央银行票据到期时（未考虑利息问题）。

从中央银行操作的主动性和对流动性的影响来看，公开市场操作模式的分类具体如表 11-7 所示。

表 11-7　公开市场操作模式的分类

	中央银行主动操作	中央银行被动操作
增加金融机构流动性	逆回购 现券买入	正回购到期 中央银行票据到期
减少金融机构流动性	正回购 现券卖出 发行中央银行票据	逆回购到期

2003 年我国中央银行开始发行中央银行票据，自此中央银行票据逐渐成为我国宏观金融调控的主要政策工具，一年期的中央银行票据发行利率还一度成为金融市场上的基准利率之一。中央银行票据这一政策工具能否成为中国未来的主流政策工具呢？将其置于国际背景下，中央银行票据能否在世界范围内成为主流的政策工具呢？我国中央银行票据是中国人民银行发行的、旨在调控金融机构流动性的一种债券，属于广义债券的范畴。除了具有流动性好、风险低、期限适中等特点外，中央银行票据的独特性还表现在：

第一，发行对象的特殊性。中央银行票据与国债不同，它是由中国人民银行在银行间市场通过中国人民银行债券发行系统发行的，发行的对象是公开市场操作一级交易商。所谓公开市场操作一级交易商，就是具有直接与中国人民银行进行债券交易资格的商业银行、证券公司、保险公司和基金公司等金融机构。根据 2014 年中国人民银行的最新公告，2014 年公开市场操作一级交易商的数量为 46 家，包括 42 家商业银行（含 3 家外资银行）和 4 家证券公司。中国人民银行每年对公开市场操作一级交易商进行考评，指标体系主要包括参与公开市场操作情况、债券一级市场承销情况、债券二级市场交易情况及执行和传导货币政策情况等指标。从近年来中国人民银行公布的资料来看，公开市场操作一级交易商主要是商业银行，其他类型的金融机构占比较小。

第二，招标方式的特殊性。我国中央银行票据的招标主要采用竞争性招标方式，既有价格招标方式，又有数量招标方式。中央银行采用价格招标方式的目的是引导货币市场利率变化，采用数量招标方式则是向市场表达中央银行的目标利率。除此之外，中央银行还通过非竞争性招标方式向四大国有商业银行等 9 家双边报价商进行配售。招标方式包括价格（利率）招标和数量招标两种方式。价格（利率）招标是指央行明确招标量，公开市场操作一级交易商以价格（利率）为标的进行投标，价格（利率）由竞标形成。其中价格招标主要运用在短期债券的操作当中，利率招标主要运用在长期债券的操作当中。数量招标是指中央银行明确招标量和价格，公开市场操作一级交易商以数量为标的进行投标，如投标量超过招标量，则按比例分配，如投标量低于招标量，则按实际投标量确定中标量。价格招标过程是中央银行发现市场价格的过程，数量招标过程是中央银行向市场提供其目标价格的过程。在价格（利率）招标方式上，中国人民银行分别采取过美国式招标方式（多重价位中标）和荷兰式招标方式（单一价位中标），其中以荷兰式招标方式为主。

第三，作为中央银行公开市场操作的重要工具。这主要体现在两方面：一方面体现在中央银行票据的发行、回笼上，通过发行和回笼调控流动性；另一方面，在中央银行票据的存续期间，中央银行票据可以在银行间债券市场上市流通，同时作为中国人民银行公开市场操作现券交易和回购操作工具。

第四，从中央银行控制银根的角度分析，发行中央银行票据是紧缩性的操作，中央银行票据到期则为扩张性的操作（后面这一操作往往容易被忽略）。在很大程度上，中央银行票据目前被视为货币当局紧缩银根的工具之一，然而由于央行票据的期限多集中在一年以内（2004 年 12 月 9 日我国开始发行 3 年期中央银行票据），央行票据的到期使得货币市场上的流动性迅速回升。这一特点表明发行央行票据应该是为了平衡货币市场上临时性或偶然性因素所造成的流动性波动，而不是用于货币政策松紧方向性变化的操作方式。同时，该方式对流动性的收缩体现在中央银行票据发行余额上，而不是其累计发行量。

第五，与流通中现金一样，中央银行票据也是中央银行的一种负债。两者的不同在于前者是中央银行的无息负债，它的增减反映了社会公众对现金这种支付手段的需求变化；后者是中央银行的有息负债，是中央银行的货币政策工具之一。

11.2.4　发行中央银行票据与其他政策工具的对比

中央银行运用不同的货币政策工具，旨在影响金融体系超额准备金的数量和价格水平（货币市场利率），有的工具从中央银行的资产方来实现这一目的，有的工具从中央银行的负债方来实现这一目的。下面主要分析发行中央银行票据与其他政策工具影响超额准备金的差异。

1. 与回收再贷款相比

就其政策背景分析，发行中央银行票据的目标很大程度上是对冲外汇占款的增加，不过这与 1994 年人民币汇率并轨之后我国中央银行采取的对冲方法不同。1994 年我国中央银行主要是通过收回金融机构再贷款的方式来收回金融机构的流动性，不存在在未来自动增加流动性的情况。其政策效果如表 11-8 所示。

表 11-8　央行采用回收再贷款方式

资　产		负　债	
外汇占款	＋（1）	超额准备金	＋（1）
再贷款	－（2）		－（2）

注：（1）表示外汇占款增加，（2）表示中央银行收回再贷款。

2. 与提高法定存款准备金率相比

与调高法定存款准备金率一样，发行中央银行票据收缩了商业银行的流动性。不同的是，在法定存款准备金制度下，商业银行对在中央银行的法定存款准备金无权动用；采用发行中央银行票据的方法，商业银行虽然不能用中央银行票据进行清算支付，但可以在全国银行间债券市场上进行现券和回购交易。法定存款准备金率提高在中央银行资产负债表上的反映如表 11-9 所示。

表 11-9　央行采用提高准备金率方式

资　产	负　债	
	法定准备金	＋
	超额准备金	－

3. 与卖出国债相比

在性质上，发行中央银行票据与中央银行在公开市场上卖出国债对流动性的影响一致，中央银行票据到期与中央银行买入国债对流动性的影响一致。然而发行（回收）中央银行票据与中央银行买卖国债不同的是，前者更多地具有被动性质。这主要是说，在中央银行票据发行之前，中央银行已经通过其他渠道注入了流动性，发行中央银行票据，主要是收回流动性。中央银行买卖国债，则是货币政策和财政政策协调的表现。具体如表 11-10 所示。

表 11-10　央行采用卖出国债方式

资　产		负　债	
国债	＋（1）	超额准备金	＋（1）
	－（2）		－（2）

注：（1）表示中央银行买入国债，（2）表示中央银行卖出国债。

4. 与中国人民银行特种存款方法相比

在我国，与发行中央银行票据的操作非常类似的一种工具就是中国人民银行特种存款。例如，我国从 1987 年开始，对农村信用社、城市信用社、信托投资公司等机构先后征收过特种存款，1988 年在中央银行资金特别紧张时，总行还对中国人民银行深圳特区分行征收过特种存款。在通货膨胀高涨的时期，中央银行为了收缩金融机构的流动性，采用对城市信用社等机构实行特种存款的做法,规定这些机构必须在中央银行存入一笔款项,在存续期内不得动用,但中央银行付给较高的利息。这种做法在功效上与发行中央银行票据并无差异,只是后者的市场化特征更为明显。采取特种存款调控方式在中央银行资产负债表上的反映如表 11-11 所示。

表 11-11 央行采用特种存款方式

资 产	负 债	
	超额准备金	−
	特种存款	+

5. 与正回购操作相比

发行中央银行票据对金融机构流动性的短期影响和我国公开市场操作中的回购交易非常类似。一般地,回购交易具有融资和融券两种属性或功能,但是我国目前实行的质押式回购只有融资功能。中国人民银行正回购操作的实质为中央银行以债券为抵押从市场收回流动性的操作,正回购到期则为中央银行向市场投放流动性的操作。因此,发行中央银行票据与正回购的实质是一样的,而中央银行票据到期和正回购到期是一致的。逆回购操作的实质为中央银行向市场上投放流动性的操作,逆回购到期则为中央银行从市场收回流动性的操作。其功能与发行中央银行票据正好相反。

综合来看,公开市场操作已经成为世界主要发达国家中央银行最主要的政策工具。该政策工具的优点体现为以下几个方面:第一,中央银行在实施公开市场操作过程中具有很强的主动性。相比较而言,再贴现业务就不具备这样的主动性,中央银行可以通过调整再贴现率来鼓励或限制商业银行取得再贴现贷款,但却不能直接控制再贴现的规模。第二,中央银行可以很精确地把握公开市场操作的规模。不论中央银行希望银行体系准备金发生什么规模的变动,中央银行都可以通过任何规模的证券买卖来实现其目标。与法定存款准备金率调整带来的准备金市场的巨幅震荡相比,公开市场操作带来的冲击相对较小。第三,中央银行很容易改变公开市场操作的方向。当公开市场操作的方向出现失误时,中央银行可以立即进行反向操作。例如,当中央银行认为银行同业拆借利率下降是因为中央银行采取了大量的公开市场买入,那么就可以通过立即执行公开市场卖出来予以修正。第四,中央银行可以迅速执行公开市场操作。当中央银行决定要调整银行体系准备金规模时,只需向交易商发出买卖的指令交易。这与财政政策的出台要经过漫长的国会辩论完全不同。正因为公开市场操作这项政策工具日益重要,2016 年 2 月 18 日,中国人民银行决定正式建立公开市场每日操作常态化机制,根据货币政策调控需要,原则上每个工作日均开展公开市场操作。

11.3 外币公开市场操作

在中央银行的外汇干预业务中,中央银行买进或卖出外汇会对金融市场造成什么影响呢?

对本国中央银行的基础货币会造成什么影响？中央银行选择不同的交易对手，会有差异吗？

11.3.1 中央银行与本国商业银行进行交易

假设中国人民银行希望抑制人民币相对美元升值，拟斥资 700 亿元人民币从中国工商银行手中买入 100 亿美元。这将对中国的基础货币产生何种影响？交易双方为本国的中央银行和商业银行，但是因为涉及外币，所以交易会与国外的金融机构相关。假定中国工商银行在美国的代理行为花旗银行，中国人民银行在美联储开立了美元账户。同时，花旗银行在美联储开立美元的超额准备金账户。以上交易的具体环节如下。

第一步：中国人民银行向中国工商银行买入 100 亿美元外汇，需要付出 700 亿元人民币。这将增加中国工商银行在中国人民银行的超额准备金 700 亿元人民币。这将同时反映在两家机构的资产负债表的资产方和负债方。

第二步：中国工商银行的 100 亿美元外汇资产表现为在花旗银行的同业存款 100 亿美元。中国工商银行卖给中国人民银行 100 亿美元，意味着中国工商银行将其在花旗银行的同业存款转给中国人民银行，由于中国人民银行在美联储开户，这最终表现为中国人民银行在美联储的存款增加 100 亿美元。中国人民银行和中国工商银行是直接的交易对手方（其资产负债表的变化采用字体加粗来表示，见表 11-12），在这笔交易中花旗银行和美联储则是隐含的交易对手。花旗银行负债方的同业存款下降 100 亿美元，资产方的在美联储的超额准备金下降 100 亿美元。美联储的资产负债表的变化如下：负债方的外国中央银行存款，即中国人民银行在美联储的存款增加 100 亿美元，同时花旗银行在美联储的存款下降 100 亿美元。综上所述，中国人民银行的超额准备金和基础货币均增加 700 亿元人民币，相反，美联储的超额准备金和基础货币均下降 100 亿美元。具体如表 11-12 和表 11-13 所示。

表 11-12

中国人民银行资产负债表			
资　　产		负　　债	
美元资产（在美联储存款）	+100 亿美元（2）	超额存款准备金（工商银行）	+700 亿元人民币（1）
中国工商银行资产负债表			
资　　产		负　　债	
存放同业（花旗银行）	−100 亿美元（2）		
超额存款准备金	+700 亿元人民币（1）		

表 11-13

美联储资产负债表			
资　　产		负　　债	
		外国中央银行存款（中国人民银行）	+100 亿美元（2）
		超额存款准备金（花旗银行）	−100 亿美元（2）
花旗银行资产负债表			
资　　产		负　　债	
超额存款准备金	−100 亿美元（2）	同业存款（工商银行）	−100 亿美元（2）

11.3.2 中央银行与外国商业银行进行交易

如果中央银行的交易对手是外国银行而非国内银行，情况是否会有所不同？假定中国人民银行与花旗银行直接交易，仍然是向花旗银行买入100亿美元。以上交易的具体环节如下。

第一步：中国人民银行向花旗银行买入100亿美元外汇，需要付出700亿元人民币。由于花旗银行没有在中国人民银行开立账户，花旗银行获得的700亿元人民币需要由花旗银行在中国的代理行——中国工商银行代为持有。这表现为中国工商银行资产负债表的资产方增加超额准备金700亿元人民币，负债方增加同业存款（花旗银行）700亿元人民币。

第二步：假设中国人民银行在花旗银行没有开立美元账户，仅仅是在美联储开立美元账户，因而花旗银行出售给中国人民银行的100亿美元必须转给中国人民银行在美国的代理行——美联储。最终表现为中国人民银行增加在美联储的100亿美元外汇资产。

中国人民银行和花旗银行在这笔交易中是直接的交易对手方（其资产负债表的变化采用字体加粗来表示，见表11-14和表11-15），中国工商银行和美联储是隐含的交易对手方。对于中国工商银行而言，该行代理花旗银行持有人民币，表现为在中国工商银行的负债方同业存款增加700亿元人民币，同时，中国工商银行持有的超额准备金增加700亿元人民币。对于美联储而言，中国人民银行在美联储的存款增加100亿美元，花旗银行在美联储的存款下降100亿美元。综上所述，中国人民银行的超额准备金和基础货币均增加700亿元人民币，相反，美联储的超额准备金和基础货币均下降100亿美元。这与上面例子的结果相同。对比以上两种情况，其特征表现为：第一，本国中央银行在外汇市场的干预操作，不论交易对手是谁，超额准备金的变化都是相同的。第二，两国中央银行的资产负债表的变化都是相同的。第三，在不同的操作模式下，两家商业银行的资产负债表的变化存在差异。具体如表11-14和表11-15所示。

表 11-14

中国人民银行资产负债表	
资　产	负　债
美元资产（在美联储存款）　　+100亿美元（2）	超额存款准备金（工商银行）　　+700亿元人民币（1）
中国工商银行资产负债表	
资　产	负　债
超额存款准备金　　+700亿元人民币（1）	同业存款（花旗银行）　　+700亿元人民币（1）

表 11-15

美联储资产负债表	
资　产	负　债
	外国央行存款（中国人民银行）　　+100亿美元（2）
	超额存款准备金（花旗银行）　　−100亿美元（2）

(续)

花旗银行资产负债表	
资　产	负　债
超额存款准备金　　　　−100亿美元（2） 同业存款（工商银行）　+700亿元人民币（1）	

11.4　再贴现和再贷款

从世界范围来看，在中央银行制度实施的早期，再贴现不仅是中央银行调节银行体系流动性最重要的政策工具，而且也是中央银行向金融体系注入流动性的主要通道。然而，伴随着其他货币政策工具，尤其是公开市场操作的出现，其地位已经明显下降。由于我国票据市场的缺失，长期以来再贴现并不构成货币当局注入基础货币的主流渠道，仅仅发挥辅助性的作用。在中国人民银行转变为中央银行之后的很长一段时间内，具有中国特色的政策工具——再贷款——替代再贴现成为我国最为重要的政策工具。伴随着我国宏观金融间接调控的不断推进，这两种政策工具的功能也先后发生了明显变化。在我国出现通货紧缩的时期内，再贴现作为货币当局注入流动性的渠道之一，曾经发挥过一定的作用。2003年以来，由于金融机构的流动性过剩，再贴现业务基本处于萎缩状态。因此，再贴现在中国始终没有成为主流的政策工具，也没有成为像西方中央银行当中的类似流动性管理"阀门"的政策工具。同样，再贷款政策工具的定位从20世纪80年代发挥"结构调整"功能逐步向"不良资产货币化"功能转变，其财政特征日益明显。在这个过程中，所谓的中央银行发挥"最后贷款人"职能被误读了。

11.4.1　中国人民银行再贷款分类的历次调整

随着中国人民银行发挥的职能变化，中国人民银行再贷款的作用也发生了改变。因此，中国人民银行对再贷款的分类有过几次大的调整。2004年，根据银发〔2004〕59号文，中国人民银行对再贷款的分类如下：第一类是流动性再贷款，它包括对金融机构头寸调节和短期流动性支持的各档次再贷款和对农村信用社再贷款，这是中国人民银行通过再贷款途径注入流动性的延续。第二类是专项政策性再贷款。它包括中国农业发展银行再贷款、金融资产管理公司再贷款，以及对商业银行发放的用于指定用途的再贷款。第三类是金融稳定再贷款，主要包括地方政府向中央专项借款、紧急贷款等风险处置类再贷款。这次对再贷款的重新分类主要是以金融机构为划分标准，而不是根据业务性质和功能来决定的。如专项政策性再贷款当中的对金融资产管理公司的再贷款是中央银行出资处理银行体系不良资产，从功能上分析，这与金融稳定再贷款并无实质差异。从再贷款规模来看，伴随着中央银行注入金融体系的主渠道为外汇占款，再贷款的规模变得无足轻重。同样，对于经济结构的调整以及解决不良资产的处置，再贷款扮演的角色都不再重要。2013 年，中国人民银行将再贷款分为以下四类：

第一，流动性再贷款。在过去，原来的流动性再贷款承担了双重功能，即流动性的总量调节和促进信贷结构调整，从 2013 年开始，流动性再贷款仅仅包括金融体系的流动性调节，即中国人民银行为解决商业银行的资金头寸不足而对其发放的期限不超过三个月的再贷款，具体包括中国人民银行总行对全国性存款类金融机构发放的流动性再贷款和分支机构对地方性存款类法人金融机构发放的短期再贷款，发挥了流动性供给功能。不过，向金融机构提供流动性支持的不仅仅有流动性再贷款，还有 2013 年推出的常备借贷便利工具。

第二，信贷政策支持再贷款。这部分再贷款包括支农再贷款和支小再贷款（即原中小金融机构再贷款）。前者是指中国人民银行为了满足农村信用社等设立在县城的存款类金融机构法人发放涉农贷款的合理资金需要而发放的再贷款，后者包括支持城市商业银行扩大中小企业贷款和消费信贷的中小金融机构再贷款。信贷政策支持再贷款主要发挥促进信贷结构调整的作用。

第三，专项政策性再贷款。它是指对中国农业发展银行和资产管理公司发放的用于指定用途的再贷款，主要包括对中国农业发展银行发放、用于支持粮棉油收购的再贷款，以及对资产管理公司发放、用于支持政策性剥离国有商业银行不良资产的再贷款。

第四，金融稳定再贷款。它是指为维护金融稳定、化解金融风险，用于支付高风险金融机构境内个人债务的再贷款，主要包括紧急贷款等。紧急贷款是中国人民银行为帮助发生支付危机的银行业金融机构缓解支付压力、恢复信誉、防止出现系统性或区域性金融风险而发放的贷款。

2016 年 3 月，为了落实《中共中央国务院关于打赢脱贫攻坚战的决定》（中发〔2015〕34 号），中国人民银行决定设立扶贫再贷款。扶贫再贷款是在支农再贷款下设立，专门用于支持改善贫困地区涉农金融服务的再贷款。与普通支农再贷款相比，扶贫再贷款主要有两个特点：一是实行比支农再贷款更优惠的利率，以引导降低贫困地区扶贫贷款利率水平；二是累计展期次数最多达到 4 次，从而使扶贫再贷款的实际使用期限最长达到 5 年，为地方法人金融机构支持打赢脱贫攻坚战提供期限较长的资金来源。

11.4.2 再贴现的功能定位

在西方国家，再贴现的功能定位体现在两方面：一是作为金融机构获得流动性的最后一道"阀门"，发挥稳定整个金融体系的重要功能；二是再贴现利率的调整也是货币政策松紧的信号之一，有很强的宣示作用。

（1）流动性管理的最后一道"阀门"。所谓获得流动性的最后一道"阀门"，是指金融机构在向其他金融性公司寻求流动性援助之后仍然不能缓解其流动性不足的压力，最后向中央银行寻求流动性支持，同时中央银行也是本国金融机构基础货币的最终供给者。以美联储为例，再贴现窗口的功能主要体现在两方面：一是在整个金融体系对准备金的需求超过供给时，配合公开市场操作以实现联邦基金目标利率；二是对单个存款机构而言，起流动性备用供给的作用。从整体上看,尽管通过再贴现窗口提供的基础货币规模很小,但在平抑联邦基金利率上扬方面仍然发挥着重要作用。尤其是在金融市场的正常功能受到制约的情况下,如自然灾害、恐怖袭击,再贴现窗口就会发挥极为重要的作用。对个别面临流动性短缺的金融机构而言,再贴现窗口提供的流动性可以使金融市场避免大的波动。

(2)再贴现利率构成货币市场利率的上限。在各国货币市场基准利率的主流操作模式当中,再贴现利率往往构成了货币市场利率的上限。工业化国家中央银行再贴现业务的操作模式也大体类似,如欧洲中央银行、澳大利亚储备银行、新西兰储备银行和加拿大中央银行等,虽然具体的称呼不完全一致。通常,中央银行把再贴现的操作和公开市场操作联系起来。首先,中央银行定出货币市场的目标利率(或基准利率),如欧洲中央银行的主要再融资利率、美联储的联邦基金利率等。然后,规定一个利率走廊(即利率上下限),金融机构如果流动性过多,则存入中央银行并获得按下限利率计算的利息收入;金融机构如果流动性不足,则可凭其持有的符合中央银行规定的各类票据作为抵押,自动从中央银行获得融资,或者据此向中央银行申请再贴现,其利率则是中央银行事先规定的利率上限或者再贴现利率。这就是所谓的中央银行存贷款便利。这样大大降低了中央银行进行公开市场操作的规模与频率。2003年以来美联储再贴现业务的操作模式也采取了上述做法。2003年之前,美联储的再贴现操作模式有两个特征非常突出:一是将再贴现利率设定在低于联邦基金利率25~50个基点的水平上,二是对申请再贴现业务的各金融机构加强审查,以防止金融机构从中套利。这两点是相辅相成的,正因为再贴现利率低于货币市场利率,美联储担心金融机构从中套取利差,因而加强对再贴现的审查和管理。自2003年1月9日开始,美联储改变了上述操作模式,也采取了类似"利率走廊"的操作模式。这大大简化了美联储对于再贴现的管理。国内有学者将这种操作模式称为"无货币供应量变动的利率调控""公告操作""利率走廊"操作模式。

知识点:
美联储的再贴现率

11.5 常备借贷便利、中期借贷便利和临时借贷便利

如果说,中央银行实施公开市场操作具有充分的主动性,那么中央银行实施各种类型的借贷便利则为金融机构提供了主动性。从国际经验看,中央银行通常综合运用常备借贷便利和公开市场操作两大类货币政策工具管理流动性。全球大多数中央银行都有借贷便利类的货币政策工具,但名称各异,如欧洲中央银行的边际贷款便利(marginal lending facility)、英格兰银行的操作性常备便利(operational standing facility)、日本银行的补充贷款便利(complementary lending facility)、加拿大央行的常备流动性便利

（standing liquidity facility）、新加坡金管局的常备贷款便利（standing loan facility），以及新兴市场经济体中俄罗斯央行的担保贷款（secured loan）、印度储备银行的边际常备便利（marginal standing facility）、韩国央行的流动性调整贷款（liquidity adjustment loan）、马来西亚央行的抵押贷款（collateralized lending）等。

11.5.1 常备借贷便利

常备借贷便利的主要特点：一是由金融机构主动发起，金融机构可根据自身流动性需求申请常备借贷便利；二是常备借贷便利是中央银行与金融机构"一对一"交易，针对性强；三是常备借贷便利的交易对手覆盖面广，通常覆盖存款金融机构。借鉴国际经验，中国人民银行于2013年年初创设了常备借贷便利，期限为1～3个月。常备借贷便利是中国人民银行正常的流动性供给渠道，主要功能是满足金融机构期限较长的大额流动性需求。利率水平根据货币政策调控、引导市场利率的需要等综合确定。常备借贷便利以抵押方式发放，合格抵押品包括高信用评级的债券类资产及优质信贷资产等。根据中国人民银行银办发〔2013〕147号的规定，常备借贷便利分为"信用类常备借贷便利"和"质押类常备借贷便利"两大类。这两种形式的借贷便利的实施对象主要为境内银行业存款类金融机构和境内银行业非存款类金融机构。前者包括境内的各类银行，如政策性银行、国有商业银行、股份制商业银行、城市商业银行、农村商业银行、外资商业银行、农村合作银行、城市信用社、农村信用社、财务公司、村镇银行等银行业存款类金融机构；后者包括境内的信托投资公司、金融租赁公司、资产管理公司以及其他银行业非存款类金融机构。

为保持货币市场流动性合理适度，2014年春节前，中国人民银行通过常备借贷便利向符合条件的大型商业银行提供了短期流动性支持，在北京、江苏、山东、广东、河北、山西、浙江、吉林、河南、深圳等10个试点地区的人民银行分支机构向符合条件的中小金融机构提供了短期流动性支持，稳定了市场预期，促进了货币市场平稳运行，2014年1月末常备借贷便利余额为2 900亿元。春节后，随着现金逐步回笼以及外汇流入形势的变化，根据银行体系流动性情况，中国人民银行全额收回了春节期间通过常备借贷便利提供的流动性。第一季度累计开展常备借贷便利3 400亿元，从2014年3月末开始，期末常备借贷便利余额一直为零。2015年为了探索人民银行分支机构常备借贷便利利率发挥利率走廊上限的作用，结合当时的流动性形势和货币政策调控需要，中国人民银行下调了分支机构常备借贷便利利率，对符合宏观审慎要求的地方法人金融机构，隔夜和7天期利率分别为2.75%和3.25%。2015年全年累计开展常备借贷便利的规模达到3 348.35亿元，其中一季度的常备借贷便利规模占了绝对比重，达到3 347亿元。二季度和三季度的操作规模为零，四季度的规模仅为1.35亿元。2015年年末常备借贷便利的规模为0.4亿元。2016年春节前夕，中国人民银行再次启动常备借贷便利，按需足额满足金融机构流动性需要，且发挥常备借贷便利利率为利率走廊上限的作用。隔夜、7 天期和 1 个月利率分别为 2.75%、3.25% 和 3.6%。2016 年 3 月末常备借贷便利的余额为 166 亿元。综合来看，中国人民银行采用常备借贷便利的主要目的有两个：一是在春节前夕，对金融机构提供短期的流动性支持；二是发挥常备借贷便利的利率上限的信号作用。

11.5.2 中期借贷便利

2014 年 9 月，中国人民银行创设了一种新的政策工具——中期借贷便利（medium-term lending facility，MLF）。中期借贷便利是中央银行提供中期基础货币的货币政策工具，对象为符合宏观审慎管理要求的商业银行、政策性银行，可通过招标方式开展。中期借贷便利采取质押方式发放，金融机构提供国债、央行票据、国开行及政策性金融债、地方政府债券、AAA 级公司信用类债券等优质债券作为合格质押品。中期借贷便利利率发挥中期政策利率的作用，通过调节向金融机构中期融资的成本来对金融机构的资产负债表和市场预期产生影响，引导其向符合国家政策导向的实体经济部门提供低成本资金，促进降低社会融资成本。2014 年 9 月，中国人民银行通过中期借贷便利向主要商业银行投放基础货币共 5 000 亿元；10 月，向部分股份制商业银行、城市商业银行和农村商业银行等金融机构投放基础货币共 2 695 亿元，期限均为 3 个月，利率为 3.5%。2014 年 11 ～ 12 月，中国人民银行通过中期借贷便利向大型商业银行和部分股份制商业银行累计投放基础货币 3 750 亿元，期限均为 3 个月，利率为 3.5%。2014 年年末中期借贷便利余额 6 445 亿元。从总体上看，在外汇占款渠道投放基础货币出现阶段性放缓的情况下，中期借贷便利起到了主动补充流动性的作用，有利于保持金融体系中性适度的流动性水平。2017 年春节前夕（2017 年 1 月 24 日），中国人民银行对 22 家金融机构开展中期借贷便利操作共 2 455 亿元，其中 6 个月 1 385 亿元、1 年期 1 070 亿元，中标利率分别为 2.95% 和 3.1%。MLF 余额如图 11-1 所示。

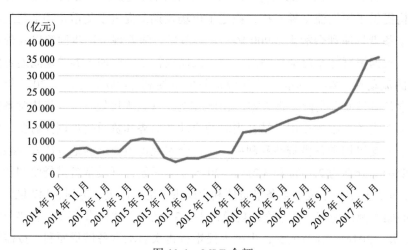

图 11-1　MLF 余额

11.5.3 临时借贷便利

2017 年 1 月 19 日,中国人民银行为满足 2017 年春节前现金投放的集中性需求,保证银行体系流动性和货币市场平稳运行,通过"临时借贷便利"(temporary lending facility,TLF)操作,为在现金投放中占比高的几家大型商业银行提供了临时性的流动性支持。"临时借贷便利"是除了常备借贷便利和中期借贷便利外,央行创设的又一货币政策工具。此次临时流动性便利的操作期限为 28 天,资金成本与同期限公开市场操作利率大致相同。中国人民银行采用该政策工具的背景是受 2017 年春节前外汇占款持续减少、居民提取现金、准备金上缴、税收交款和 1 月信贷可能投放较多等多种因素影响,近期银行间市场流动性持续紧张,市场利率水平上升明显。尽管央行连续在公开市场进行资金投放,但资金紧张的压力不减。在此情况下,仅凭各类公开市场操作工具似已不足以缓解市场紧张形势,因而临时流动性便利操作适时出台。与现有的 1 个月期的中期借贷便利和 28 天期逆回购操作相比,临时借贷便利操作不需要商业银行提交质押债券。这是该操作能够直接且显著缓解近期市场流动性紧张的主要原因。因为商业银行持续通过大规模的质押债券向央行换取资金,会导致商业银行优质流动性资产减少,影响商业银行流动性覆盖率指标达标。

11.6 中央银行票据

2003 年以来,中国人民银行采取大量发行中央银行票据的方法来进行流动性的管理,一年期的央票发行利率甚至成为金融市场上的基准利率之一。那么,中央银行票据能够成为宏观金融调控的主流工具吗?

11.6.1 从政策工具影响金融机构流动性的特点分析

中央银行采用中央银行票据进行调控,发行环节导致银根的收缩,兑付环节才会导致银根的扩张;也可以认为前者是主动的,后者是被动的。也恰恰是因为这一点使其无法与国债在金融调控中的地位相提并论。原因如下:伴随着一国经济的发展,经济主体对基础货币的需求是不断增加的。中央银行必须不断买入相应的资产,基础货币才会增加,从而才能满足经济运行对基础货币的需求。然而,中央银行采用发行央行票据的调控方法在发行环节会导致基础货币的减少,这与经济发展对基础货币需求增加的方向正好是相反的。虽然发行中央银行票据在兑付环节也会增加基础货币,但是中央银行之所以发行中央银行票据显然是由于其他渠道导致基础货币增加。如果没有这一环节,中央银行是不可能采取这一政策工具的,如我国目前的情形,外汇占款增加在前,发行央行票据进行对冲在后。从长期来看,货币当局恰恰需要能够提供使基础货币不断增加的政策工具,发行央行票据显然无法承担这样的职能。因此从长期来看,该方式无法承担整个经济对基础货币需求增加的要求。采用国债作为中央银行的操作对象则不存在这样的矛盾,中央银行可以不断地通过买入国债来满足经济主体对基础货币的需求。因此，我们可以发现在美联储的资产负债表上，其所持有的国债从绝对数上看是不断增加的。简言之，发行中央银行票据对金融机构流动性的影响方向与经济运行对基础货币的需求方向完全相反。

11.6.2　中央银行票据的利息支付还可能影响金融系统的流动性

采用发行中央银行票据的方式进行调控的不利影响还体现在其利息支付将会增加金融系统的流动性。下面我们以我国香港和韩国为例予以说明。香港金融管理当局于1990年开始发行外汇基金票据与债券（exchange fund bill and note），发行的目的是"提供一种具有成本效益的金融政策工具，用以左右银行同业流动资金水平，达到维持汇率稳定的目的"。外汇基金票据与债券的发行与买卖又可以称为香港版本的"公开市场操作"。金管局通过买卖这一工具，调节持牌银行在金管局结算户口中的余额（即中央银行制度下商业银行的超额准备金余额），达到调控银根的目的。当市场上银根紧缩，同业拆借利率趋升时，金管局可以买入外汇基金票据与债券，此时持牌银行在金管局结算户口中的港币余额将会上升，使同业拆借利率逐渐回落。然而，由此给金管局带来的另一个问题就是随着对外汇基金票据与债券所付利息的增加，香港持牌银行在金管局结算户口中的余额开始上升，银根渐趋宽松，为此金管局又必须发行新的外汇基金票据与债券以收缩银根。这就形成了一个悖论：希望通过发行外汇基金票据与债券来紧缩银根，但其发行本身乃至利息支付又成为银根放松的原因之一。在20世纪80年代之前，韩国中央银行没有将公开市场操作视为主要的政策工具，这主要是由于其缺乏可操作的工具，而问题的实质是韩国政府宁愿依靠从韩国中央银行大量借款也不愿意通过发行债券来弥补财政赤字，因为前者的成本更低。在这一背景下，韩国货币当局根据《货币稳定债券法》从1961年开始发行货币稳定债券（monetary stabilization bond），这逐渐成为其公开市场操作的最重要工具之一，其目的是控制金融系统的储备头寸。韩国中央银行可以根据货币委员会确定的期限和条件在公开市场上发行货币稳定债券，并可以根据货币和信贷状况在债券到期前将它们赎回，发行对象非常广泛。其局限性之一同样是对货币稳定债券利息的支付会导致基础货币的增加。

以上分析表明中央银行票据在调控金融系统流动性方面存在两方面的障碍，一是与经济长期增长对基础货币增加的方向相反，中央银行发行央行票据的主动性在于收缩基础货币，紧缩银根；二是中央银行票据利息支付和到期兑付会使得金融系统流动性被动增加，并且形成"滚雪球"似的增发央行票据的恶性循环。

11.7　短期流动性调节工具和抵押补充贷款

为进一步完善公开市场操作的灵活性和主动性，促进银行体系流动性和货币市场利率平稳运行，中国人民银行决定从 2013 年 1 月 18 日起启用公开市场短期流动性调节工具（short-term liquidity operation，SLO），作为公开市场常规操作的必要补充，在银行体系流动性出现临时性波动时相机采用。公开市场短期流动性调节工具遇节假日可适当延长操作期限，并采用市场化利率招标方式开展操作。由于中国财政资金季节性波动、支付系统的清算效率以及金融机构资产负债管理水平等诸多因素的制约，中国人民银行需要有在隔夜和 7 天期回购操作之间的回购品种，以满足中央银行对银行体系流动性的调控需要，使得中央银行的流动性调控更为精准。该工具原则上在公开市场常规操作的间歇期使用，操作对象为公开市场操作一级交易商中具有系统重要性、资产状况良好、政策传导能力强的部分金融机构（主要是传统的商业银行），操作结果在一个月之后对外披露。

抵押补充贷款（pledged supplementary lending，PSL）是中国人民银行 2014 年开始推出的一种新型的货币政策工具。商业银行向中央银行用于抵押的资产包括高信用评级的债券类资产及优质信贷资产等。期限通常 3~5 年，融资对象为三家政策性银行。中国人民银行采取这一政策工具的目的是通过发放抵押补充贷款，用于支持三家银行发放棚改贷款、重大水利工程贷款、人民币"走出去"项目贷款等，同时中国人民银行希望以此引导利率市场中期政策利率水平。2014 年，国家开发银行从央行获得 3 年期的 1 万亿元抵押补充贷款，将用于支持棚户区改造（reconstruction of shanty town）、保障房安居工程（affordable housing project）及三农和小微经济发展。2015 年 7 月中国人民银行向国家开发银行提供抵押补充贷款 429 亿元，利率为 2.85%，期末抵押补充贷款余额为 8 464 亿元。2015 年 8 月中国人民银行向国家开发银行提供抵押补充贷款 604 亿元，利率为 2.85%，期末抵押补充贷款余额为 9 068 亿元。2015 年 9 月中国人民银行向国家开发银行提供抵押补充贷款 521 亿元，利率为 2.85%，期末抵押补充贷款余额为 9 589 亿元。经国务院批准，从 2015 年 10 月起，中国人民银行将抵押补充贷款的对象扩大至国家开发银行、中国农业发展银行、中国进出口银行。2015 年 10 月，中国人民银行向三家银行提供抵押补充贷款共 705.37 亿元，利率为 2.85%，期末抵押补充贷款余额为 10 294.37 亿元。2015 年 11 月，中国人民银行向三家银行提供抵押补充贷款共 517.52 亿元，利率为 2.75%，期末抵押补充贷款余额为 10 811.89 亿元。2015 年 12 月，中国人民银行未对三家银行发放抵押补充贷款，12 月末抵押补充贷款余额为 10 811.89 亿元。2016 年 1 月，中国人民银行对三家银行发放抵押补充贷款共 1 435 亿元，1 月末抵押补充贷款余额为 12 246.89 亿元。2016 年 2 月，中国人民银行对三家银行发放抵押补充贷款共 356 亿元，2 月末抵押补充贷款余额为 12 602.89 亿元。2016 年 3 月，中国人民银行对三家银行发放抵押补充贷款共 1 345 亿元，3 月末抵押补充贷款余额为 13 947.89 亿元。2016 年 4 月，国家开发银行根据棚改贷款的发放和回收进度归还抵押补充贷款 36 亿元。从 2016 年 5 月起，中国人民银行在每月月初对三家银行发放上月特定投向贷款对应的抵押补充贷款。4 月末抵押补充贷款余额为 13 911.89 亿元。该政策工具有两层含义：一是量的角度，即中国人民银行基础货币投放的新渠道；二是价的角度，商业银行通过抵押资产从央行获得融资的利率，引导中期利率。抵押补充贷款的目标是借抵押补充贷款的利率水平来引导中期政策利率，以实现央行在短期利率控制之外，对中长期利率水平的引导和掌控。自 2013 年年底以来，中国人民银行在短期利率水平上通过 SLF（常备借贷便利）已经构建了利率走廊机制。

11.8　本章小结

货币政策工具就是指由中央银行完全控制的，与货币政策的中间目标联系紧密的各种措施、手段和方法，各国中央银行通过控制这些中间目标或中间变量（短期利率、各层次的货币总量以及信贷总量）来影响国民收入、失业率以及价格水平等宏观经济变量，实现货币政策的最终目标。

不论是传统的政策工具——三大法宝，还是若干新型的政策工具，中央银行操作的指向均为超额存款准备金。有的政策工具是从中央银行资产方来影响该指标，有的政策工具是从中央银行负债方来影响该指标。有的政策工具顺应资产负债表不断扩张的需要，有的政策工具则是反其道而行之。不论何种方式，中央银行货币政策工具的运用直接影响了中央银行的操作目标。2008 年之后，各国央行均采取了非常规性的货币政策工具。各种政策工具的运用都离不开本国的具体国情。伴随着经济体制的变化，中央银行货币政策工具选择也会出现调整。

参考文献

中文部分

[1] 彼得·博芬格. 货币政策：目标、机构、策略和工具 [M]. 黄燕芬，等译. 北京：中国人民大学出版社，2013.

[2] 乌尔里希·宾德赛尔. 货币政策实施理论、沿革与现状 [M]. 齐鹰飞，林山，等译. 大连：东北财经大学出版社，2013.

[3] 杰格迪什·汉达. 货币经济学 [M]. 彭志文，等译. 北京：中国人民大学出版社，2013.

[4] 巴里·艾肯格林. 资本全球化：国际货币体系史 [M]. 彭兴韵，译. 上海：上海人民出版社，2009.

[5] 巴里·艾森格林. 资本全球化：一部国际货币体系史 [M]. 麻勇爱，译. 北京：机械工业出版社，2014.

[6] 保罗·M. 霍维慈. 美国货币政策与金融制度 [M]. 谭秉文，戴乾定，译. 北京：中国财政经济出版社，1980.

[7] 本·伯南克. 金融的本质 [M]. 巴曙松，陈剑，译. 北京：中信出版社，2014.

[8] 本·斯泰尔. 布雷顿森林货币战：美元如何统治世界 [M]. 符荆捷，陈盈，译. 北京：机械工业出版社，2014.

[9] 杰费里·萨克斯，费利普·拉雷恩. 全球视角的宏观经济学 [M]. 费方玉，译. 上海：格致出版社，2012.

[10] 彼得·L. 伯恩斯坦. 黄金简史 [M]. 黄磊，译. 上海：上海财经大学出版社，2008.

[11] 莱·威·钱得勒，斯·姆·哥尔特菲尔特. 货币银行学 [M]. 中国人民大学财政金融教研室，译. 北京：中国人民大学出版社，1980.

[12] 劳伦斯·H. 怀特. 货币制度理论 [M]. 李扬，等译，北京：中国人民大学出版社，2004.

[13] 罗伯特·L. 黑泽尔. 美联储货币政策史 [M]. 曾刚，陈婧，译. 北京：社会科学文献出版社，2016.

[14] 米尔顿·弗里德曼，安娜·J. 施瓦茨. 美国货币史 [M]. 巴曙松，王劲松，等译. 北京：北京大学出版社，2009.

[15] 米尔顿·弗里德曼. 货币的祸害：货币史片段 [M]. 安佳，译. 北京：商务印书馆，2006.

[16] 约翰·H. 伍德. 英美中央银行史 [M]. 陈晓霜，译. 上海：上海财经大学出版社，2011.

[17] 杰里米·阿塔克，彼得·帕赛尔. 新美国经济史：从殖民地时期到1940年 [M]. 罗涛，等译. 北京：中国社会科学出版社，2000.

[18] 伯顿·A. 艾布拉姆斯. 美国历史上的10大经济失误 [M]. 孙建中, 译. 北京：新华出版社, 2016.

[19] 塞缪尔·埃利奥特·莫里森, 亨利·斯蒂尔·康马杰, 威廉·爱德华·洛伊希滕堡. 美利坚共和国的成长 [M]. 南开大学历史系美国史研究室, 译. 天津：天津人民出版社, 1980.

[20] 乔纳森·休斯, 路易斯·P. 凯恩. 美国经济史 [M]. 邸晓燕, 邢露, 等译. 北京：北京大学出版社, 2011.

[21] 查尔斯·金德尔伯格. 1929—1939年世界经济萧条 [M]. 宋承先, 洪文达, 译. 上海：上海译文出版社, 1986.

[22] 罗伯特·布鲁纳, 肖恩·卡尔. 1907完美风暴：1907大恐慌和金融危机的根源 [M]. 董云峰, 译. 北京：中信出版社, 2007.

[23] 基思·贝恩, 彼得·豪厄尔斯. 货币政策理论与实务 [M]. 杨农, 等译. 北京：清华大学出版社, 2013.

[24] 约翰·F. 乔恩. 货币史：从公元800年起 [M]. 李广乾, 译. 北京：商务印书馆, 2002.

[25] 约翰·梅纳德·凯恩斯. 和约的经济后果 [M]. 张军, 贾晓屹, 译. 北京：华夏出版社, 2008.

[26] 蒂纳·P. 哈森普施. 全球市场的清算服务：清算行业未来发展框架 [M]. 张晓刚, 尹小为, 王宇超, 等译. 北京：机械工业出版社, 2017.

[27] 安格斯·麦迪森. 中国经济的长期表现 [M]. 伍晓鹰, 马德斌, 译. 上海：上海人民出版社, 2008.

[28] 约翰·S. 戈登. 伟大的博弈：华尔街金融帝国的崛起（1653—2019年）[M]. 祁斌, 译. 北京：中信出版社, 2019.

[29] 巴曙松. 流动性过剩的控制与机遇 [J]. 资本市场, 2007.

[30] 北京大学中国经济研究中心宏观组. 流动性的度量及其与资产价格的关系 [J]. 金融研究, 2008（9）.

[31] 陈利平. 通货膨胀目标制并不能解决我国货币政策低效率问题 [J]. 经济学季刊, 2007（4）.

[32] 陈雨露. 在"2017年中国金融学会学术年会暨中国金融论坛年会"上的讲话. http://finance.ce.cn/rolling/201703/24/t20170324_21377489.shtml.

[33] 陈元, 黄益平. 中国金融四十人看四十年 [M]. 北京：中信出版社, 2018.

[34] 陈元, 钱颖一. 资本账户开放：战略、时机与路线图 [M]. 北京：社会科学文献出版社, 2013.

[35] 戴根有. 货币政策目标、方针和措施 [J]. 金融时报, 2001.

[36] 戴相龙. 依法履行中央银行的职责 [J]. 中国金融, 1995（10）.

[37] 戴相龙. 当前金融工作中急需研究的几个问题 [J]. 金融研究, 1996（3）.

[38] 杜金富. 金融统计标准及诠释 [M]. 北京：中国金融出版社, 2012.

[39] 傅筑夫. 中国封建社会经济史 [M]. 北京：人民出版社, 1982.

[40] 郭田勇. 中国货币政策最终目标内涵研究 [J]. 金融研究, 2001（7）.

[41] 黄达. 中国金融百科全书 [M]. 北京：经济管理出版社, 1990.

[42] 赖建诚. 经济史的趣味 [M]. 杭州：浙江大学出版社，2001.

[43] 赖建诚. 经济思想史的趣味 [M]. 杭州：浙江大学出版社，2016.

[44] 劳埃德·B. 托马斯. 金融危机和美联储政策 [M]. 危勇，等译. 北京：中国金融出版社，2012.

[45] 李斌. 中国货币政策有效性的实证研究 [J]. 金融研究，2001（7）.

[46] 李斌. 存差、金融控制与铸币税：兼对我国"M2/GDP 过高之谜"的再解释 [J]. 管理世界，2006（3）.

[47] 李波. 以宏观审慎为核心，推进金融监管体制改革 [N]. 第一财经日报，2016-02-15.

[48] 李弘. 图说金融史 [M]. 北京：中信出版社，2015.

[49] 励跃. 中国支付体系 [M]. 北京：中国金融出版社，2017.

[50] 林铁钢. 落实从紧货币政策 促进经济又好又快发展——访中国人民银行副行长易纲 [J]. 中国金融，2008（3）.

[51] 刘贵生. 现代国库论 [M]. 北京：中国金融出版社，2014.

[52] 刘明志. 货币供应量和利率作为货币政策中介目标的适应性 [J]. 金融研究，2006（1）.

[53] 刘尚希.《预算法》修订争论：国库管理主体只能是财政 [J]. 瞭望，2012（8）.

[54] 刘士余. 支付业务统计指标释义 [M]. 北京：中国金融出版社，2013.

[55] 罗光彩. 央行救助再贷款亟待加强管理 [J]. 武汉金融，2002（9）.

[56] 马海涛. 新预算法与我国国库集中收付制度改革 [J]. 中国财政，2015（1）.

[57] 茅海建. 苦命天子：咸丰皇帝奕詝 [M]. 北京：三联书店，2006.

[58] 明明. 货币政策理论与分析 [M]. 北京：中国金融出版社，2017.

[59] 欧洲中央银行. 欧洲央行货币分析工具及框架 [M]. 徐诺金，等译. 北京：中国金融出版社，2014.

[60] 潘功胜. 大行蝶变：中国大型银行复兴之路 [M]. 北京：中国金融出版社，2012.

[61] 戚其章. 甲午战争新讲 [M]. 北京：中华书局，2009.

[62] 屠光绍. 结算系统：运作与趋势 [M]. 上海：上海人民出版社，2000.

[63] 彭文生. 渐行渐远的红利：寻找中国新平衡 [M]. 北京：社会科学文献出版社，2013.

[64] 彭兴韵. 流动性、流动性过剩与货币政策 [J]. 经济研究，2007（11）.

[65] 彭信威. 中国货币史 [M]. 上海：上海人民出版社，2007.

[66] 千家驹，郭彦岗. 中国货币演变史 [M]. 上海：上海人民出版社，2005.

[67] 钱小安. 通货紧缩论 [M]. 北京：商务印书馆，2000.

[68] 盛松成. 一个全面反映金融与经济关系的总量指标——写在社会融资规模指标建立三周年之际 [J]. 中国金融，2013（22）.

[69] 盛松成，翟春. 中央银行与货币供给 [M]. 北京：中国金融出版社，2015.

[70] 盛松成. 社会融资规模理论与实践 [M]. 北京：中国金融出版社，2014.

[71] 石俊志. 汉文帝放民铸钱：铜本位货币制度在中国古代的成功演练 [J]. 金融博览，2011（11）.

[72] 石俊志. 王莽的货币改制：中国古代最失败的社会改革运动 [J]. 金融博览，2012（2）.

[73] 石涛. 南京国民政府中央银行研究（1928—1937）[M]. 上海：上海远东出版社，2012.

[74] 石毓符.中国货币金融史略[M].天津：天津人民出版社，1984.

[75] 孙国峰.第一排：中国金融改革的近距离思考[M].北京：中国经济出版社，2012.

[76] 孙国峰.货币政策工具的创新[J].中国金融，2017（4）.

[77] 孙立坚.流动性过剩与流动性繁荣[N].东方早报，2007-02-28.

[78] 唐双宁.关于解决流动性过剩问题的初步思考[J].经济研究，2007（9.）

[79] 陶士贵.中央银行再贷款：泛化、反稳定性与道德风险[J].广东金融学院学报，2006（4）.

[80] 汪锡鹏.钱的故事[M].北京：华文出版社，2009.

[81] 汪洋.中国M2/GDP比率问题研究述评[J].管理世界，2007（1）.

[82] 汪洋.我国货币政策框架研究[M].北京：中国财政经济出版社，2008.

[83] 汪洋.中国人民银行再贷款：功能演变与前景探讨[J].广东金融学院学报，2009（1）.

[84] 汪洋.中国货币政策工具研究[M].北京：中国金融出版社，2009.

[85] 汪洋.国际收支与汇率[M].上海：复旦大学出版社，2012.

[86] 汪洋，党印.我国银行体系流动性过剩问题研究述评[J].金融教育研究，2011（1）.

[87] 王国刚.中国货币政策调控工具的操作机理：2001—2010[J].中国社会科学，2012（4）.

[88] 王国刚.中国金融监管框架改革的重心[J].中国金融，2016（10）.

[89] 王兆星.后危机时代国际金融监管改革探索[M].北京：中国金融出版社，2013.

[90] 王兆星.后危机时代中国金融监管改革探索[M].北京：中国金融出版社，2015.

[91] 王毅.美国简史[M].北京：北京时代华文书局，2015.

[92] 吴晓灵.流动性过剩与金融市场风险[J].中国金融，2007（19）.

[93] 伍戈，刘琨.探寻中国货币政策的规则体系：多目标与多工具[J].国际金融研究，2015（1）.

[94] 夏斌，陈道富.中国流动性报告[R].国务院发展研究中心金融所，2007.

[95] 向松祚.美元发行泛滥：全球流动性过剩根源[N].第一财经日报，2007-06-22.

[96] 项俊波.我国本外币政策协调问题探讨[J].金融研究，2017（2）.

[97] 谢平.新世纪中国货币政策的挑战[J].金融研究，2000（1）.

[98] 谢平，罗雄.泰勒规则及其在中国货币政策中的检验[J].经济研究，2002（3）.

[99] 谢多.银行间市场综合知识读本[M].北京：中国金融出版社，2014.

[100] 阎坤，陈新平.我国当前金融风险财政化问题及对策[J].管理世界，2004（10）.

[101] 杨端六.清代货币金融史稿[M].武汉：武汉大学出版社，2007.

[102] 姚余栋，谭海鸣.央票利率可以作为货币政策的综合性指标[J].经济研究，2011.

[103] 姚余栋，谭海鸣.中国金融市场通胀预期：基于利率期限结构的量度[J].金融研究，2011（6）.

[104] 延安革命纪念地管理局.走进陕甘宁边区银行[M].西安：陕西新华出版传媒集团，陕西人民出版社，2018.

[105] 叶世昌.中国金融通史（第一卷）[M].北京：中国金融出版社，2002.

[106] 易纲.中国的货币化进程[M].北京：商务印书馆，2003.

[107] 易纲.人民银行行长助理易纲就"稳健的货币政策实施情况"接受中央政府网在线专访[EB/OL].http://www.pbc.gov.cn/detail.asp?col=100&ID=2087.

[108] 殷剑峰.反思宏观金融政策的重构：评央行"社会融资总量"[J].财经，2011（9）.

[109] 余永定.M2/GDP的动态增长路径[J].世界经济，2002（12）.

[110] 余永定.理解流动性过剩[J].国际经济评论，2007（4）.

[111] 余永定.当前中国宏观经济的新挑战[J].国际经济评论，2007（5）.

[112] 余永定.社会融资总量与货币政策的中间目标[J].国际金融研究，2011（9）.

[113] 袁江.中央银行再贷款政策及转型研究[J].广东金融学院学报，2006（4）.

[114] 张成权.王茂荫与咸丰币制改革[M].合肥：黄山书社，2005.

[115] 张杰.中国的高货币化之谜[J].经济研究，2006（6）.

[116] 张明.流动性过剩的测量、根源和风险涵义[J].世界经济，2007（11）.

[117] 张茉楠."社会融资总量"引领金融调控体系嬗变[J].中国财经报，2013-03-29.

[118] 张晓慧.正确认识当前的"存差"问题[J].中国金融，2006（4）.

[119] 张晓慧.国际收支顺差条件下货币政策工具的选择、使用和创新[EB/OL].中国人民银行网站.

[120] 张晓慧.推进利率、汇率形成机制改革，疏通货币政策传导机制[EB/OL].中国人民银行网站，2011-03-10.

[121] 张晓慧.中国货币政策[M].北京：中国金融出版社，2012.

[122] 张晓慧.新常态下的货币政策[J].中国金融，2015（1）.

[123] 张晓慧.如何理解宏观审慎评估体系[J].中国货币市场，2016（8）.

[124] 张晓慧.货币政策回顾与展望[J].中国金融，2017（3）.

[125] 张屹山，张代强.前瞻性货币政策反应函数在我国货币政策中的检验[J].经济研究，2007（3）.

[126] 张屹山，张代强.包含货币因素的利率规则及其在我国的实证检验[J].经济研究，2008（12）.

[127] 张宇燕，高程.美洲金银和西方世界的兴起[M].北京：中信出版社，2004.

[128] 中国金融四十人论坛，上海新金融研究院.中国金融改革报告2015：中国经济发展与改革中的利率市场化[M].北京：中国金融出版社，2015.

[129] 中国人民银行金融消费者权益保护局.金融知识普及读本[M].北京：中国金融出版社，2014.

[130] 中国人民银行条法司.《中国人民银行法》讲座·第一讲　总则[J].中国金融，1995（5）.

[131] 中国人民银行资金管理司.中央银行信贷资金宏观管理[M].兰州：甘肃人民出版社，1990.

[132] 中国人民银行总行参事室.中华民国货币史资料（第一辑）[M].上海：上海人民出版社，1986.

[133] 中国人民银行总行参事室.中华民国货币史资料（第二辑）[M].上海：上海人民出版社，1991.

[134] 中国人民银行总行参事室金融史料组.中国近代货币史资料（第一辑）[M].北京：中华书局，1964.

[135] 钟伟，魏伟，陈骁等.数字货币：金融科技与货币重构[M].北京：中信出版社，2017.

[136] 周其仁.货币的教训[M].北京：北京大学出版社，2012.

[137] 周小川.中国货币政策的特点和挑战[J].财经，2006（26）.

[138] 周小川. 建立符合国情的金融宏观调控体系 [J]. 中国金融，2011（14）.

[139] 周小川. 金融政策对金融危机的响应——宏观审慎政策框架的形成背景、内在逻辑和主要内容 [J]. 金融研究，2011（1）.

[140] 周小川. 国际金融危机：观察、分析与应对 [M]. 北京：中国金融出版社，2012.

[141] 周正庆. 中国货币政策研究 [M]. 北京：中国金融出版社，1993.

[142] http://www.federalreservehistory.org/.

外文部分

[1] De Hann J. The History of the Bundesbank: Lessons for the European Central Bank [M]. London: Routledge, 2000.

[2] Eijffinger, Sylvester C W, Hann J. European Monetary and Fiscal Policy [M]. Oxford: Oxford University Press, 2000.

[3] Frederic S Mishkin, Stanley G Eakins. Financial Markets and Institutions [M]. 7th ed. Prentice Hall, 2013.

[4] Goodhart. The Evolution of Central Banks [M]. Cambridge: MIT Press, 1998.

[5] Thammarak Moenjak. Central Banking: Theory and Practice in Sustaining Monetary and Financial Stability [M]. John Wiley & Sons, 2014.

[6] Ulrich Bindseil. Monetary Policy Implement Theory, Past and Present [M]. Oxford University Press, 2004.

[7] Milton H Marquis. Monetary Theory and Policy [M]. West Publishing Company, 1996.

[8] Robert C Merton. A Functional Perspective of Financial Intermediation, Financial Management [J]. Silver Anniversary Commemoration, 1995（24）.

后 记

本教材是根据我撰写的《中央银行的逻辑》一书改写而来的。2015年《中央银行的逻辑》出版之后，得到了不少朋友的好评和肯定，出版社也多次加印。根据各方面反馈的情况，为了更好地适应本科教学，按照《中央银行学》课程在普通高校的课时数，经过与出版社的协商，我决定做两方面的修改：一是将书名改为《中央银行学》，二是压缩了篇幅，将少数难度较大的内容和延伸知识点予以删除，以便于本科教学使用。

本人一直从事金融领域的教学和研究，让学生深刻掌握中央银行的宏观金融调控原理一直是我多年的愿望。本科生如何才能够对认识中央银行制度感兴趣？为提高趣味性，我从历史上的金融故事入手，揭示其背后的金融原理。本书介绍了汉文帝时期放铸政策下的邓通钱，还用较大篇幅介绍了《绿野仙踪》与美国金本位制度建立的曲折过程。除此之外，本书的体系与其他《中央银行学》教材的体系不甚相同。众所周知，发行钞票是现代中央银行制度的主要特征之一，如果我们追本溯源，就会发现，中央银行发钞的功能实际上是人类社会很晚的时候才出现的，无论中外均是如此。在中央银行诞生之前，是哪个机构发行钞票呢？顺着这一思路出发，本书的切入点就是从钞票发行的历史流变来揭示现代中央银行制度的演变与发展。我以为，人们在日常生活中，常常将中央银行视为"发行的银行"，其发行的现钞称为"纸币"，如此称呼当然是从币材的角度，也就是现钞的物理特征来认识现钞，并没有从现钞的经济属性来分析现钞。当今世界已有不少国家采用塑料货币，现钞的材质发生了变化，我们是否应该采用一个新的术语来表述这个新现象呢？在我看来，不论纸币还是塑料币，其经济属性均没有发生变化，这促使我从更长的时间跨度来思考现钞的材质问题、发行机构问题。可以说，这是本书与其他教材在分析现钞性质上的根本区别。同理，中央银行作为"政府的银行""银行的银行"，其发展也存在不断演变的过程。如何认识中央银行的这些功能？我以为，中央银行的功能体现在资产负债表上。因此，从逻辑思路上，我采取了从资产负债表入手的方法，通过介绍中央银行的资产负债表来阐述中央银行的三大职能。记住了中央银行资产负债表的主要科目，也就基本掌握了中央银行的主要业务和职能。为了更清晰地让学生理解中央银行的业务流程，我采用相关会计科目在资产负债表上变化的形式来予以说明，更便于学生掌握。

在这基础上，本书围绕"货币"这个术语，从定性和定量两方面展开论述。从定性方面来看，如何认识货币的属性？这个话题在各高校《金融学》的课程中都有介绍，或者是介绍马克思《资本论》中货币的定义，或者是介绍西方主流教材中对货币职能的界定。本书则从货币的资产负债属性来阐述。从这个角度出发，我们可以认清最近非常火爆的虚拟货币——比特币的性质，对某些似是而非的问题，如比特币取代一国的主权货币等问题，读者就会有更清晰的认识。与货币相关的术语包括流动性、基础货币、银根、准备金、社会融资规模等，这些术语的差异在哪里？本书一一进行了解释。在此基础上，本书对货币的量与价进行了分析。如何统计一个国家的货币供应量？从资产负债表的角度来看，货币供应量的统计过程就是银行体系资产负债表的合并过程。本书通过介绍中央银行资产负债表和商业银行资产负债表的并表过程，使得学生基本掌握货币供应量的统计问题和货币层次问题。从价格的角度来看，货币都有哪些价格呢？一般来说，货币有三个价格，通胀率、利率与汇率。抽象地讲，这三个价格又两两构成一个定理，分别是实际利率效应、购买力平价和利率平价。从理论上来看，当经济达到均衡时，就应该实现这三大平价。从现实来看，货币的这三个价格——通胀率、利率与汇率，都有许多不同的指标。本书进行了粗略的介绍，使本科生能够对这些指标有初步的认识。本教材还对金融领域出现的若干术语进行了讨论，比如流动性的问题、原始存款和派生存款的问题等。在我看来，对这些概念理解不准确，与现代金融业从西方发展起来有很大的关系。在翻译过程中，由于译者理解上的差异以及金融业务的迅速发展，包括国人基于汉语的顾名思义，部分术语在使用过程中以讹传讹。对这些术语进行追本溯源，澄清认识上的误区，是金融学科取得进步的基础。

  本书是我多年教学的总结，在教学过程中，我的同事和学生给我提了很多很有价值的建议和意见，本书才得以不断完善和提高。在此向他们表示衷心的感谢。欢迎业界专家和高校同仁不吝赐教。

汪 洋
2019 年 6 月 18 日